JN440880

속성경험적 역동심리치료AEDP 수퍼비전

Natasha C. N. Prenn · Diana Fosha 공저 | 전명희 · 박정아 공역

SUPERVISION ESSENTIALS FOR ACCELERATED EXPERIENTIAL DYNAMIC PSYCHOTHERAPY

학지사

Supervision Essentials for
Accelerated Experiential Dynamic Psychotherapy
by Natasha C. N. Prenn and Diana Fosha

역자 서문

속성경험적 역동심리치료(Accelerated Experiential Dynamic Psychotherapy, 이하 AEDP)라는 이름도 생소한 치료 모델을 만난 지 10년이 지났고, 이 시간 동안 개인적으로 많은 변화가 있었다. AEDP 치료 모델의 실체를 파악해 보고자 이 모델을 개발한 Diana Fosha 박사의 2001년 첫 책을 동료들과 함께 스터디하면서 번역하였고, 그 번역책이 2022년 처음 한국에 출간되면서 AEDP는 보다 공식적으로 국내에 소개되었다.

감정을 다룸으로써 변형이 일어난다는 이 놀라운 치료방식에 매료되어 AEDP Institute의 훈련 과정을 시작한 지도 5년이 흘렀다. 훈련을 통해 개념을 이해하고 이를 실천할 수 있도록 가공하는 것도 매우 즐겁고 가슴 떨리는 일이었지만, 내가 AEDP 상담치료를 계속 훈련받고 이 일에 전념하도록 한 가장 중요한 경험은 아마 수퍼비전이었을 것이다. AEDP 훈련과 함께 시작된 개인 수퍼비전과 집단 수퍼비전은 정말 놀라운 경험이었다. 그동안 상담 개입에 있어서 수퍼비전 없이는 성장할 수 없다는 확고한 생각과 여러 경험을 바탕으로 참으로 훌륭한 수퍼바이저들로부터 수퍼비전을 받았고, 그것이 밑거름이 되어 여기까지 올 수 있었던 것 같다.

거기에 더해서 '경험적으로 지금-여기서 배우기'를 중요시하는 AEDP 치료 전통에 따라 모든 수퍼비전에서 자신이 직접 상담한 사례의 비디오 녹화 영상을 통해 공부하는 것은 매우 큰 도전이었지만, 그만큼 많은 도움이 되었다. 수퍼바이저는 교육과정을 통해 자신의 사례 녹화 영상을 직접 나누면서 매 순간(moment to moment) 어떻게 해 왔는지를 담담하게 보여 준다. '백문이 불여일견(百聞不如一見)'이라는 말이 있듯이 '뛰어난 상담자는 이럴 때 과연 어떻게 할까? 한 번만 보면 알겠는데'라는 생각을 해 본 적이 많다. 그에 더해 나는 그냥 보는 정도가 아니라 '한 번만 경험해 본다면(不如一見經) 정말 쉽게 배울 수 있을 텐데'라는 생각을 자주 하곤 하였다. AEDP 수퍼비전은 그 모든 것이 담겨 있는 축제의 장과 같았다. 상담자와 내담자 그리고 수퍼바이저의 공동체적 관계 속에서 내면에서 흐릿하던 것들이 표현되고 경험이 구체화되면서 나의 뼈가 되고 살이 되는 느낌을 받았다.

개인적으로는 이 모든 과정에서 주 수퍼바이저이셨던 Danny Yeung 박사의 훌륭함과 탁월함을 통해 큰 혜택을 받았다. 그뿐만 아니라, 올해 25주년을 맞이하는 AEDP 뉴욕 콘퍼런스에서 이 책의 저자인 Diana Fosha 박사와 Natasha Prenn 박사를 포함한 AEDP 교수진을 직접 만나 뵙게 되면서 그분들이 이러한 신념을 이미 체화하고 수퍼바이지와 내담자를 존경하는 마음으로 대하고 있음을 느끼게 되었다. 이러한 경험은 나도 이런 방식으로 훈련을 받는다면 나 자신도 '진정한 자기(true self)'로 살아가며 성장함과 동시에, '진정한 타인(true other)'이 되어 내담자와 수퍼바이지도 진정한 자기가 될 수 있도록 돕고, 삶의 변화를 가져오는 여정을 함께 해낼 수 있으리라는 믿음과 열망으로 이어졌다.

이처럼 수퍼바이지의 진정한 성장과 변화를 이끌어 내는 AEDP 수퍼비전을 국내에 조금이나마 빨리 전달하고 싶은 마음에서 APA

에서 시리즈로 출간된 이 책 『Supervision Essentials for AEDP』의 번역을 서두르게 되었다. 아직 국내에서는 AEDP 공인 수퍼바이저가 양성되지 않은 상태이지만, 다른 치료 모델이나 절충적·통합적 방법을 사용하고 있는 분들이라도 AEDP에서 말하는 수퍼비전의 기본 원리와 기술들을 경험하고 적용해 본다면 틀림없이 유익할 것이라는 확신이 있다. 따라서 보다 촉진적이고 유능한 수퍼바이저가 되고자 한다면 이 책을 읽어 볼 것을 적극 추천하는 바이다.

이 책을 함께 번역한 박정아 박사는 AEDP 기본서의 공동 번역자이자 이 분야에서 배움의 길을 함께 걸어가는 동료로서 늘 감사한 마음을 가지고 있다. 또한 이 책의 번역에 앞서 상담 영상을 함께 나누면서 경험적으로 진행되는 수퍼비전을 맛보고자 AEDP 훈련을 받고 있는 수련생들과 집단 수퍼비전을 해 왔다. 즉, 책을 번역하는 동안 글로만 배우는 것이 아니라 우리 자신을 준비시키기 위해 실습해 보고 국내에서 실천으로 옮기기 위해 많은 대화를 나누게 되었다. 이와 더불어 연세대학교 대학원에서 10여 년 전 트라우마 세미나를 통해 AEDP를 소개해 주신 권수영 교수님과 수퍼비전의 중요성을 늘 역설하시던 수퍼비전의 대가 유영권 교수님께 배운 것에 감사하며, 그분들께 배운 정신이 이 책의 곳곳에 묻어나기를 소망한다. 궁극적으로 이 모든 것은 나와 너 그리고 우리 내담자들이 빛나는 시간을 맞이할 수 있도록 하기 위함이다.

마지막으로, 이 책의 발간과 함께 수퍼비전 책의 출간도 맡아 주신 학지사 김진환 사장님과 관계자분들께 진심으로 감사드린다. 아울러 AEDP 치료 모델의 기본원리를 이해하는 워크숍을 분기별로 열어 배움을 원하시는 분들에게 기회의 장을 열어 주셨던 최현용

이사님께도 감사의 인사를 전한다. 아무쪼록 이 책이 더 잘 배워서 더 잘 돕기를 원하여 지금도 고군분투하는 상담자들과, 더 잘 가르치고 훈련시키기를 소망하는 상담 수퍼바이저들이 지혜를 얻는 데 일조하기를 바라는 마음으로 역자 서문을 마친다.

역자 전명희 드림

APA 임상 수퍼비전 필수 시리즈 서문

우리는 임상 수퍼바이저로서, 치료자가 되기 위해 훈련 중인 학생들을 대상으로 수퍼비전 강의를 하고, 수퍼비전에 대한 워크숍을 열며, 수퍼바이저들의 수퍼비전 실천에 대해 자문을 제공한다. 수퍼비전에 관한 글을 쓰고 연구도 진행한다. 그야말로 조금 과장해서 말한다면 '수퍼비전을 먹고 마신다'고 말할 수 있다. 우리는 이 분야에 전적으로 헌신하고 있으며, 수퍼바이저들이 이 전문 직업을 배우는 사람들에게 정보에 기반한 가장 유익한 안내를 제공할 수 있도록 돕는 데 전념하고 있다. 또한 수퍼바이지/자문대상자/수련생이 수퍼비전 과정에서 자신의 책임을 이해함으로써 더 나은 협력자가 될 수 있도록 돕는 일도 중요하게 여긴다.

그렇다면 수퍼비전이란 무엇일까? 수퍼비전은 치료 실천에 있어 핵심적인 요소이다. 『심리치료 수퍼비전 핸드북』에서 Edward Watkins[1)]는 "심리치료 수퍼비전이라는 시도가 없다면, 심리치료 실천은 그 정당성을 크게 의심받게 될 것이며 존재해서도 안 될 것이다"(p. 603)라고 표현한다.

수퍼비전은 보통(항상 그런 것은 아니지만) 동일한 전문 영역에 속하는 고참 전문가가 더 신참인 동료나 집단에게 제공하는 개입으로 정의된다.

1) Watkins, C. E., Jr. (Ed.). (1997). *Handbook of psychotherapy supervision*. New York, NY: Wiley.

이 관계는 다음과 같은 특징을 지닌다.

- 평가적이고 위계적인 성격을 가진다.
- 일정 기간 지속된다.
- 수퍼비전 관계의 목적은 초심자의 전문적 역량을 향상시키고, 그/그녀/그들이 제공하는 서비스의 질을 모니터링하며, 수퍼바이지가 진입하고자 하는 전문 분야에 대한 문지기 역할을 수행하는 것이다(p. 9).[2)]

수퍼비전은 그 자체로 '독립된 고유 활동'으로 여러 문헌에서 널리 인정되고 있다.[3)] 뛰어난 치료자라고 해서 자동적으로 뛰어난 수퍼바이저가 되는 것은 아니며, 좋은 수퍼바이저가 되기 위해서는 단순히 강의나 학문적 지도만으로는 충분하지 않다.

그렇다면 어떻게 좋은 수퍼바이저가 되는 것일까? 수퍼비전은 현재 심리학자 및 기타 정신건강 전문가의 핵심 역량 영역으로 인식되고 있다.[4), 5)] 미국심리학회(American Psychological Association)[6)],

2) Bernard, J. M., & Goodyear, R. K. (2014). *Fundamentals of clinical supervision* (5th ed.). Boston, MA: Pearson.

3) Bernard, J. M., & Goodyear, R. K. (2014). *Fundamentals of clinical supervision* (5th ed.). Boston, MA: Pearson.

4) Fouad, N., Grus, C. L., Hatcher, R. L., Kaslow, N. J., Hutchings, P. S., Madson, M. B., …… Crossman, R. E. (2009). Competency benchmarks: A model for understanding and measuring competence in professional psychology across training levels. *Training and Education in Professional Psychology, 3*(4 Suppl.), S5-S26. http://dx.doi.org/10.1037/a00158325

5) Kaslow, N. J., Rubin, N. J., Bebeau, M. J., Leigh, I. W., Lichtenberg, J. W., Nelson, P. D., …… Smith, I. L. (2007). Guiding principles and recommendations for the assessment of competence. *Professional Psychology: Research and Practice, 38*, 441-451. http://dx.doi.org/10.1037/0735-7028.38.5.441

미국가족치료협회(American Association of Marriage and Family Therapy)[7], 영국심리학회(British Psychological Society)[8), 9], 캐나다심리학회(Canadian Psychological Association)[10] 등에 양질의 수퍼비전 제공을 위한 가이드라인이 마련되어 있다.

『보건 심리서비스 분야의 임상 수퍼비전 지침』[11]은 다음의 전제를 기반으로 한다.

- 공식적인 교육과 훈련을 필요로 한다.
- 내담자/환자의 보호와 공공의 안전을 우선시한다.
- 수퍼바이지의 역량 습득과 전문성 발달에 초점을 둔다.
- 수퍼바이저는 수퍼비전 지도를 위한 충분한 전문성과 역량을

6) American Psychological Association. (2014). *Guidelines for clinical supervision in health service psychology*. Retrieved from http://www.apa.org/about/policy/guidelines-supervision.pdf

7) American Association of Marriage and Family Therapy. (2007). *AAMFT approved supervisor designation standards and responsibilities handbook*. Retrieved from http://www.aamft.org/imis15/Documents/Approved_Supervisor_handbook.pdf

8) British Psychological Society. (2003). *Policy guidelines on supervision in the practice of clinical psychology*. Retrieved from http://www.conatus.co.uk/assets/uploaded/downloads/policy_and_guidelines_on_supervision.pdf

9) British Psychological Society. (2010). *Professional supervision: Guidelines for practice for educational psychologists*. Retrieved from http://www.ucl.ac.uk/educational-psychology/resources/DECP%20Supervision%20report%20Nov%202010.pdf

10) Canadian Psychological Association. (2009). *Ethical guidelines for supervision in psychology: Teaching, research, practice and administration*. Retrieved from http://www.cpa.ca/docs/File/Ethics/EthicalGuidelinesSupervisionPsychologyMar2012.pdf

11) American Psychological Association. (2014). *Guidelines for clinical supervision in health service psychology*. Retrieved from http://www.apa.org/about/policy/guidelines-supervision.pdf

갖추고 있어야 한다.

- 관련 역량과 수퍼비전에 관한 최신 근거 기반을 토대로 이루어진다.
- 평가적·촉진적 요소가 포함된 협력적이고 존중하는 관계 안에서 진행되며, 필요시 관계의 형성·유지·회복이 수반된다.
- 수퍼바이저와 수퍼바이지 모두에게 책임이 따른다.
- 전문적 실천의 모든 측면에 다양성 요소를 통합하고 반영한다.
- 수퍼비전은 가치, 태도, 신념, 대인 편향 등 개인적·전문적 요인의 영향을 받는다.
- 윤리적·법적 기준을 준수한다.
- 발달 중심, 강점 기반 접근을 채택한다.
- 수퍼바이저와 수퍼바이지 모두 성찰적 실천과 자기평가가 필요하다.
- 수퍼바이저와 수퍼바이지 간 양방향 피드백을 포함한다.
- 수퍼바이지의 역량 습득 여부에 대한 평가를 포함한다.
- 전문 직종 진입에 대한 문지기 역할을 한다.
- 자문, 개인심리치료, 멘토링과는 구별된다.

수퍼비전의 중요성은 수퍼바이저 자격을 인증하는 주(州) 법과 규정의 증가 그리고 모든 전문 교육과정의 대학원생들이 반드시 이수해야 하는 다수의 수퍼비전 실습과 인턴십의 존재를 통해 입증된다. 오늘날 거의 모든 전문 프로그램에서 수퍼비전이 필수 과정으로 포함된다는 사실은 수퍼비전의 중요성을 방증한다.[12)] 연구에 따르면, 치료자 중 약 85~90%는 임상 실무를 시작한 지 15년 이내에 수퍼바이저 역할을 맡게 된다.

따라서 이제 좋은 수퍼비전의 중요성과 수퍼비전이 널리 보편화된 것을 알 수 있다. 또한 유능한 실천을 위한 지침과 인상적인 목표 목록이 있다. 그러나 이것만으로 좋은 수퍼바이저가 되는 데 충분할까? 그렇지 않다. 가장 좋은 학습 방법 중 하나는 무엇을, 언제, 왜 해야 하는지에 대한 절차적 지식을 갖춘 해당 전문 분야의 뛰어난 수퍼바이저에게 배우는 것이다.[13)]

이러한 이유에서 우리는 이 시리즈를 기획하게 되었다. 수퍼비전을 실천하고 가르치며 연구하는 데 도움이 되는 자료를 찾던 중, 수퍼비전의 핵심 모델을 전문가의 시각에서 이론적이면서도 경험적으로 제시하는 통합적인 시도가 부족하다는 사실을 인식하게 되었다. 이 시점에서 가장 필요한 것은 이론과 실천을 겸비한 전문가들이 자신의 접근법을 읽기 쉽고 간결하게 소개하고, 실제 수퍼비전 장면에서 이를 시연하는 자료였다. 즉, 수퍼비전 모범 사례를 보여줄 장이 필요했던 것이다.

이 시리즈는 바로 그것을 목표로 한다. 우리는 이론 기반 모델과 메타이론적 접근을 포함한 주요 수퍼비전 모델을 검토하였고, 수퍼비전 분야에서 일하는 국내외 심리학자, 강사, 임상 수퍼바이저, 연구자들을 대상으로 특정 모델과 추천 전문가에 대해 설문하였다. 또한 수퍼비전 세션에서 자주 다루어지는 핵심 이슈도 조사하였다.

12) Rønnestad, M. H., Orlinsky, D. E., Parks, B. K., & Davis, J. D. (1997). Supervisors of psychotherapy: Mapping experience level and supervisory confidence. *European Psychologist, 2*, 191-201.

13) Schön, D. A. (1987). *Educating the reflective practitioner: Toward a new design for teaching and learning in the professions*. San Francisco, CA: Jossey-Bass.

이 과정을 통해 이론을 발전시켰을 뿐만 아니라, 수년간 현장에서 활동해 온 경험을 갖춘 11명의 수퍼바이저로 구성된 '드림팀'을 선정하게 되었다.

각 전문가에게는 자신의 수퍼비전 모델을 설명하는 간결한 책을 집필해 줄 것을 요청하였다. 책에는 모델의 핵심 원리, 방법 및 기법, 구조와 절차, 관련 연구 근거 그리고 수퍼비전에서 흔히 발생하는 문제에 대한 대응 방식이 포함되어 있다. 또한 실제 수퍼비전 장면의 축어록(transcript)을 포함하여 수퍼비전 회기를 자세히 기술하는 장을 할애함으로써 수퍼비전 과정을 설명하도록 요청하여 독자들이 수퍼비전 현장에서 실천 모델이 어떻게 실현되는지를 볼 수 있게 하였다.

더불어 각 저자는 자신의 수퍼비전 접근법을 실제로 시연하는 영상을 촬영하였고, 이는 APA Books에서 DVD 시리즈로 제작되었다(http://www.apa.org/pubs/videos). 이 책들과 영상은 함께 또는 별도로 활용할 수 있으며, 수퍼비전을 배우려는 독자, 지식을 심화하고자 하는 수퍼바이저, 더 나은 수퍼바이지가 되고자 하는 수련생, 수퍼비전 강의를 가르치는 강사, 이 교육과정을 연구하는 연구자 모두에게 유용한 자료가 될 것이다.

이 책에 관하여

Natasha C. N. Prenn과 Diana Fosha가 저술한 『속성경험적 역동 심리치료 수퍼비전(Supervision Essentials for Accelerated Experiential

Dynamic Psychotherapy)』에서 속성경험적 역동심리치료(Accelerated Experiential Dynamic Psychotherapy: AEDP) 수퍼비전이 심리치료 기반 모델임을 분명히 한다. 따라서 AEDP에서의 변형적 수퍼비전 프로세스는 AEDP에서의 변형적 치료 프로세스와 유사하다. AEDP는 정신역동적 심리치료 전통에서 나왔지만, 인정과 긍정적인 것을 우선시하고, 치유 지향의 개념으로 직면과 정신병리학과 같은 정신역동적 개념을 대체하였다.

AEDP 치료자는 "새로운 경험을 공동으로 창조하고 그 경험이 좋은 경험이 되도록" 노력한다고 소개서에 명시되어 있다. 마찬가지로, AEDP 수퍼바이저는 AEDP 변화의 원칙을 이용하여 수퍼바이지와 함께 도전적인 상황을 다루는 경험을 공동으로 창조하며, 그 경험 또한 좋아야 한다.

수퍼바이저는 지금-여기에서 감정적 공명, 강도 높은 공감, 양자적 감정 조절을 사용하여 수퍼바이지와 함께 정서적 안전감을 만들어 간다. 수퍼비전 관계가 안전한 기반으로 기능하기 시작하는 데 초점을 맞춘다. 경험적-역동적 작업을 통해, 수퍼바이저는 수퍼바이지가 압도적인 정서적 경험을 처리하도록 돕고, 이는 그들이 자신의 내담자를 돕기 위한 회복탄력성의 증가로 이어진다. AEDP 수퍼비전 모델을 따뜻하고 포근한 접근으로 특징지을 수 있다고 생각하는 독자가 없기를 바란다. AEDP의 접근은 기술 기반이다. 수퍼바이지는 매 순간 추적하기, 신체적 표식 인식, 비디오로 녹화된 치료 장면의 미세 분석, 치료적 단계와 과정에 대한 '지도' 사용과 같은 기술을 배우면서 내담자가 진정한 핵심 감정 경험을 할 수 있게 돕는 방법을 학습한다. Fosha의 말을 바꾸어 말하자면, 수퍼바이지는 '느끼고 다루는' 방법을 배운다.

이 책은 발달, 애착, 신경생물학 그리고 연구 기반에서 비롯된 AEDP 수퍼비전의 기초를 알려 준다. Prenn과 Fosha의 자세한 해설과 실제 수퍼비전 회기의 축어록을 통해, 독자는 수퍼바이지가 이 모델을 받아들이는 과정을 볼 수 있다. 그리고 특별한 선물로서, Prenn과 Fosha는 독자들을 AEDP 수퍼비전에 대한 경험적 여정으로 초대한다. 우리는 여러분이 이 여행을 즐길 것이라 기대한다!

여러분의 관심에 감사드리며, 이 시리즈의 책들이 자극이 되고 유의미한 방식으로 여러분의 작업을 향상시키기를 소망한다.

Hanna Levenson & Arpana G. Inman

감사의 글

Hanna Levenson과의 만남과 협업에 대해 감사의 말을 전하는 것부터 시작하고자 한다. 속성경험적 역동심리치료(AEDP) 충실성 척도 작업에서 Hanna와 함께하게 된 것은 매우 설레는 경험이었고, AEDP의 든든한 지지자이자 깊은 통찰을 지닌 그녀와의 인연은 큰 행운이었다. 뜻을 같이하는 지식인이자 AEDP 지지자를 만난 것은 전염성이 있고 생산적이었다. 그리고 'APA 수퍼비전 시리즈'에 참여하자는 Hanna의 초대는 영광이었으며 기쁨이었다. 우리는 그녀의 엄격함, 정확성 그리고 있는 그대로의 친절함에서 배우고 혜택을 받았다. 그녀는 이 책을 집필하고 함께 제공되는 AEDP 수퍼비전 DVD를 제작하는 모든 단계에서 함께해 주었다. 이에 그녀에게 깊은 감사를 표한다.

Michael Glavin은 이 프로젝트에 적극적으로 참여하였다. 이보다 더 열정적이고 유능하며 의욕적인 수퍼바이지는 없었을 것이다. 이미 뛰어난 치료자로서 큰 위험을 감수하고, AEDP에서 우리가 어떻게 가르치고 성장하는지 충분히 배우고 시연할 수 있도록 자신의 취약한 모습까지 보여 준 그에게 감사의 말을 전하고 싶다. 그리고 이 모든 것은 영상에 담겼다. Michael에게 경의를 표한다.

AEDP 연구소의 교수진보다 더 재능 있고 관대한 임상가와 동료들을 상상하기는 어려울 것이다. 이 책의 곳곳에서 교수진으로서, 그리고 무한한 두 사람과 집단의 조합을 통해 우리가 함께 나눈 풍부하고 빛나는 대화의 메아리를 듣게 될 것이다. 이 감사의 말로는 그들이 AEDP 수퍼비전 모델에 기여한 바를 온전히 담아내기에 부족하다.

우리는 몰입(immersion) 과정과 필수기술훈련(essential skills) 과정에 자원하여 참여한 모든 어시스턴트(assistants)께 감사와 인정을 표하고 싶다. 그들은 우리의 교육을 개선하기 위해 시간과 마음을 다해 끊임없이 노력하였다. AEDP와 AEDP 훈련의 힘에 대한 그들의 믿음과 헌신은 많은 사람에게 변화를 가져왔다. 그분들 없이는 경험적 역동 치료를 가르칠 수 없었을 것이다.

이 책의 여러 이전 버전의 일부 또는 전체를 읽어 준 사람들도 있다. Natasha Prenn은 Judy Rabinor, Jessica Slatus, Molly Morgan, Jan Bowman, 그녀의 남편인 Stelios Vasilakis에게 감사의 마음을 전한다. 그녀의 딸인 Emma Prenn−Vasilakis는 원고를 읽고 교정하고 질문하면서 책의 개선에 큰 도움을 주었다. Diana Fosha는 핵심 내용을 간단하고 짧은 문장으로 전달하는 데 도움을 준 Karen Kranz와 Hilary Jacobs Hendel에게 감사를 표한다.

Natasha Prenn은 매일 도움을 주는 친한 친구들, Lisa Lupinacci, Amy Ostergaard, Maggie와 Greg Schwed, Hilary Jacobs Hendel에게도 감사를 표한다.

그리고 Viktor Koen이 만든 AEDP 다이어그램뿐만 아니라 그의 유머와 AEDP의 진정한 타인으로 그가 존재했던 방식인 "친애하는 친구, 나는 언제든 전화 한 통이면 돼!"에도 큰 박수를 보낸다.

Diana Fosha는 공저자인 Natasha Prenn에게 매우 큰 감사를 전한다. AEDP 이론과 실천을 가르칠 수 있고, 실행할 수 있게 만드는 그녀의 지칠 줄 모르는 열정이 이 책의 핵심이자 정신이다. Diana는 수퍼비전에서 중요하게 해야 할 것과 하지 말아야 할 것에 대해 많은 것을 가르쳐 준 과거 수퍼바이저들에게도 감사를 표한다. 그녀는 이 두 가지 교훈에 모두 충실하려고 노력한다.

차례

제2장

AEDP 수퍼비전의 필수 기술 • 91

제3장

AEDP 수퍼비전의 실제: 수퍼비전 회기의 미시적 분석 • 127

제 6 장

수퍼바이저의 성장과 자기돌봄 • 219

제 7 장

AEDP 수퍼비전 접근에 대한 연구 • 229

서론

치유 지향적이고 애착 기반의 속성경험적 역동심리치료(Accelerated Experiential Dynamic Psychotherapy: AEDP)는 포괄적이고, 통합적이며, 변형적인 심리치료 모델이다. 이 치료 모델은 기본적으로 경험적 접근 방식을 추구하고 있는데 애착 연구, 정서 이론, 경험적 작업 방식, 발달 모델, 트라우마 연구, 신체 중심 치료, 신경정서과학의 연구 결과를 통합하여 이론적인 틀을 형성하고 있다. 이 이론적 틀은 치료와 수퍼비전 모두에서 동일하게 적용되고 있다.

AEDP 수퍼비전은 AEDP 이론과 임상 실천에서 비롯된 심리치료 기반 모델이다. 수퍼바이지는 AEDP를 경험하고 이 책에 설명된 구체적인 기술을 배움으로써 관계적·정서적 역량을 향상시킬 수 있다.

지금까지 AEDP 실천 방법의 전달은 수퍼바이저에게서 수퍼바이지로, 지도자에게서 학생에게로 그리고 세미나, 워크숍 및 수퍼비전 그룹에서 상담 비디오 영상을 함께 시청하는 것을 통해 이루어졌다. 이 책은 AEDP 수퍼비전의 기본 원칙에 대한 기초를 제공하며 이를 명확하게 설명한다. 여기서는 AEDP 수퍼비전 방법론을 처음으로 공개하여, 수퍼바이저에게 수퍼바이지가 AEDP를 가장 잘 학습하도록 도울 수 있는 방법을 안내할 뿐만 아니라 수퍼바이지가 변화하고 발전하여 더 효과적인 심리치료자가 될 수 있게 돕는다. 임상가는 자신의 작업 방식을 바꾸고 변형되기를 원해서 AEDP로 오게 된다. 전 세계의 AEDP 교수진은 AEDP 심리치료 회기의 비디오 영상을 보여 주고 크고 작은 변형을 기록함으로써 가르친다. 감정 전염(emotion contagion; Hatfield, Cacioppo & Rapson, 1992)과 공명 현상(resonance phenomena; Siegel, 2010), 우뇌에서 우뇌로의 소통(right-brain-to-right-brain communication; Schore, 2009), 거울 뉴런(mirror neurons; Rizzolatti & Craighero, 2004) 등을 고려하면, 많은 치료자가 이미 AEDP의 변형적 경험에 대한 감각적 인식(felt sense; Gendlin, 1981, 1996)을 가지고 있음을 알 수 있다. 즉, 그들은 이미 AEDP 변화 과정(AEDP change process; Fosha, 2000a, 2009a)을 본능적으로 알고 있는 것이다. 이 경험을 한 후, 그들은 이러한 방식으로 자신의 내담자와 함께 작업하는 방법을 더 배우고 싶어 한다.

서론에서는 AEDP 수퍼비전 접근 방식의 역사적 기원에 대한 간략한 개요를 제공하고 치료 및 수퍼비전에서의 핵심 주제에 대해 설명한다. 또한 우리 각자가 AEDP 수퍼바이저가 되기까지의 과정을 나누고자 한다. Diana Fosha의 임상 여정은 AEDP를 개발하는 과정과 동일하기 때문에 그녀의 훈련 진행 과정과 그 훈련에 대한 반응을 자세히 설명하였다. Natasha Prenn의 임상 및 수퍼비전 행보는 Fosha의 작업에서 출발하여 AEDP 연구소 및 연구소 훈련 프로그램의 확장과 유사하다. 그리고 이어지는 책의 각 장별로 독자에게 보다 구체적인 로드맵을 제공하고자 한다.

AEDP 수퍼비전의 시작

AEDP는 공식적으로 2000년 Diana Fosha가 『Transforming Power of Affect: A Model for Accelerated Change』(2000b)[1)]를 출간하면서 시작되었다. 이후 2005년에 AEDP 연구소가 설립되었고, AEDP 모델의 성장은 다음의 두 가지 방식으로 확장되었다. 첫째, 연구소 교수진과 인증된 수퍼바이저들의 기여에 의해 이루어졌으며, 그 일부는 출판물에 반영되었다(Anne Cooper, Ron Frederick, Kari Gleiser, Yuko Hanakawa, Hilary Jacobs Hendel, Jerry Lamagna, Ben Lipton, David Mars, Miriam Marsolais, Jenna Osiason, Karen Pando-Mars, SueAnne Piliero, Eileen Russell, Steve Shapiro, Jessica Slatus, Barbara Suter, Dale Trimble, Gil Tunnell, & Danny Yeung). 둘째, AEDP에 대한 연구를 수행한 사람들의 기여에 의해 발전되었다(Conceição, Iwakabe, Edlin et al., 2016; Faerstein & Levenson, 2016; Iwakabe & Conceição, 2015, 2016; Lee, 2015; Piliero, 2004; Schoettle, 2009).

AEDP의 이름과 약자는 정신역동적 심리치료 및 단기역동심리치료(STDP; Malan, 1999), 그 후의 심화 단기역동심리치료(Intensive Short-Term Dynamic Psychotherapy: ISTDP; Davanloo, 1990, 2000)로의 전환에 대한 초기 계보를 따른다. STDP, 특히 ISTDP로부터 AEDP는 감정의 변형적 힘을 이해하고 따른다. 그러나 AEDP는 ISTDP의 직면과 정신내적 위기에 대한 초점을 양자적 감정 조

1) 역자 주: 이 책은 국내에서는 『속성경험적 역동심리치료: AEDP』로 2022년에 학지사에서 출간되었다.

절(Dyadic affect regulation; Fosha, 2000b, 2001), 강도 높은 공감(Pressuring with empathy; Russell, 2015), 인정(affirmation; Fosha, 2000a), 긍정적인 것을 우선시하기(Fosha, 2000a; Russell, 2015; Russell & Fosha, 2008) 등으로 바꾸어 갔다. 가장 근본적으로, STDP 및 ISTDP의 병리 기반 지향성은 AEDP의 근본적인 치유 지향성으로 대체된다. ISTDP에서 AEDP로 전환하면서 증상과 부적응적 패턴에 대한 이해에도 차이가 존재한다. 즉, 사람들이 치료를 받도록 만드는 요인을 정신병리와 자기 처벌의 반영(Davanloo, 1990; Della Selva, 1996)으로 이해하던 것에서 근본적으로 적응 과정을 반영하는 것에 대한 감사함으로 나아가고 있다. 좌절을 주는 환경에 맞서기 위한, 그러나 결국은 충분하지 않은 건강을 향한 최선의 노력을 증상이라고 볼 때, 중립적이고 대립적인 태도보다는 마땅히 '함께하는', 긍정적이며 명시적으로 공감하고, 감정적으로 관여하며, '우리가 함께 이 길을 간다'는 자세로 대체되어야 하는 것이다.

이러한 AEDP의 원칙은 모두 AEDP 수퍼비전에서도 실현된다. 다음 장에서 설명하겠지만, 치유와 고립감의 해소에 초점 맞추기, 인정하기 전략, 긍정적인 것을 우선시하기는 AEDP 수퍼비전의 핵심 목표와 개입 방안이다.

치료 모델과 수퍼비전 모델

애착 이론과 관련 연구는 현재 심리치료에 대한 논의의 중심에 있지만, 임상가가 이론과 연구를 임상 실천에 적용하려고 할 때, 즉

애착에 기반한 치료를 실천하는 방법을 배우기 위해 문헌을 참고할 때, 어떻게 충분히 좋은 애착 대상이 되는지에 대한 지침은 거의 찾기가 어렵다. 회기에서 애착 안정성을 확보하기 위해 구체적으로 어떻게 행동하고 말하는가? 이 질문은 다음과 같이 수퍼비전에서 더욱 분명하게 드러난다. 다양한 수퍼바이지가 얻고자 하는 안정 애착 대상을 경험하게 하는 데 수퍼바이저로서 필요한 실제 기술은 무엇인가? 이러한 방식으로 일하기 위해 어떤 종류의 작업을 할 수 있는가? AEDP의 수퍼비전 모델은 이러한 질문에 정확히 응답하고 지침을 제공한다.

AEDP 치료자는 내담자가 새로운 경험을 하도록 돕고, 그 경험이 긍정적인 것이 되도록 노력한다(Fosha, 2002). 이후의 모든 작업, 즉 이해, 학습, 기존의 기대와 역동의 재구조화는 초기의 긍정적이고 변형적인 경험에 뿌리를 두고 있다. 마찬가지로 우리는 수퍼바이지가 새로운 상황이나 도전적인 상황을 헤쳐 나갈 때, 배려심 있고 적극적으로 참여하는 누군가와 함께 그 과정을 겪기를 바라며, 그 경험이 긍정적 경험이 되기를 원한다. 학습 이론과 개입에 대한 후속 작업 그리고 많은 방법론은 수퍼비전의 긍정적 경험에 기반한다.

우리는 흔히 안전감과 애착, 즉 '안전 기지'가 먼저 마련되어야 이후의 작업이 가능하다는 말을 접하게 된다. 그러나 AEDP에서는 치료와 수퍼비전 회기 내에 일어나는 교정적인 정서적·관계적 경험들이 획득된 안정 애착(earned-secure attachment)을 만들어 내며(Prenn, 2009; Wallin, 2007), 시간이 지나면서 애착 상태의 변화를 이끌어 낸다고 보고 있다. 안정 애착은 수퍼비전 작업에 선행하는 것이 아니라 수퍼비전 과정 속에서 비롯된다. 우리는 수퍼바이저의 위험 감수, 즉 자기개방과 취약성을 드러냄(Fosha, 2006; Lipton & Fosha, 2011; Prenn, 2009)으로써 관계의 시작부터 안정 애착을 형성하고자 한다. 이러한 수퍼바이저의 태도는 수퍼바이지 또한 더 많은 위험을 감수할 수 있게 하며, 그 결과 작업이 더 깊이 있게 이루어질 수 있도록 한다. 수퍼바이저와 수퍼바이지가 함께 점점 더 도전적인 순간들을 극복할 수 있게 되면, 관계는 더 견고해지고, 양쪽 모두가 더 큰 위험을 감수할 수 있게 되며, 이로써 관계의 '밀도(thickness)'는 더 높아지게 된다(Tronick, 2003, p. 479).

1장에서 논의하게 되겠지만, AEDP는 **감당할 수 없는 압도적인 경험에 직면하게 될 때 비자발적이고 원치 않는 고립**(aloneness)의 결과로 정신병리가 일어나는 것으로 이해하고 있다(Fosha, 2000b). 즉, 자신의 자원만으로는 상황을 감당하기에 부족한 상태에서 적절한 지지가 결여되면, 개인은 단기적인 해결책(즉, 방어기제 또는 보호 메커니즘)에 의존하게 되며, 이러한 전략들이 단기적으로는 생존을 가능케 하지만, 장기적으로는 제한과 왜곡(즉, 정신병리)을 초래한다. 정신병리를 변화시키고 적응적 정서에 대한 접촉을 회복하기 위해, AEDP 치료자는 무엇보다도 내담자의 고립 상태를 해소하고자 한다. 충분한 지지와 두 사람 간의 감정 조절(dyadic affect regulation)이 이루어지면, 내담자는 방어기제에 의존하지 않으며, 고통과 기쁨을 함께 나눌 수 있는 지지적이고 정서적으로 교감하는 타인이 있다는 것을 알고 진정한 정서적 경험을 시도할 수 있게 된다. AEDP 내담자에게 적용되는 이 모든 내용이 우리의 수퍼바이지에게도 동일하게 적용된다.

AEDP 모델로 이끈 Diana Fosha의 이야기

나의 초기 훈련은 정신분석 이론 안에서 이루어졌다. 대학원 과정인 뉴욕시립대학교(City University of New York)의 임상심리학 박사 과정과 내 관심사의 특성을 고려해서 발달 지향성이 강한 정신분석 이론을 공부하며 이 분야에 진입하였다. 나는 Freud와 다른 고전적 분석가들뿐만 아니라 Ferenczi, Suttie, Guntrip, Winnicott, Searles, Kohut에게 깊이 몰두했으며, Piaget 및 Mahler, Pine, Bergmann의 발달 작업에도 몰두하였다. 그들은 오늘날까지도 나의 사고에 영향을 미치고 있다. 하지만 정신분석 치료의 장기적인 기간과, 그 효과성과 증거에 대한 상대적이고 선택적인 무관심이 불편했다.

단기역동심리치료(STDP)는 먼저 David Malan(1999)의 작업을 통해 접하게 되었으며, 그 이후 Habib Davanloo의 작업을 통해 ISTDP로 발전하게 되었다. Malan의 작업이 주목받는 이유는 정신역동 치료의 깊이와 강도를 유지하면서도 치료 기간을 단축시키고 효과성을 높이고자 했던 그의 명확한 의도와 목표 때문이었다. 오늘날까지 AEDP에 내재되어 있는 Malan 작업의 핵심은 내담자를 주의 깊게 정서적으로 조율하면서도 초점을 명확히 유지하는 능력과 '갈등 삼각형'의 범주에 따라 내담자의 경험을 매 순간 면밀하게 추적하는 것이다(1장 참조). 이 유명한 삼각형은 AEDP에서 '경험 삼각형(triangle of experience)'으로 재구조화되고 이름이 변경되었으며(1장 참조), 현재는 Hilary Jacobs Hendel에 의해 "변화 삼각형

(change triangle)"으로 이름이 바뀌는 과정에 있다(출판 중). 이는 불안과 방어에서 핵심 감정으로의 전환을 돕거나 변화시킨다는 우리의 치료 목적을 반영한 것이라 볼 수 있다. 하지만 1979년, Malan은 Davanloo(Davanloo, 1990, 1995)의 ISTDP 모델의 강력한 효과를 목격하면서 일종의 전환적 경험을 하게 되었다.

ISTDP는 결국 AEDP 개발과 『The Transforming Power of Affect』(Fosha, 2000b)의 출판으로 이어지는 여정에서 다음 정거장이 되었다. Malan의 탁월한 지지와는 별개로, 개인적으로 Davanloo의 작업에 끌렸던 이유는 그의 기법을 통해 체계적으로 유도되는 정서적 현상들의 강력함 그리고 첫 회기부터 깊은 감정을 신체적으로 생생히 경험하고 이를 통해 빠르게 변화를 이끌어 내는 과정의 속도감 때문이었다. 또한 그는 실제 치료 회기의 비디오를 통해 강의하고, 시연하고, 수퍼비전을 진행했으며, 수련생에게도 자신의 치료 회기를 녹화한 비디오를 기반으로 발표하지 않으면 수퍼비전을 제공하지 않았다.

나는 Davanloo와 함께 3년 동안 훈련을 받았다. 훈련은 힘들었지만 매우 강력하였다. 그러나 이제는 ISTDP에 대한 불편함이 새롭게 밀려왔고, 그 불편함은 결국 AEDP의 개발로 이어지는 계기가 되었다. 나는 경험 전반에 걸쳐 두 가지의 깊은 불편감을 느끼게 되었는데, 첫 번째는 ISTDP에서 방어기제에 접근할 때 보이는 지나치게 공격적이고 대립적인 방식이었고, 두 번째는 ISTDP 이론이 이러한 기법들을 통해 접근할 수 있는 경험적 현상들의 변형적 힘을 제대로 정의하지 못한다는 점이었다.

나의 개인적 탐구는 두 가지 방향으로 나아갔다. 첫째, 치료자와 내담자가 방어기제를 다룰 때 대립하거나 싸우는 관계가 아니라 동맹이자 협력적 관계로 접근한다면, ISTDP 작업에서처럼 강력한 정서적 현상을 빠르게 이끌어 낼 수 있을지 확인하고 싶었다. 둘째, 방어기제의 영향이 최소화되었을 때 체계적으로 끌어낼 수 있는 정서적 현상들이 얼마나 강력하게 변형을 이끄는지를 설명할 수 있는 이론이 필요하다는 생각이었다. 처음에는 1988년부터 1993년까지 함께한 Michael Alpert(1992)를 비롯한 동료들과 함께 첫 번째 탐구를 시작하였다. 그동안 Alpert와 나는 Leigh McCullough(1997; McCullough et al., 2003)와도 대학에서 긴밀하게 협력하며 작업하였다. 두 번째 탐구, 즉 이론을 찾기 위해 변형적 현상에 의해 추진되는 탐구는 나 자신이 해야 할 일이었다.

Alpert, McCullough와 함께 그리고 각자 병행하여 일하면서, 우리가 함께 고군분투한 것은 Davanloo의 치료적 효과의 본질, 즉 신체본능적 경험의 힘과 내담자와의 첫 만남에서부터 그것에 빠르게 도달할 수 있는 능력을 유지하면서도 깊은 감정 작업을 감당할 수 있는 더 지지적이고, 친절하며, 효과적인 사용자 친화적인 관계 방식을 발전시키는 것이었다. 우리는 점차 부적응적 방어기제를 포기하도록 급진적으로 도전하고 압박하는 '정면 충돌(head-on-collision)'의 자세(Davanloo, 1990, p. 7)에서 벗어나, 강력한 공감과 정서적 개입을 기반으로 한 치료적 자세로 전환해 갈 수 있었다. 우리는 내담자의 저항과 방어기제에 정면 충돌하는 은유를 넘어 공감을 통해 내담자의 방어를 '녹여 내는' 치료적 자세로 나아갔다. 이러한 자세는 정서적으로 개입된 치료자와의 관계 속에서 내담자가 안전하다고 느끼게 하여, 방어의 필요성을 줄이도록 돕는 접근이다.

Alpert와 내가 원만하게 각자의 길을 가게 된 이후에도, 이 치료적 자세는 나의 작업 속에서 계속 발전되었고, 양육자-유아 상호작용 및 애착 이론에 대한 발달적 연구에 의해 더욱 풍부해졌다.

AEDP의 후속 관계 기법은 도전, 압박 및 끊임없는 대립이 아니라 명시적인 공감, 보살핌 및 연민의 자세에서 흘러나온다. 이러한 자세를 통해 하나의 패러다임 전환이 일어났다. 즉, ISTDP의 '무엇이 잘못되었는가'에 대한 초점이 AEDP의 '무엇이 잘 작동하고 있는가'에 대한 초점으로, 그리고 ISTDP의 병리 중심 모델에서 AEDP의 치유 지향의 모델로 근본적으로 전환되었다.

방어기제를 빠르게 우회함으로써 발생하는 변형적이고 경험적인 작업을 엄밀하게 설명하기 위한 메타심리학을 개발하는 것이 나의 과제였다. 1995년부터 2000년까지, AEDP의 메타치료적 프로세싱을 설명하는 바로 그 나선형 과정이 AEDP 이론을 탄생시키는 태동과 출산에 해당하는 5년간의 여정을 반영하고 있었다. 방어기제의 영향이 최소화되었을 때 나타나는 정서적 현상들의 변형적 힘을 설명하기 위해, 나는 정서 이론으로 눈을 돌렸고, Charles Darwin(1872/1965)과 William James(1902/1985)를 시작으로 Tomkins(1962), Ekman(1984) 등 현대의 다양한 정서 이론가로 나아갔다. 또한 관계의 힘과 매 순간의 감정 조율, 단절, 회복의 과정을 설명하기 위해, 나는 임상심리학 대학원 과정에서 함양된 발달심리학적 기반으로 다시 돌아갔다. 동시에 임상 회기의 비디오 녹화 및 핵심 감정 현상과 이후의 적응적 반응을 신체본능적으로 생생하게 경험하는 것에 여전히 중점을 두었다.

특히 그때도 지금도 르네상스를 맞고 있는 애착 이론과 연구들

(예: Fonagy & Target, 1998; Main, 1995, 1999) 그리고 발달심리학자 또는 '아기 관찰자들'의 연구들(예: Beebe & Lachmann, 1988, 1994; Emde, 1981, 1983, 1988; Stern, 1985; Stern et al., 1998; Tronick, 1989; Tronick, Bruschweiler-Stern, Harrison et al., 1998)을 다시 살펴보았다. 부모와 자녀가 순간순간 양자적 상호작용하는 모습을 담은 비디오를 연구하는 아기 관찰자들과, 치료자와 내담자가 순간순간 양자적 상호작용하는 모습을 담은 비디오를 연구하는 치료자들 간의 공명에서 벗어날 수 없었다. 두 분야 사이에는 많은 생태학적 타당성이 존재하였다. 내 연구와 그것들을 통합하려는 시도는 임상 작업에서의 현상에 대한 조율을 활성화시켰다. 임상 실습 중 낮에 경험하고, 촬영하고, 학습했던 것을 밤에는 다양한 독서를 통해 연구하고 이해하려고 노력하였다. 현상과 성찰 사이를 왔다 갔다 하며, 이해가 증대되면서 새로운 현상을 인식하게 되고, 새로운 현상이 새로운 이론적 통합과 발전을 요구하고 이끌어 내면서 AEDP라 불리는 모델이 탄생하게 된 것이다.

나는 이 모델을 치료에 적용했고, AEDP가 알려지기 시작하면서 임상가들이 이를 배우고 싶어 하자 수퍼비전에도 이 모델을 적용하였다.

Natasha Prenn의 이야기

나는 라틴어, 고대 그리스어와 문학을 가르치는 강사로서의 경력을 거쳐 심리치료 분야 및 AEDP에 도달하였다. 강사에서 심리치료자로 전환하면서 대부분의 임상 훈련에 실제 임상 기술에 대한 교

육이 거의 포함되어 있지 않다는 사실에 여러 번 충격을 받았다. 나는 종종 "하지만 제가 뭐라고 말하고 무엇을 해야 하지요?"라고 묻곤 했다. 이론적으로는 풍부하지만, 임상 적용이 다소 부족한 분야에 들어왔다고 느꼈다. 2004년 5월, 나는 애착에 관한 한 콘퍼런스에서 Diana Fosha의 작업을 보았다. 좌뇌의 지적 수준에서 즉각적인 반응은 임상적 실천의 바탕이 된 이론이 완전히 이해되었다는 것이다. 이는 신경과학을 신뢰할 수 있는 자연현상에 기반한 임상 실천으로 변환한 것이었다. 그것은 마치 '아하'의 순간, 즉 불현듯 무언가를 알아차리고 옳다는 느낌이 드는 그런 순간이었다. 신체본능적인 우뇌의 방식으로, 나는 이것이 내담자의 변화를 돕는 방법이라는 것을 마음속 깊이 알고 있었다. 이것은 애착 심리치료자가 되는 방법이었다. 나는 이론적이면서 임상적인 본거지를 찾았고, 그 순간 완전히 매료되었다.

2004년 여름, 나는 Fosha의 AEDP 1단계 훈련인 몰입과정(Immersion Course)을 수료한 후, Ben Lipton과 개인 및 집단 수퍼비전을 받기 시작했고, Ron Frederick의 핵심 훈련(Core Training)을 듣기 위해 샌프란시스코로 날아갔다. 나는 Fosha의 작업에서 경험한 마법의 구조를 이해하고자 그녀의 기록과 비디오 영상을 연구하기 시작하였다. 그녀는 이미 자신의 이론적 글에서 존재하는 방식(즉, 자세)과 행동하고 개입하는 방식(즉, 특정 언어) 등의 기술을 설명하기 시작하였다. 나는 AEDP 개입 방법을 수집하고, 그녀의 작업과 다른 AEDP 심리치료자의 작업에서 개입 방법의 순서를 연구하기 시작하였다. 경험적으로 작업하는 것은 새로운 언어를 배우는 것과 같았다. 나는 개입을 목록화하고, 그런 다음 나의 내담자와의 회기에서 이러한 개입 방법을 사용해 보았다. 점차적으로 나에게 가장 효과적인 개입 방법을 수집하고 목록화했으며, 이 어휘와 언어를 바탕으로 AEDP의 구조와 언어에서 나 자신만의 목소리를 실험하고 찾아냈다.

이 과정에서, AEDP의 경험적 언어에 대한 집중과 특정 기초 개입 방법의 교육은 현재 2년 과정의 AEDP 필수 기술(Essential Skills) 훈련 과정의 중추가 되었다. AEDP를 가르치고 지도하는 과정에서, 학습의 중요한 부분은 개입의 언어에 있음을 알게 되었다. 수련생들은 "이제 무엇을 말해야 할까요?"와 "다음에는 무엇을 말해야 할까요?"라는 질문에 답할 수 있는 실제 개입의 언어가 필요했다. 이러한 질문은 나 또한 훈련에서 경험했던 질문이었다. 외국어 학습은 기술이나 역량에 대한 신경망이 확립되어 있지 않다는 점에서 AEDP 수퍼비전과 치료에서 촉진하려는 변화 경험과 직접적으로 유사하다. 우리는 경험이 필요하고, 신체본능적으로 하고 싶은 것을 전달하기 위해 자신을 표현하는 경험에 언어를 부여하는 것이 필요하다. 지금까지 내가 AEDP에 기여한 것 중 하나는 이러한 개입 방법의 언어화와 목록화, 즉 AEDP 이론을 구체적이고 쉽게 배울 수 있도록 통합된 단계와 순서로 변환한 것이다. 나는 이제 'AEDP 치료를 하는 방법'과 'AEDP 치료의 기본'이라는 워크숍으로 유명하다.

2년 동안 이루어지는 필수 기술(Essential Skills) 과정과 심화 기술(Advanced Skills) 훈련 과정의 커리큘럼 개발에 중심적인 역할을 하는 것 외에도, 나는 AEDP 인증 과정에서 치료자들을 수퍼비전하고, 치료자들이 필수 기술(Essential Skills) 과정을 보조할 수 있도록 훈련시킨다. 또한 훈련 중인 AEDP 수퍼바이저를 수퍼비전하고, 새로운 워크숍과 발표를 개발하는 AEDP 치료자를 멘토링하고 있다. 나는 AEDP 충실성 척도(AEDP Fidelity Scale) 작업에 참여했으며, Kari Gleiser와 함께 『Transformance: The AEDP Journal』의 공동 창간 편집자로서 AEDP 이론과 실천을 확장하는 데 도움을 주고 있다. AEDP에서 수퍼비전을 어떻게 해야 하는지에 대한 설명을 담고 있는 이 단행본은 이러한 모든 활동의 자연스러운 연장선에 서 있는 것이다.

Fosha와 달리, 나는 수퍼비전을 시작했을 때 학문적인 훈련을 받은 적이 없었다. 교육자이자 강사로서 나는 교육 도구는 물론 AEDP 치료의 수퍼비전 관계를 다루는 원칙을 갖춘 AEDP 수퍼바이저가 되었다. 나의 첫 번째 AEDP 수퍼바이저 선생님인 Diana Fosha, Ben Lipton, Ron Frederick에게 큰 빚을 지고 있다. 그렇게 재능 있고 친절하며 관대한 AEDP 수퍼바이저 선생님들 덕분에 모방하고 배우며 성장할 수 있었다.

AEDP 수퍼비전은 AEDP 치료와 마찬가지로 양방향적이며, 치료적 관계에 있는 이자 또는 삼자 모두에게 영향을 미친다. AEDP의 수퍼바이저와 강사들은 우리가 더 나은 방향으로 많이 변화했다는 사실을 증명할 수 있는데, 이는 우리가 AEDP의 수퍼바이저와 강사라는 영광을 누렸고, 지금도 누리고 있기 때문이다. 우리는 비디오에 녹화된 수퍼바이지와 내담자의 작업을 반복적으로 목격하고 다루면서 깊은 정서, 관계성, 변형이라는 내재된 반복적 경험을 통해 직업적으로, 개인적으로 성장하고 있다. 변형적 치료에 관한 비디오 영상을 봄으로써 전체 수련생 집단이 대리 치유, 상태 공유 및 확장된 의식 상태를 경험하고(Tronick, 1989, 2009; Tronick et al., 1998)

강력하게 변형되는 AEDP 훈련 회기와 워크숍에서도 동일한 현상이 엄청난 정도로 일어난다.

이 책의 독자들

이 책은 대학원, 상담센터 또는 개인적 실천 현장에서 일하는 수퍼바이저와 수퍼바이지 그리고 심리치료자, 정신과 의사, 사회복지사, 심리학자, 상담자, 부부 및 가족 상담자, 강사들을 대상으로 한다. 또한 보다 경험적이고 애착 기반의 정서 중심 방식으로 수퍼비전을 배우고자 하는 역동적, 관계적, 대인관계적 심리치료자에게 중요한 독서자료가 될 것이다. AEDP 접근법은 통합적 특성을 지니고 있어, 다양한 이론적 배경을 가진 대학원생과 경험 많은 임상가에게도 유용할 것이다. 애착 이론과 대인관계 신경생물학에 대한 현재의 높은 관심을 고려할 때, 수퍼비전과 치료에 대한 AEDP의 현상학 기반 접근 방식과 검증 가능성에 대한 강조에 따라 치료와 수퍼비전 모두에서 비디오 녹화를 중요시하는 것은 다양한 심리치료에 매력적이고 유용할 수 있다.

이 책의 개요

1장에서는 AEDP 치료와 수퍼비전의 핵심 이론적 기반을 소개하고, 수퍼비전의 세 가지 접근 방식 중 처음 두 가지를 소개하는데, AEDP 수퍼비전의 지식과 역량에 대해 다룬다. 2장은 AEDP에

서 관계의 역할에 전적으로 초점을 맞추며, 이를 실천에 옮길 수 있도록 돕는 기술과 개입 언어를 소개한다. 3장은 Fosha와 수퍼바이지인 Michael Glavin 간의 비디오 녹화된 수퍼비전 회기를 미시적으로 분석함으로써 AEDP 수퍼비전 경험에 몰입할 수 있도록 안내한다. 이 수퍼비전의 전체 회기는 미국심리학회(APA)에서 발행한 DVD 'AEDP Supervision'(Fosha, 2016)에서 볼 수 있다(https://www.apa.org/pubs/videos/4310958.aspx). 4장에서는 다양한 수퍼비전 형식, 문서 작성 및 평가 등 실천적 주제를 다룬다. 5장에서는 애착 유형에서 임상 경험 수준에 이르기까지 수퍼바이지의 다양한 차이를 어떻게 다룰 수 있을지 설명한다. 6장은 '누가 감시자 자신을 감시하는가?'(로마 시인 유베날리스의 풍자시 제6편, Clausen 역, 1992)라는 질문에 답하며, 수퍼바이저의 훈련과 돌봄에 초점을 맞춘다. 마지막으로, 우리의 수퍼비전 모델을 뒷받침하는 연구들을 소개하며 마무리하고, 더 많은 정보를 원하는 경우를 위한 추천 도서 목록을 제시하고 있다.

제 1 장

AEDP 수퍼비전의 핵심 개념

우리가 목표하는 바는 긍정적인 정서 조율이 이루어진 상호작용과 그에 수반되는 긍정적 감정 속에서 보내는 시간을 극대화하고, 조율 실패나 관계의 단절로 인해 발생한 부정적 감정을 가능한 한 빠르게 소화하여, 다시 조율된 상태와 긍정적 감정 경험을 회복하는 데 있다. 관계적 경험에서의 긍정적인 분위기는 매우 중요하다. 생기를 불어넣는 긍정적 경험과 두 사람 간의 긍정적 상호작용은 안정 애착의 기반이며, 회복탄력성의 토대이고, 성장 및 몸과 정신 건강의 원천이 된다(Fosha, 2009b; Fredrickson, 2001; Lipton & Fosha, 2011, pp. 260-261; Lyons-Ruth, 2006; Russell & Fosha, 2008; Schore, 2001).

이 장에서는 속성경험적 역동심리치료(AEDP) 수퍼비전의 핵심 개념을 소개한다. 그러나 AEDP의 경험 중심 접근에 따라 우리가 왜 그러한 접근을 취하는지 설명하기 전에, AEDP 수퍼비전이 실제로 작동되는 모습을 보여 주는 방식으로 소개한다. 우선 책을 읽어 보다가 괜찮다고 느껴지면 우뇌의 신체본능적인 경험을 해 보기를 권한다. 이러한 수퍼비전 장면들을 본 후, 이 장의 나머지 부분에서는 좌뇌도 만족할 수 있도록 AEDP의 핵심 개념, 지식 및 역량을 자세히 설명하면서 선언적이고 이론적인 지식의 공백을 메울 것이므로 안심하라. AEDP 수퍼비전이 실제로 작동하는 방식을 직접 경험해 보기 바란다.

수퍼비전 장면 1: 첫 수퍼비전 회기의 시작 순간

새로운 수퍼바이지가 수퍼바이저(즉, Prenn)의 사무실에 도착한다. 가방에서 노트북과 컴퓨터를 꺼낼 때 손이 약간 떨리고, 입술을 깨물고 있다. AEDP 수퍼바이저로서 나는 무엇을 해야 할까? AEDP 수퍼비전의 이론과 임상 실천은 이 첫 대면에서 상호작용을 하는 순간부터 수퍼바이저의 결정을 이끌어 준다. 이와 같은 상호작용에서 수퍼바이저의 자세는 AEDP 치료자로서 그녀가 취하는 모습과 거의 일치한다. 따뜻하게 환영하고, 이끌어 주고, 불안을 조절하고, 명시적으로 도움을 주고, 자기개방을 하고, 정상화하고, 인정하려는 강점을 찾는 데 초점을 맞추는 것을 말한다.

수퍼바이저[1] 우리의 첫 만남이네요……. 허…… 음……. 불안감이 드는군요……. **[이것은 명시적으로 매 순간 추적하는 것이다. 즉, 수퍼바이저는 수퍼바이지가 불안을 느끼고 있다는**

1) 이 책에 실린 축어록에서 비언어적 행동은 괄호 안에 표시되어 있으며, 수퍼비전 개입과 그 효과에 대한 미시 분석은 대괄호 안에 진하게(볼드체로) 표시되어 있다.

것을 알려 주며, 이끌면서 도와주고자 한다.]

수퍼바이지 네, 여기 오는 길에 좀 놀랐어요. 제가 긴장하고 있다는 걸 알게 되었거든요.

AEDP 수퍼비전에서 우리의 첫 번째 과제는 고립감을 해소하는 것이다(Fosha, 2000b, 2009b). AEDP의 신조가 '우리는 내담자가 우리와 함께 새로운 경험을 하기를 바라며, 그것이 좋은 경험이 되기를 원한다'인 것처럼(Fosha, 2002), 수퍼비전에서도 마찬가지로, 수퍼바이저는 수퍼바이지가 함께 새로운 경험을 하기를 원하며, 첫 순간부터 그 경험이 긍정적인 것이 되기를 바란다. 수퍼바이저와 수퍼바이지 간의 관계와 그 안에서의 경험은 수퍼비전 학습 과정에서 필수적이고 기본적이며 본질적 요소이다. 만약 수퍼바이지의 불안이 너무 높다면, 학습이 상당히 방해받거나 아예 불가능해질 수도 있다. 따라서 수퍼바이지의 불안을 조절하고, 공동으로 안전감을 형성하는 작업을 시작해야 한다. 그래야 수퍼비전 관계가 가능한 한 빠르게 안전 기지(secure base; Bowlby, 1988)로 기능할 수 있게 된다. 이 안전 기지가 마련되면, 그때부터 우리는 함께 탐색을 시작할 수 있다. 그리고 바로 그 지점에서 수퍼바이지는 도전받고, 새로운 배움이 일어나는 것이다.

수퍼바이저는 수퍼바이지가 함께 경험하기를 원한다. 그리고 수퍼바이저와 수퍼바이지가 함께한 그 경험이 무엇이든 간에 수퍼바이지가 그런 경험을 했다는 것을 자각하기를 바란다. 우리는 이를 **메타치료적 프로세싱**(metatherapeutic processing), 또는 간단히 **메타프로세싱**이라고 부른다(이 개념에 대해 이 장의 후반부에서 더 자세히 다룬다). 즉, 수퍼바이지가 무언가(아마 새롭고, 분명 긍정적인 것)를 경험하고, 무슨 일이 일어났는지를 이해하며, 자신이 깊이 느낀 것을 말로 표현할 수 있기를 원한다. 수퍼바이지가 자신이 느낀 것을 언어화할 수 있는 능력은 통합을 촉진하며, 이는 수퍼바이지가 수퍼비전에서의 경험을 자신의 치료 장면 안에서 실제로 적용할 수 있는 행동으로 전환하는 데 큰 도움이 될 것이다.

고립감을 해소하고, 안전감을 형성하며, 불안을 조절하고, 암묵적 경험을 명시적이고 관계적인 방식으로 드러내는 데는 여러 가지 다른 방법이 있지만, 이 모든 것을 한번에 효과적으로 달성하는 확실한 방법 중 하나는 수퍼바이저가 자기개방(self-disclosure)을 하는 것이다(Bromberg, 1998, 2006, 2011; Farber, 2006; Jourard, 1971; Maroda, 1998, 2004, 2009; Prenn, 2009; Wallin, 2007). 다음은 수퍼바이저가 자기개방을 하고 있는 모습이다.

수퍼바이저 아, 저의 첫 AEDP 수퍼비전을 기억해요. 저도 엄청 불안했지요! **[자기개방, 정상화]**

(수퍼바이지는 미소를 지으며, 잠깐의 눈 맞춤을 하고, 크게 숨을 내쉰다.)

AEDP에서는 개입의 단위가 두 부분으로 구성된다. 하나는 개입 자체이며, 두 번째는 그 개입이 수퍼바이지에 의해 받아들여지는 방식이다. 따라서 수퍼바이저가 자기개방이라는 개입을 한 다음 단계는, 바로 그것에 대한 메타프로세싱을 하는 것이다. 즉, 자신에 대해 개인적이고 취약한 무언가를 드러낸 후, 그 개입이 수퍼바이지에게 어떻게 전달되었는지, 수퍼바이지가 그것에 어떻게 영향을 받았는지 알고자 하는 것이다.

수퍼바이저 수퍼바이저인 저도 불안했다는 걸 알게 되니…… 어떤 느낌이 드나요? **[수퍼바이저는 자기개방을 메타프로세싱한다.]**

새로운 수퍼바이지들은 자신만 그런 감정을 느끼는 것이 아니라는 사실에 대개 안도감을 느낀다. 권위 있는 인물도 때로는 불안을 느끼고, 그뿐만 아니라 그것을 기꺼이 나눈다는 사실을 알게 되는 것은 매우 강력한 경험이 될 수 있다. 그럼에도 불구하고 개입이 어떻게 받아들여졌는지를 추측하거나 단정 짓는 대신, 우리는 경험적 상호작용을 유지하면서, 지금 이 순간에 이 수퍼바이지가 이 수퍼바이저의 개입에 대해 어떻게 반응하는지를 구체적이고 명확하게 확인하고자 한다.

수퍼바이지 기분이 좀 나아졌어요.

수퍼바이저 그래요? 어떤 느낌인가요? 그걸 좀 물어봐도 될까요? **[허락을 구하기]**

수퍼바이지 네, 네, 네…….

수퍼바이저 몸에서 신체적으로, 내면에서 자신을 느끼고 있나요? '나아졌다'는 걸 몸에서 어떤 느낌으로 아시나요? 다시 말하자면, 이걸 물어봐도 괜찮을까요? **[신체적 초점: 허락을 구하기]**

수퍼바이지 네, 물어봐도 괜찮아요. 네. 어디 보자, 변화가 있네요. 더 차분해졌고…… 여기에 잘 집중되고…… 나아졌어요. (미소)

수퍼바이저 음. 미소짓고 계시네요. (고개를 끄덕인다.)

수퍼바이저 자신을 확실히 느끼시는 것 같네요. 그걸 알게 되어 좋아요. **[인정하고 상호작용을 명확하게 한다.]**

수퍼바이저 그럼, 우리가 하고 있는 것이 어떻게 느껴지세요? 우리 이제 막 시작했죠. 이렇게 저와 함께 이걸 나누는 게 어떤가요? **[메타프로세싱하며 경험을 관계적으로 만든다.]**

수퍼바이저는 AEDP 수퍼비전에서 AEDP의 원칙을 즉시 실천에 옮기는 것으로 시작한다. 즉, 처음부터 새롭고 좋은 경험을 우선시하는 것(Fosha, 2000a)과 수퍼비전의 양자적 관계를 명시적으로 만들고자 하는 것이다. AEDP 수퍼바이저는 항상 경험적이고 관계적인 방식으로 작업한다. 수퍼바이저는 이런 방식으로 작업하는 것을 좋아하고, 이런 방식으로 작업을 할 수 있도록 허락을 구한다. 이는 모델링이며 수퍼바이지에게 AEDP의 애착 기반의 경험적-역동적 작업을 직접적으로 제공하는 과정이다.

수퍼바이저의 자기개방은 진정성을 가지고 있는 하나의 기술이기도 하다. 수퍼바이저의 취약성은 수퍼바이지가 자신의 취약성, 즉 수퍼비전에서 피할 수 없는 취약성을 더 잘 받아들이고, 그것에 대해 편안해지도록 돕는다. 수퍼바이저는 즉시 수퍼비전에서 불안감을 느끼는 것을 정상화하기 위해 작업한다. 수퍼바이저가 "나도 그랬어요!"라고 말한다. 우리가 알다시피 "개방은 개방을 낳는다"(Jourard, 1971, p. 16)는 말과 같이 그 과정이 더 심화될 수 있음을 의미한다. 수퍼바이저는 이 경험이 협력적이고 상호적이며 무엇보다도 충분히 안전해지도록 노력한다. 그녀는 수퍼바이저이고, 여기는 그녀의 사무실이며, 충분한 권한도 가지고 있다. 만약 수퍼바이저가 자신을 숨긴 채로 있다면, 수퍼바이지가 생산적이고 학습을 촉진하는 방식으로 마음을 열고 취약성을 드러내기를 기대할 수 없다.

AEDP의 핵심 원칙 중 하나는 치료자가 냉담하고 거리를 두는 태도를 보인다면 내담자가 쉽게 마음을 열 것이라 기대할 수 없다는 것이다(Fosha, 2000b). 이 원칙은 수퍼비전의 경우에도 마찬가지이다. 이 수퍼비전 시간은 수퍼바이지가 AEDP 치료를 어떻게 하는지를 배우기 위한 시간이다. 자기개방을 포함해서 수퍼바이저가 하는 모든 작업은 고립감을 해소하고, 관계를 안전 기지(secure base)로 구축하며, 처음부터 좋은 경험을 함께 만들어 가기 위한 것이다. 수퍼비전에서도 경험적이고 역동적인 것에 초점을 맞춰야 수퍼바이지들을 변형으로 이끄는 도구들을 제공할 수 있다. 우리는 이러한 표준 AEDP 기법들을 명시적으로 그리고 수퍼바이지의 동의를 얻어 사용하며, 개인적인 내용이나 관계 자체와 관련된 부분에 대해 계약 및 재계약을 하면서 진행한다. 메타프로세싱은 이런 과정을 엄격하고 체계적으로 확인하는 방법으로, 이는 수퍼비전 관계를 가능한 한 안전하고 잘 진행되도록 유지한다.

앞의 짧은 장면은 AEDP 수퍼비전의 관계적이고 경험적인 본질을 보여 주는 예시로 소개하였다. 이 장면은 수퍼비전 시간의 첫 순간부터 수퍼바이저가 수퍼비전 관계를 안전한 애착 관계로 발전시킬 수 있는 여건을 어떻게 조성하는지를 명확하게 보여 준다. 모든 수퍼비전 관계는 잠재적으로 애착 관계가 될 수 있으며, 그 안에서 불안정, 회피, 불안, 안정 애착의 역동이 나타날 수 있다.[2)] 우리는 이 관계를 획득된 안정 애착(earned-secure attachment) 관계로 명시적으로 함께 만들어 나가고자 한다(Pearson et al., 1994; Roisman et al., 2002; Wallin, 2007).

AEDP 수퍼비전의 주요 과업 중 하나는 수퍼바이저와 수퍼바이지가 의미 있는 연결을 공동으로 만들어 가는 것 그리고 이러한 접촉을 수용, 즐거움, 상호성, 성공의 새로운 경험으로 스며들게 하는 것이다. 목표는 수퍼바이저와 수퍼바이지가 함께 보내는 시간의 대부분을 긍정적 유인가를 가진 상호작용에 할애하여 수퍼바이지뿐만 아니라 수퍼바이저 또한 기분이 좋고 성장을 촉진하는 양방향의 관계를 공동으로 구축하는 것이다.

2016년 Fosha가 진행한 AEDP 수퍼비전 DVD[이 DVD는 미국심리학회 출판사(APA Books)에서 확인 가능함. https://www.apa.org/pubs/videos/4310958.aspx]에 수록된 수퍼비전 회기에 이어지는 인터뷰에서 APA 심리치료 수퍼비전 시리즈의 진행자인 Hanna Levenson은 수퍼바이지인 Michael Glavin에게 다음과 같은 질문을 한다. "당신에게 있어서 AEDP 수퍼비전은 지금까지 받아 온 다른 수퍼비전과 어떻게 달랐나요?"

마이클 기본적으로, 그냥 기분이 좋아요. (미소 짓는다.) 좋은 느낌이 드는 수퍼비전…… 단순히 인정, 겉으로 드러나는

2) AEDP 수퍼비전에서 다양한 애착 유형을 다루는 방법에 관해서는 5장을 참조하기 바란다.

> 인정뿐만 아니라, 수퍼바이저가 수퍼바이지의 작업을 기뻐하는 그 느낌에서도요……. 그래서 기쁨, 호기심, 함께하는 느낌이랄까. 즉, 우리가 이걸 함께 해 나간다는 느낌, 위험을 감수하는 것…… 그리고 그 위험을 이겨 내고, 해내고, 어떤 성공의 순간을 경험하고, 그걸 함께 되새기는 것 말이에요. 그 모든 게 정말 좋다고 느껴져요……. (고개를 끄덕인다.)

수퍼비전 안에서 긍정적인 경험을 명시적으로 표현하고, 되돌아보며 성찰하는, 즉 메타프로세싱을 하는 경우, 이는 안전감을 조성하면서 도전 의욕을 북돋운다. 이러한 경험은 수퍼바이지이자 치료자로서 최고의 임상가로 성장할 수 있는 토대를 마련해 준다. 인정, 매 순간 추적하기, 우리가 겪는 모든 것을 정확하게 성찰하는 것은 우리의 경험 속에서 수퍼바이지가 정확하게 비춰지고, 자기 자신을 알아차리는 인식의 순간으로 이어진다. 이렇게 반복적으로 겪고 인식하게 된 경험은 AEDP 수퍼비전에서 자신감 있고 단단한 자기를 형성하게 하며, 이는 치료 회기 장면에서 실제 행동으로 이어진다(Fosha, 2009a: 또한 The Neuropsychotherapist에도 재게재되었으며, 다음 온라인 링크에서 확인할 수 있음. https://www.aedpinstitute.org/wp-content/uploads/2015/09/2009_Fosha_Neuropsychoth.pdf). 그리고 다음에 나오는 사례에서 볼 수 있는 것처럼, 이러한 경험들은 고난도의 위험을 감수하는 상황 속에서도 기분 좋고, 생생하며, 활력을 불어넣는 경험으로 느껴진다.

안전과 탐색, 옥시토신과 도파민

우리의 신경계가 방어적인 생리적 반응 상태에 있을 때, 우리는 학습하거나 탐색하거나 위험을 감수할 수 없다. 우리는 먼저 안전감이 필요하다. 그런 다음 탐색할 수 있다. 그렇게 탐색이 이루어지고, 그것이 잘 진행될 때, 곧이어 나올 예시와 같이, 양쪽 모두가 경험하는 전염성 있고 활력을 주는 긍정적 감정은 양자적 체계(dyadic system)에 에너지를 공급하며, 기분 좋은 느낌을 주고 추가적 탐색과 위험 감수를 촉진한다(Fosha, 2009a, 2013c).

우리가 새로운 것을 배우고 치료자로서의 작업 방식을 바꾸는 위험을 감수하려고 할 때, Bowlby(1982)의 탐색 행동 체계, Panksepp(Panksepp & Biven, 2012)의 탐색 시스템, Dan Hughes(2007)의 유쾌한 놀이성의 영역에 들어서게 된다. 탐색하고, 찾고, 노는 것은 어쩌면 안전함만큼이나 우리의 적응과 생존에 필수적이다. 우리는 세상을 탐험함으로써 성장하고 배우며, 점점 더 유연해진다. 탐색이 생산적이고 창의적이기 위해서는 활력과 생기를 가지고 수행되어야 하며, 동기부여적으로 이루어져야 한다. 바로 그 지점에서 옥시토신을 넘어 뇌의 도파민과 도파민성 뇌 시스템의 힘을 이해해야 하며(Fosha, 2013c), 그것이 치료와 수퍼비전에서의 변형적 경험에 얼마나 중요한 역할을 하는지 알아야 한다.

옥시토신에 대한 연구는 그것이 안전감, 연결감 그리고 연민의 경험에 기여하는 핵심 요소임을 보여 주었다(Carter, 1998; Carter & Porges, 2012; Porges, 2009). 또 다른 연구들은 학습, 기억 공고화 그리고 새로운 경험과 학습을 통한 자기의 확장과 관련된 많은 경험이 도파민에 의해 매개된다는 사실을 보여 주었다(Murty & Adcock, 2013; Panksepp & Northoff, 2009; Shohamy & Adcock, 2010). 도파민은 자기의 '추구 시스템(seeking system)'을 작동시키는 신경전달물질로, 기분 좋고 맞는 것 같은 느낌(feel good and right)을 주는 경험을 찾도록 이끈다. 왜냐하면 우리가 좋은 느낌을 받을 때 학습에도 개방되기 때문이다. AEDP가 다른 치료 접근들과 근본적으로 다른 점은 이러한 옥시토신과 도파민이 풍부하게 작용하는, 학습에 열려 있고 긍정적 감정이 부여된 상태에 머무르려 하고, 또 가능한 한 빨리 그 상태로 되돌아가려 한다는 데 있다. 우리는 긍정적인 것을 우선시하며 '나쁘게 느껴지는 것은 결코 마지막 단계가 아니라는 것'을 알고 있다(Fosha, 2004, 2009b; Gendlin, 1981, p. 29). 수퍼비전 관계에 균열이 생겼을 때에도 그것이 회복되고, 상호 조율하여 즐거움이 다시 정상 궤도로 돌아갈 때까지 계속 나아간다(Safran & Muran, 2000; Tronick, 1998). 이러한 성공적인 재조율의 경험은 도파민이 풍부하게 작용하는 새로운 경험이기도 하다.

다음 장면은 안전감이 어떻게 위험을 감수할 수 있게 하는지, 지지, 인정, 진정한 참여를 통하여 그 위험 감수가 어떻게 새로운 학습으로 이끄는지 그리고 그 결과 어떻게 긍정적이고 생명력이 넘치며 상호 활기를 불어넣고 확장된 경험으로 이어지는지를 보여 준다.

수퍼비전 장면 2: 위험 감수, 인정하기, 메타프로세싱, 긍정적 상태 공유

수퍼비전 회기 중반에, 수퍼바이지인 Michael Glavin이 수퍼바이저인 나(Fosha)에게 제시한 치료 장면에서 도전적인 순간이 다가왔다. 우리는 이미 수퍼비전이라는 관계 속에서 어느 정도 작업을 해왔기에, 이 시점에서 그 내담자에 대해 어느 정도 알고 있었다. 또한 이 순간에 이르기까지의 수퍼비전 상호작용을 통해 안전감이 어느 정도 확립되어 있는데, 이는 대부분 내가 수퍼바이지의 훌륭한 작업을 명시적으로 인정해 준 데서 비롯되었다. 그 결과, 관계적 안전감이 좀 더 깊은 수준으로 내려가면서 Michael이 위험을 감수할 수 있게 되었다. 즉, 이어지는 대화에서 Michael은 용기 있게 내담자인 Amy와의 회기에서 특히 어려운 지점에 이르러 "무엇을 해야 할지 모르겠다"고 말하며 이야기를 시작한다.

수퍼바이지 그러고 나서…… 그리고 지금 그녀가 다시 무너지기 시작하는 것 같아요. 마치 그녀가…… [그녀에게는] 이해가 되지 않는 것 같고요, 그러다 눈물이 나오고, 그래서 그녀가 조절을 잃어 가는 것처럼 보여요. 맞죠?

수퍼바이저 맞아요.

수퍼바이지 음…… 그래서 뭘 해야 할지 모르겠어요. (웃음) 그러니까, 다음에 [회기 영상에서] 보시게 될 건, 제가 그냥 그런 상태를 반영하려고 하는 거예요. 제가 보고 있는 걸 명확히 하려고 애쓰는 모습이죠.

수퍼바이저 맞아요. 고마워요.

수퍼바이지 만약 다른 방식이 있다면…… 네, 그녀가 "하지만 이건 말이 안 돼" 하는 그 순간 그리고 조절을 잃어 가기 시작할 때, 여기서 다르게 접근할 방법이 있다면 듣고 싶어요.

수퍼바이저 네. 저는 당신의 정직함 그리고 "뭘 해야 할지 모르겠어요"라고 솔직하게 말해 주는 것에 대해 정말 고맙게 생각해요. **[변화 동력(transformance) 감지[3], 인정해 주기]**

수퍼바이지 네.

수퍼바이저 왜냐하면, 우리 모두 그런 감정을 느끼니까요. **[수퍼바이저의 자기개방, 정상화]** 우리 모두 그런 상황을 겪어요. 내담자가 조절을 잃고, 여러 가지가 동시에 일어나고…… 내면에서는 여러 감각들이 생기죠. 그런 걸 저와 나눌 수 있었다는 게, 정말 고마워요. (마이클이 미소 지으며 고개를 끄덕인다.) 네. 용기가 필요했을 거예요. 특히 우리가 녹화 중이라는 점까지 고려하면, 그만큼 더 용기가 필요했겠죠. **[인정해 주기]**

수퍼바이지 (더 크게 미소 지으며 작게 웃음) 그렇게 말씀해 주시니 감사해요.

수퍼바이저 네. 그 느낌, 잠깐만 더 머물러 볼 수 있을까요? **[경험에 더 깊이 있게 들어가도록 초대하며, 인정의 경험과 함께**

---

3) 치유와 자기 회복을 향한 동기적 추동인 'transformance'는 이 수퍼비전 사례 뒤에 이어지는 축어록 부분에서 설명될 것이며, 이후 이 장 후반부에서 보다 공식적으로 정의될 것이다(역자 주: 'transformance'는 AEDP에서 독특하게 쓰는 단어로서 국내에서는 '트랜스포먼스' 그대로 혹은 '변화 동력'으로 번역되고 있다).

머무는 데 대한 허락을 구한다. '잠깐만'이라는 시간 제한은 수퍼바이지에게 더 안전하게 느껴지게 한다.] 제가 방금 말한 것, 그러니까, 우리가 모두 그걸 겪는다는 것……. **[인정해 주기에 대한 메타프로세싱 그리고 자기개방]**

수퍼바이지 맞아요.

수퍼바이저 그런 순간들, 막 "으으으……." (찡그린 표정) **[찡그림은 암묵적인 자기개방을 나타낸다. 즉, '그 느낌 나도 알아.'라는 것을 의미한다.]**

수퍼바이지 맞아요.

수퍼바이저 이건 단지 지적인 문제가 아니에요. 그리고 두 번째로…… 그건 용기 있는 행동이에요. (고개를 끄덕이며) **[인정을 반복하고, 수용 능력을 확인하기: 수퍼바이지가 인정을 수용할 수 있는가?]**

수퍼바이지 (고개를 끄덕인다.) **[고개 끄덕임은 그것을 받아들일 준비가 되었음을 의미한다.]** 음. 인정받고, 보이고 그리고 타당화되는 느낌이 들어요. 그 "아아……" 하는 부분도 그렇고, 이걸 나눴다는 것도, 기분이 좋아요. 나눠서 다행이에요.

수퍼바이저 네. 아주 잠시만요. **[새롭고, 잠재적으로 스트레스가 될 수 있는 경험을 위해 또 한 번의 시간 제한 설정하기]** 계속 머물러 보면……. (손으로 가슴 주위에 원을 그리며) 기분이 좋다는 것, 왜냐하면 이게 약간 역설적이잖아요. 그렇죠……. 힘든 것이지만, 동시에 기분이 좋잖아요. **[비언어적 의사소통을 통해 몸의 감각에 또 한번 초점을**

맞추기: 힘든 것도 나누면 기분이 좋아진다.]

수퍼바이지　맞아요. 여기가 (손으로 가슴 부위를 같은 동작으로 원을 그림) 편안해지고, 차분해지면서 열리는 것 같아요. (둘 다 고개를 끄덕인다.) 그리고 설렘도요.

수퍼바이저　네. 당신이 그렇게 말할 때, 저도 제 자신을 느꼈어요. (비슷한 손 제스처를 하며 깊이 숨을 들이쉰다.) 숨이 쉬어지고 더 깊이 내려가는 느낌이요. **[수퍼바이지의 영향에 대한 수퍼바이저의 자기개방, 즉 비언어적 수단을 통한 양자적 조절]** 자, 그럼 이제 다시 Amy로 돌아갈까요? **[어려운 과제를 달성하였다. 즉, 도전적인 순간이 잘 다루어지고, 변형되었다. 이제 다음 작업으로 넘어가 치료 회기의 다른 장면을 볼 시간이다.]**

다음 날, 수퍼비전 시리즈의 진행자인 Hanna Levinson은 수퍼바이지인 Michael과 수퍼바이저인 Fosha 박사와 이 순간에 대해 인터뷰하였다.

진행자　그래서, Michael, Diana뿐만 아니라 비디오를 보는 모든 이에게 자신이 무엇을 해야 할지 모른다고 말하는 게 어땠나요?

수퍼바이지　이건 AEDP 수퍼비전이 왜 그렇게 훌륭한지 보여 주는 정말 좋은 예라고 생각해요. 왜냐하면 저는 Diana와 함께하는 상황이 충분히 안전하다고 느꼈기 때문에 그런 위험을 감수하고 "아! 지금 내가 뭘 하고 있는지 모르겠어요. 무슨 일이 일어나고 있는지도 모르겠어요"라고 말할 수 있었거든요. 그렇죠? 그리고 그 순간 저는 정말로 받아들여졌다고 느꼈어요. 그 위험을 감수하고 나서 바로 기술적인 문제를 좀 도와 달라고 넘어가고 싶었지만, Diana는 "아니에요. 그것에 대해 이야기를 좀 해 보죠"라고 했고, 저는 거기에서 인정받은 느낌을 받았어요. 그래서 기분이 좋았어요. 임상적으로는, 이 경험이 '회기 중에 내가 뭘 하고 있는지 모를 때도 괜찮다'는 메시지를 전달해 주는 것이고, 이건 제가 불안을 조절하고, 내담자와 함께 현재에 머무를 수 있도록 도와줄 거예요. 그래서 이것이 두 가지 수준에서 동시에 작동하는 것 같습니다.

진행자 감사합니다. 그리고 Diana…… Michael의 정직함과 심지어 용기에 대해서도 말씀하셨는데 …… 왜 그렇게 하신 거죠?

수퍼바이저 그게 바로 변화 동력의 예죠. 위험을 감수할 수 있게 되고, 동시에 그 과정의 진정성을 더해 주는 행동이기도 하죠. 그것이 첫 번째 포인트예요. 두 번째는, Michael이 정말로 용기를 내서 자기 경험에 대해 솔직하게 말함으로써 자신을 드러낸 거죠. 그건 정말로 인정받아야 할 일이에요. 거기에 저는 한 걸음 더 나아가 그 경험에 수치심이 생기지 않도록, 정말 의식적으로 노력을 기울였어요. 단순히 "왜 뭘 해야 할지 모르겠어요?"라고 묻지 않았을 뿐만 아니라 (웃음) 오히려 "와우, 그건 정말 중요한 거예요!"라고 말하고, 그것을 명확하게 인정해 주는 거죠. 그렇게 명시적으로 드러내는 것이 더 깊은 안전감을 주고, 고립감을 해소하는 작용도 해요.

진행자 그리고 당신이 직접 경험을 공유하시기도 했죠. 자기개방이 이 과정의 일부로 포함되어 있었어요.

수퍼바이저 맞아요.

진행자 그 과정의 일부로서.

수퍼바이저 그러니까 그가 자기개방을 했고, 방금 본 이 영상의 마지막 부분에서 볼 수 있듯이, 우리가 함께 이 과정을 지나가면서 그가 안정되고 좀 더 편안해졌어요. 그리고 그것이 저에게도 뭔가 영향을 미쳤어요. 그래서 그걸 그와 나누고 싶었어요. 그가 나에게도 영향을 미치고 있다는 걸 알려 주고 싶었고, 나도 이 여정 속에서 그와 함께 있다는 걸 전하고 싶었어요. 그렇죠.

우리가 수퍼바이저로서 실제로 경험한 것이 있으니, 경험했던 것을 되돌아보고 좌뇌를 만족시킬 수 있는 이론과 핵심 개념을 제시하고자 한다. 그리고 앞으로 함께 나아가기 위해 공통의 언어를 마련할 것이다. 이 장의 나머지 부분에서는 AEDP 치료와 수퍼비전을 정의하는 일곱 가지 이론적 개념을 소개한다. 이러한 개념은 이 장의 후반부에서 다룰 지식과 역량을 근간으로 하며, 2장에서 설명되는 AEDP 기술들을 뒷받침하는 핵심 기반이 된다.

AEDP의 일곱 가지 핵심 개념

핵심 개념 1: 고립감(외로움)의 해소

AEDP는 정신병리를 '감당하기 힘든 압도적 정서 경험에 직면하여 우리가 원하지 않았고 의도하지 않았던 고립 상태', 즉 '심리적으로 혼자였던 경험'에서 비롯된 결과로 이해한다(Fosha, 2000b). 이러한 '고립감의 해소(undoing aloneness)'가 AEDP의 첫 번째 핵심 개념이다. 치료자의 목표는 내담자와 함께하는 것이며, 수퍼바이저의 목표는 수퍼바이지와 함께하는 것으로, 혼자서 견디거나 인정하기 어렵거나 혹은 위험에 홀로 직면한 이들의 고립감을 해소해 주는 것이다. 시간이 지나면서 반복적인 상호작용을 통해 고립감을 해소함으로써, 수퍼비전 관계에서 안정 애착이 형성된다. 하지만 이것은 한 번에 끝나는 일이 아니라 매 순간, 매 회기마다 지속적으로 재조정되고 다시 작업되는 과정이다.

우리는 다양한 방식으로 고립감을 해소하고자 시도한다. 가장 단순하면서도 신뢰할 수 있는 기법은 자기개방(self-disclosure)이다. 치료자나 수퍼바이저가 "저도 그래요(Me, too)" 또는 "나도 그렇게 느껴요(I feel this way, too)"라고 말할 때, 우리는 함께 이 길을 걷고 있다는 감각이 생긴다. 우리는 애착을 형성하고 있으며, 동시에 협력하고 안전감을 만들어 가고 있는 것이다. 우리의 목표는 획득된 안정 애착(earned-secure attachment) 관계를 형성하는 것으로, 수퍼바이저는 명시적으로 도움이 되고, 정서적으로 연결되어 있으며,

접근 가능한 사람이어야 한다. 즉, 수퍼바이지가 필요를 느끼거나 확신이 없을 때 의지할 수 있는 존재가 되어야 하며, 이것이 AEDP 수퍼비전의 필수 요소이다. 하지만 이것은 시작에 불과하다. AEDP가 수퍼비전 관계 속에서의 성장, 변화, 치유를 이해하는 여러 변화 기제 중 하나일 뿐이다. 그럼에도 이 하나만으로도 많은 것을 말해준다. 수퍼바이지로서 우리를 찾아오는 많은 치료자에게 이러한 관계는 그 자체로 새롭고 변형적인 경험이 될 수 있기 때문이다.

핵심 개념 2: 변화 동력/긍정적인 것을 우선시하기

아마도 우리의 수퍼비전과 치료 회기의 가장 중요한 토대는 생물학과 신경과학이 뒷받침하는 '우리 모두는 적절한 환경에서 건강, 치유, 성장을 향한 타고난 동기부여 경향성을 가진 자율적 유기체'라는 믿음일 것이다. AEDP에서는 이것을 **변화 동력**(transformance)이라고 부른다. 이는 저항과 대조되는 개념이며, 변화와 성장으로 나아가려는 내재된 동기이다(Fosha, 2008, 2013b). 변화 동력은 안전한 환경에서 두드러진다. 저항, 반응성, 방어는 위협을 느낄 때 나타난다(Fosha, 2013a). AEDP 치료자와 수퍼바이저로서, 우리는 회기 안에서 안전감을 공동으로 창조하려고 노력한다. 그래야만 성장과 변화에 대한 내적 동기가 모습을 드러내고 꽃필 수 있기 때문이다. 잘 진행되고 있는 것을 적극적으로 찾으려고 할 때, 우리는 수퍼비전과 치료 회기 모두에서 매 순간마다 안전감을 만들어 갈 수 있다.

변화 동력을 우선시한다는 것은, 다시 말해 변화 동력을 찾아내는 탐정이 되는 것은 성장과 변화에 초점을 둔다는 의미이다. 임상 장면에서 선택의 순간이 올 때마다, AEDP는 원칙적으로 저항보다는 변화 동력을, 정신병리적인 것보다 건강하고 회복력 있는 부분을 그리고 늘 반복되는 병리적 패턴보다는 새롭고, 변형적인, 신생의 것들을 선호한다. 우리는 이것을 **긍정적인 것을 우선시하기**(privileging the positive)라 부른다. 물론 기존의 절차적 패턴(자동화된 행동 패턴)도 회기 중에 드러나는 대로 계속해서 다루되, 동시에 새롭고 다른 것들도 희망적이고 반복적으로 작업해야 한다.

핵심 개념 3: 인정하기, 축하하기, 기뻐하기

AEDP 수퍼비전은 긍정적인 지향성을 지니고 있다. AEDP 수퍼바이저는 수퍼바이지가 이미 성공적으로 수행하고 있는 모든 것을 명시적으로 기뻐하고 인정하며, 그 작업에서 성장을 이끄는 점을 짚어 준 다음, 수퍼바이지가 개발해야 할 기술들을 부드럽게 제시한다(4장에서 설명된 AEDP 충실성 척도의 활용도를 참고할 것). 수퍼비전의 초점은 수퍼바이지의 기술 및 성취 중에서 새로운 부분에 맞추어지며, 이는 수퍼바이지가 새로운 AEDP 기술을 실천에 옮기기 위해 위험을 감수했다는 점을 반영한다. 마찬가지로, 수퍼바이지가 강화해야 할 영역과 새롭게 드러난 기술이나 역량을 보여 주는 영역 중에서 하나를 선택해야 할 경우, 새로우면서 발현 중인 것을 우선시한다.

AEDP 수퍼바이저는 새로운 치료적 성과를 인정하고, 축하하며, 기뻐한다. 이러한 순간들을 최대한 활용하기 위해, 수퍼바이저의 인정과 기쁨에 대한 수퍼바이지의 경험을 메타프로세싱함으로써 그 성과를 공고히 하려는 시도를 명확하게 한다. 변화 동력을 중심에 두면, 수퍼비전을 하고 있는 치료 장면에서 잘못된 점이 아니라 잘 진행되고 있는 부분에 주의를 집중하게 된다. 우리는 보고, 듣고, 느끼고, 목격하고, 경험하는 것에 대해 인정하는 개입으로 시작한다. 인정은 용기를 북돋우고, 자신감을 심어 주며, 우리는 이를 가능한 한 구체적으로 표현하고자 한다.

핵심 개념 4: 매 순간 추적하기와 암묵적인 것을 명시화하고 구체화하기

네 번째 핵심 개념인 '매 순간 추적하기'와 '암묵적인 것을 명시화하고 구체화하기'는 2장에서 다룰 기술이기도 하다. 간단히 말하면, 매 순간 추적하기는 대인관계적 마음챙김이다. 우리는 그저 알아차릴 뿐이다. 수퍼바이지가 무엇을 느끼는지 혹은 우리에게 어떻게 반응하고 있는지 알아야 하거나 추측할 필요 없이 매 순간 추적할 수 있다. 우리는 시선, 촉각, 청각, 후각, 움직임과 자세, 에너지와 지성 등 모든 감각을 통해 서로를 받아들인다. AEDP 치료자와 수퍼바이저는 내담자 혹은 수퍼바이지를 매 순간 추적하며, 수퍼바이저는 신체적이고 비언어적인 의사소통에 주목함으로써 수퍼바이지의 경험에 주의를 기울인다. 암묵적인 것을 명시적으로 만드는 작업을 시작하기 위해 AEDP 수퍼바이저는 자세, 움직임, 눈 맞춤과 표정, 목소리 억양, 변화, 에너지 등 수퍼바이지가 의사소통하는 다양한 방식에 대해 부드럽게 인식시키고, 비디오 영상에서 내담자를 관찰할 때도 이와 같이 하도록 권유한다. "추적하고 집중하는 것은 그 순간 개인의 상태를 볼 수 있는 창을 제공한다"(Fosha, 2000a, pp. 271-272). 그리고 만약 수퍼바이지 안에서 어떤 변화나 감정의 희미한 움직임이 나타난다면, 수퍼바이저는 그것을 되비추어 준다. 암묵적인 것을 명시화하고, 절차적 과정을 전면에 드러내는 데 도움이 되는 수퍼바이저의 언어/개입은 '미소네요' '표정이 밝아졌어요' '음…… 크게 한숨을 쉬네요' '어깨를 으쓱했어요' 등 관찰에 대한 짧은 표현을 하는 것이다.

핵심 개념 5: 메타치료적 프로세싱/메타프로세싱

메타치료적 프로세싱은 AEDP의 핵심 요소이다. 이 과정에서는 암묵적인 것을 명시화하는 데 기반을 두고 그것을 활용한다. 치료나 수퍼비전에서 함께 경험한 것을 언어로 표현할 때, 암묵적인 것을 명시적으로 만들 수 있다. 우리는 이 과정을 경험에 대한 성찰(reflecting upon experience)이라고 부르며, 이것이 바로 메타치료적 프로세싱이다. 이는 치료나 수퍼비전에서 무엇이 치료적인지를 탐색하는 과정이다. 즉, 치유에 대해 무엇이 치유적인지를 경험적으로 탐구하는 것이다. AEDP에서는 "일반적으로 치료의 도착점이 [치료의] 시작점이 된다"(Fosha, 2000b, p. 72). 이 방식의 독특한 점은 변화와 성장이 단지 동반되는 과정이 아니라, 성찰되어야 하는 경험이라고 여긴다는 것이다. AEDP에서는 변형적 경험과 변화의 순간을 외상적 경험만큼 철저하게 탐색하며, 긍정적인 감정도 부정적인 감정만큼 주의 깊게 다룬다. 표준 개입인 "이걸 저와 함께 해 보니 어떤 느낌이 드시나요?"라는 질문은 수퍼바이지가 자신의 경험을 성찰하도록 돕는다. 이를 통해 좌뇌는 그 경험에 의미를 부여하고, 수퍼바이지는 성공이나 변화가 어떤 것인지 보다 명확하고 생생하게 알게 되며, 이 모든 과정을 수퍼바이저와의 관계 맥락 속에서 진행하게 된다. **메타치료적 프로세싱**은 우뇌의 경험을 좌뇌의 언어로 끌어올려 이를 상징화하고 통합하며, 자기성찰 기능을 활성화하는 작업이다. 단지 경험하는 것만으로는 충분하지 않으며, 그 경험을 자각해야 한다.

대문자 'M'을 사용하는 **메타치료적 프로세싱**(Metatherapeutic processing)은 한 회기 전체, 혹은 하나의 경험적 작업이나 성공의 전체적인 과정을 내담자나 수퍼바이지가 어떻게 경험했는지를 깊이 탐색하는 것을 가리킨다(Fosha, 2000b). 반면, 소문자 'm'을 사용하는 메타프로세싱(metaprocessing)은 개별 작업이나 짧은 개입 단위의 매 순간 과정을 다루는 것을 의미한다.

메타프로세싱은 수퍼바이지가 어떤 개입이나 경험을 어떻게 받아들였는지를 탐색하는 데 사용된다. 수퍼바이저는 메타프로세싱을 통해 수퍼바이지와 함께 그 과정 자체를 추적한다. 이것은 핵심 개념이며 구체적인 실천 활동이다. '우리는 어떻게 하고 있는 걸까요?' '나도 불안한 수퍼바이지였다는 사실을 알면 어떤 느낌이 듭니까?' '내가 방금 한 말 중에 어떤 점이 도움이 되었나요?' '도움이 되지 않은 것은 무엇이었나요?' '나는 눈물이 났는데, 당신은 어땠나요?' 보통 말로 표현되지 않고 암묵적으로 남아 있는 것들이 메타프로세싱을 통해 명시화되고, 그 결과 치료적으로 유용한 방식으로 활용된다.

 핵심 개념 6: 변형 과정을 안내하는 지도, 네 가지 상태

AEDP의 정확성과 엄격함은 변형 과정이 전개되는 모습에 대한 정확히 서술된 현상학을 기반으로 하고, 이를 따르는 데서 비롯된다. AEDP의 치료 작업은 매 순간 네 가지 상태 변형 모델에 의해 안내된다([그림 1-1] 참조). 이 '지도'는 변형 과정에서 어떤 일이 일어나는지를 설명해 주며, 수퍼바이저는 이를 바탕으로 현재 위치와 나아가야 할 방향을 명확히 파악할 수 있다. 이 지도는 수퍼비전을 받는 치료자가 제시하는 임상 사례뿐 아니라, 수퍼비전 회기 자체에도 동일하게 적용된다. 우리는 각 양자 관계의 고유성을 중요하

AEDP: 네 가지 상태 지도

상태 1 – 방어 / 불안 / 고통
방어와 방어성, 감정 조절의 어려움, 불안, 수치심; 배움에 닫혀 있는 상태

상태 2 – 핵심 정서 경험 / 핵심 감정
범주적 감정: 기쁨, 사랑, 행복, 분노, 슬픔, 두려움, 흥분, 혐오감
관계적 정서의 조율(상대와 "조화롭게 연결된" 느낌), 관계를 바로잡는 정서 경험, 수용적인 정서 경험; 배움에 열려 있는 상태

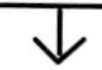

상태 3 – 변형적 경험 / 변화의 체험
"내가 해냈다" "나는 할 수 있다"라는 성취의 정서(자부심과 기쁨); 자기를 애도함; 인정받고, 이해받고, 동행됨에 대한 수용성; 깨달음의 정서; 감사와 부드러움 같은 치유의 정서; 긍정적인 변화와 관련된 떨림의 정서

상태 4 – 핵심 상태: 진실된 자기 표현과 일관된 내러티브
몰입과 흐름, 활력, 편안함, 웰빙, 개방성, 친밀감과 연결감, 이완, 자기 공감과 타인에 대한 공감, 지혜, 진실에 대한 명확성, 관대함

[그림 1-1] AEDP: 네 가지 상태 지도(4 State Map)

게 여기지만, 동시에 변형 과정의 현상학 안에서 보편적으로 내재된 정서적 경험을 발견할 수 있으며, 이는 내담자와 문화가 달라져도 변하지 않는다는 것을 알고 있다.

변형 과정에 대한 다음의 네 가지 상태는 치료와 수퍼비전 모두에 적용된다. 상태 1에서는 변화 동력 감지와 안전의 공동 창조가 발생하며, 방어기제와 억제 감정 그리고 변화 동력 현상들이 나타나는 것이 특징이다. 이 단계의 목표는 변형을 향한 내면의 열망을 증폭시키고, 방어기제의 영향을 최소화하며, 보다 신체본능에 기반한 경험에 접근하도록 돕는 것이다. 상태 2에서는 정서적이고 조율된 관계 경험이 일어나며, 정서, 관계적 경험, 진정한 자기 경험, 인식 과정 등의 영역에서 깊고, 신체에 기반한, 선천적으로 연결된 핵심 감정 경험에 접근하는 것이 특징이다. 이러한 경험들을 작업하고 처리함으로써 부정적인 감정 유인가에서 긍정적인 감정 유인가로의 전환이 일어나고, 적응적 행동 경향성이 드러나게 된다. 상태 3에서는 변형적 경험에 대한 메타치료적 프로세싱이 일어나는데, 신체 기반의 깊은 변형적인 감정이 등장하는 것이 특징이며, 이 변형적 감정은 항상 변형적 경험에 수반된다. 상태 4, 즉 핵심 상태(core state)는 깊이 있고 진정성 있는 신체 기반의 통합적이고 성찰적인 경험이 특징인데, 진실함의 감각(sense of truth)이 안내자가 되어, 치료적 성과가 통합되고 굳건히 자리 잡게 된다.

AEDP의 변형에 초점을 둔 경험을 통해 우리는 적응적이고 변형적이며, 근본적으로 치료적인 경험들이 항상 긍정적인 신체-감정적 표식들과 함께 매 순간 나타난다는 것을 알게 되었다. 여기서 긍정적이라는 말은 반드시 기쁘거나 행복한 감정을 뜻하는 것이 아니라, 내담자에게 주관적으로 '옳다' '진실하다'라는 느낌이 드는 경험을 의미한다. 마치 벽에 걸린 비뚤어진 액자를 바로잡았을 때 느껴지는 정돈된 감각과 유사하다. AEDP 치료자들은 정서적 경험의 변동을 매 순간 추적하면서 변형 과정이 제대로 진행되고 있다는 것을 알려 주는 이 미묘하고 긍정적인 신체-감정적 표식들에 주의를 기울이는 법을 배운다.

핵심 개념 7: 진정한 자기-진정한 타인-순간의 필요에 대한 반응성

진정한 자기(True self)는 정신역동 치료에서 잘 알려진 Winnicott (1965)의 개념으로, 주관적으로 느껴지는 진정성과 자기다움의 경험을 가리킨다. **진정한 타인**(True other)은 AEDP에서 사용하는 용어로(Fosha, 2000b, 2005), 어떤 사람이 특정 순간에 타인의 필요에 기꺼이 반응하려는 의지를 의미한다. **진정한 타인**은 수퍼바이저에게 적용되는 서술적 용어가 아니라 '바로 이것이다.'라고 느껴지는 방식으로 수퍼바이지의 입장에서 수퍼바이저가 자신을 맞이하고 반응해 주는 경험을 설명하는 경험적 용어이다(Fosha, 2005). **진정한 타인**은 완벽하거나 이상화된 수퍼바이저가 아니라, 의미 있는 순간에 관심을 기울이며, 어디에서부터 도와줄 수 있는지 물어보고, 올바르게 이해하거나 혹은 잘못 이해했더라도 그것을 바로잡기 위해 애쓰며, 이 모든 과정을 수퍼바이지와 함께 되돌아보는 사람을 의미한다. 수퍼바이저는 수퍼바이지의 진정한 자기를 맞이하는 진정한 타인이 되고, 그 수퍼바이지는 다시 내담자의 진정한 자기를 맞이하는 진정한 타인이 될 수 있다. 이것은 '진정한 타인-진정한 타인-진정한 자기'(Prenn & Slatus, 2014)의 삼자 관계가 된다.

여기서 우뇌에서는 AEDP 수퍼비전의 감각을, 좌뇌에서는 이론적 지식과 이해의 시작을 어느 정도 느꼈기를 바란다. 다음으로 AEDP 수퍼비전의 명시적 목표를 살펴보겠다.

목표

AEDP 수퍼바이저는 AEDP의 자세, 정신 및 원리에 대한 견고한 기반을 갖추고 있어야 한다. 이들은 이론과 임상 적용에 대한 확고한 이해뿐 아니라, 자신의 지식과 전문성을 전달하기 위한 구체적인 교육, 모델링, 멘토링 및 수퍼비전 기술도 갖추어야 한다. 수퍼비전의 궁극적인 목표는 치료자가 성장하고 변화하도록 돕는 것이며, 이러한 지식과 기술이 실제 내담자와의 치료 회기에도 적용되어 내담자의 성장과 변화를 이루도록 하는 데 있다.

AEDP 수퍼바이저는 다음 세 가지 영역에서 임상가의 AEDP 학습을 지도한다.

- **지식**: 이론과 그 이론적 기초를 가르치는 것
- **역량**: AEDP 모델을 경험적으로 보여 주어 관계적·정서적 역량을 증가시키는 것
- **기술**: 구체적인 기술, 일련의 기술 및 개입 순서를 상세히 안내하는 것

이 세 가지 영역은 서로 긴밀히 연결되어 있지만, 이 책에서는 설명의 편의를 위해 따로 구분하여 다룬다. 이 장의 나머지 부분에서는 AEDP의 지식과 역량을 전달하는 데 중점을 둔다. 기술에 대해서는 2장에서 살펴보고자 한다.

 지식

경험 삼각형: 상태 1과 상태 2

단기역동 정신치료에서 차용되어 AEDP의 지도와 도식의 중심을 이루는 개념 중 하나로 경험 삼각형(triangle of experience)이 있는데, 이 개념은 원래 Ezriel(1952)이 처음 소개하고, Malan(1999)에 의해 보급된 갈등 삼각형(triangle of conflict)을 AEDP에 맞게 재구성한 것이다. AEDP의 교수진, 강사, 수퍼바이저는 세계 곳곳에서 이 경험 삼각형을 도식적인 그림으로 표현하여 사용하고 있다. 이 삼각형은 아래쪽 끝을 기준으로 역삼각형 형태이다([그림 1-2] 참조).

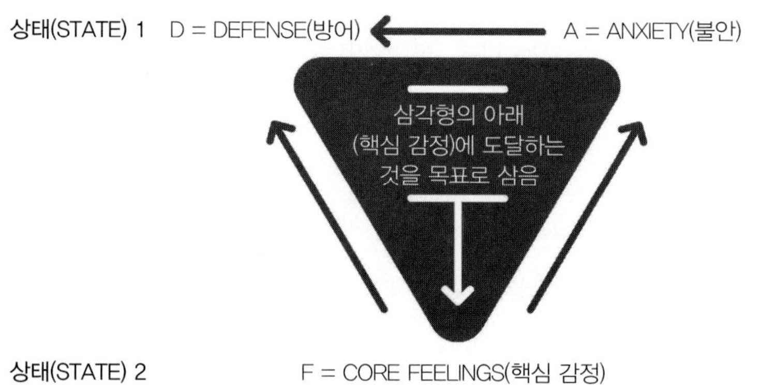

[그림 1-2] 경험 삼각형(triangle of experience)

AEDP 워크숍에서는 팔을 V자 모양으로 넓게 벌리고, 두 손 사이를 잇는 선을 상상하면서 이 삼각형을 쉽게 설명하곤 한다. 그 상태에서 자신이 경험 삼각형이 되었다고 상상해 보라. 핵심 감정(core feelings)은 가슴에 자리 잡고 있고, 불안과 방어는 양손이 만든 삼각형의 각 또는 모서리에 위치해 있다. 우리가 핵심 감정(예: 기쁨, 사랑, 분노, 두려움, 혐오, 놀람, 행복 등)을 회피하거나 정확하게 인식하지 못할 때(삼각형의 맨 아래쪽 꼭짓점 = 핵심 감정의 F), 우리는 불안(삼각형의 오른쪽 위 모서리 = 불안의 A)을 느끼고, 그 불안을 조절하기 위해 방어(삼각형의 왼쪽 위 모서리 = 방어의 D)를 사용하게 된다. 이것이 바로 AEDP의 상태 1이다. 삼각형의 맨 아래쪽 꼭짓점은 AEDP의 상태 2에 해당하며, 여기에는 핵심 감정이나 정서 외에도 조율된 관계 경험, 진정한 자기 상태, 즐거움 및 개방성 등이 포함된다([그림 1-3] 참조).

AEDP 이론에 따르면, 우리가 핵심 정서와 현재 느끼는 감정을

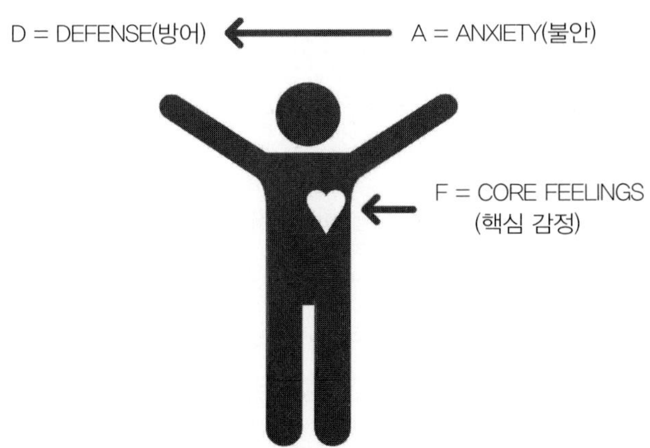

[그림 1-3] 경험 삼각형: 하트 모형 그림
Copyright © 2016 by Viktor Koen. 허가를 받아 재인용

회피할 때, 삼각형의 꼭대기, 즉 방어와 불안 그리고 그에 따른 증상의 상태에서 신체가 작동하게 된다. 다시 말해, 우리가 삼각형의 위쪽에 있고 AEDP의 상태 1에 있을 때, 과거에 우리 자신과 타인과의 관계에서 형성된, 오래되고 부적응적인 패턴을 반복하고 있을 가능성이 높다. 반면, 우리가 우리의 몸 안에 머물며 자신의 감정과 접촉하고 있을 때, '지금-여기'에서 일어나고 있는 현재의 경험을 하게 된다. AEDP의 목표 중 하나는 지금까지 두려워하고 회피해 왔던 감정을 진정한 타인과 함께 안전하고 조절된 방식으로 경험하는 것이다(Fosha, 2000a). AEDP의 자세는 정서적 표현과 경험에 개방적이며(상태 2, 삼각형의 아래쪽, F 지점), 내담자에게도 그곳으로 함께 가자고 초대하는 것이다(Russell, 2007).

보통 수퍼비전 시간에 우리는 경험 삼각형을 그려 놓고, 그 위에 내담자와 회기에서 드러나는 감정을 표시하면서 작업한다. '내담자가 자주 사용하는 방어기제는 무엇일까요? 내담자가 불안을 느낄 때 우리는 그것을 어떻게 알아차릴 수 있을까요? 내담자가 편안하게 다루고 있거나 그렇지 않은 감정은 무엇인가요? 내담자의 관계 양식은 어떠한가요? 내담자의 애착 방식은 어떠한가요? 회피적이거나 거리를 두는 스타일인가요? 아니면 치료자나 삶의 중요한 관계 안에서 집착적이거나 불안정한 애착 경향이 있나요? 감정과 에너지를 과도하게 조절하나요, 아니면 조절이 부족한가요?' 이러한 개념들을 설명하는 전형적인 예는 분노를 두려워하는 내담자에게서 볼 수 있다. 그는 "정말 화가 났어요"라고 말하려 할 때마다 하품을 하거나 한숨을 쉬고, 고개를 숙인다. 그리고 피로감만 느껴진다고 하거나, 휴가를 가고 싶다거나, 하루 종일 침대에 있고 싶다는 식으로 말한다. 여기서 분노는 핵심 감정(경험의 삼각형 아래 지점, 상태 2의 핵심 정서/핵심 감정)이다. 반면, 기운 빠짐, 피로, 에너지 고갈은 그가 이 감정을 회피하기 위해 사용하는 방어기제(삼각형 왼쪽 위 꼭짓점, D, 상태 1)이다([그림 1-4] 참조). 하품과 한숨은 그가 분노의 파동을 느끼는 순간 불안이 함께 올라오기에, 이를 조절하려는 신호로 이해할 수 있다.

과도하게 조절된 내담자들이 흔히 보이는 방어기제는 다음과 같다. 고통스러운 감정을 느낄 때 웃거나 미소 짓는 것, 감정이 떠오르기 시작하면 감정을 억제하는 것, 화제를 돌리거나, 눈 맞춤을 피하는 것, 수동태를 사용하거나, 모호하게 말하고, 일반적인 표현만 사용하는 것, 지나치게 이성적으로 설명하거나 분석하려는 태도, 혼자 해결하려는 태도, 혹은 슬픔, 상처와 같은 핵심 감정을 회피하기 위해 좌절감과 같은 방어적 감정을 앞세우는 행동 등이다. 반대로, 과소 조절된 내담자의 전형적인 방어기제는 다음과 같다. 말이나 행동이 빨라지는 것, 금방 울컥하거나 감정적으로 무너지는 것, 치료자에게 도움을 애원하는 태도, 자신의 문제나 해결책을 타인에

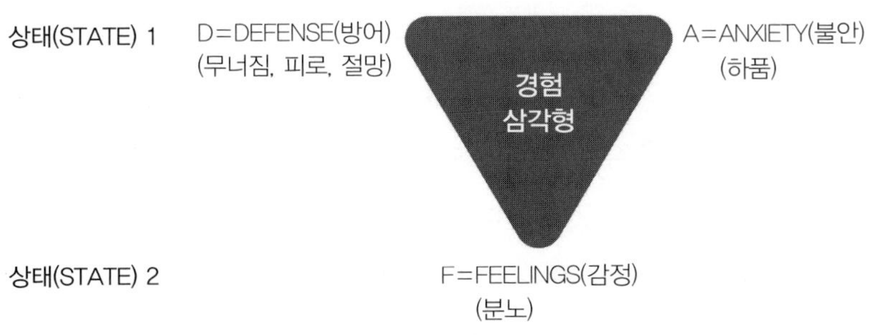

[그림 1-4] 내담자의 불안, 방어, 핵심 감정을 나타낸 삼각형 도식

게 집중시키는 것 등이 있다(이러한 다양한 애착 유형을 다루는 방법은 5장 참조).

생각과 말 속에서 나타나는 전형적인 불안의 신호는 집착, 반복적인 반추, 강박적 사고, 산만함, 인지적 혼란 등이다. 몸에서 나타나는 불안의 신호는 불편감, 안절부절못함, 말이 빠르고 압박감이 느껴지는 말투, 가만히 있지 못함, 신체적 불편 호소, 강한 눈 맞춤 또는 눈 맞춤 회피, 빠른 호흡, 땀, 화장실에 가고 싶은 충동 등이 있다. 수퍼바이지가 불안을 느낄 때, 수퍼바이저의 역할은 그 불안을 인식하고, 조절하며, 정상적인 반응으로 받아들이고, 그 불안이 어디서 왔는지를 함께 살펴보며 감정이 표현될 수 있는 공간을 만들어 주는 것이다(삼각형의 아래 지점, F, 상태 2). 치료에서든 수퍼비전에서든 불안은 자연스럽고 예측 가능한 반응이다. 우리는 그것을 주시하고, 귀를 기울이며, 적절할 때 직관적으로 포착하게 되기를 원한다.

우리의 목표는 불안을 조절하고, 내담자가 방어기제에 과도하게 의존하는 상태에서 벗어나, 점차 핵심 정서/핵심 감정(삼각형 아래, 상태 2)에 더 오래 머무를 수 있도록 돕는 것이다. 이는 자신의 감정을 충분히 느끼고, 자신이 무엇을 느끼는지 알게 되면 변형이 일어난다는 믿음에 기반한다. 경험 삼각형은 우리가 회기 영상에서 내담자의 경험을 추적할 때뿐만 아니라, 수퍼비전에서 수퍼바이지를 추적할 때도 핵심 도구가 된다.

만약 수퍼바이지가 손을 비비며 “저는 AEDP를 절대 못 할 것 같아요!”라고 말한다면, 수퍼바이저는 “방금 무슨 일이 있었나요?”라고 질문하면서, 스스로 경험 삼각형 어디쯤에 있는지를 함께 살펴보도록 도울 수 있다. 수퍼바이저는 "못 하겠어요!"(상태 1: 불안이 방어적 외침으로 이어짐)라고 외친 수퍼바이지의 마음속에서 어떤 핵심 감정(상태 2)이 올라왔을지 소리 내면서 궁금해할 수 있다.

우리는 이 삼각형을 도식으로 그려 가며 가르치기도 하고, 수퍼바이지가 내담자와 상호작용하는 영상 속에서 실제로 그 과정을 경험하도록 하기도 한다. 수퍼비전 중에는 '지금 당신은 삼각형의 어디에 있나요?'라고 질문하며 삼각형을 활용한다. 그리고 수퍼바이저 또한 자신이 현재 어디에 위치해 있는지를 직접 보여 주는 방식으로 모델링을 한다.

> 저(수퍼바이저)는 당신(수퍼바이지)의 내담자가 자신의 장례식을 생각하고 자살을 상상하고 있다고 말했을 때, 나 자신이 불안을 느끼고 있다는 것을 알아차렸습니다. 그러고 나서 내가 그녀에게 화가 나 있음을 알게 되었고, 그제서야 더 이상 불안을 느끼지 않았어요. 이제 당신이 그녀와 함께 그녀 자신이 감정을 회피하는 방식에 대해 대화 나눌 수 있도록 도와드리고 싶습니다. 자살사고는 그녀가 자신의 핵심 감정을 피하기 위해 사용하는 방어기제로 볼 수 있기 때문입니다.

그러고 나서 수퍼바이저가 이 과정을 메타프로세싱하며, 자신의 경험을 교육의 기회로 활용한다. 수퍼바이저와 수퍼바이지는 함께 이 일련의 과정을 되돌아보며 성찰하고, 그 안에서 학습의 기회를 만들어 낸다.

Schoettle(2009)의 연구에 따르면, 우리는 수퍼바이지가 상태 1에 있는 내담자와 작업할 때, 즉 내담자가 주로 방어기제나 보호 전략(D)으로 기능하고 있는 삼각형의 위쪽에서의 작업을 할 때 수퍼바이지가 느끼는 감정을 예측해 볼 수 있다. 이러한 반응을 이해하는 데 있어, 애착 유형과 그에 따른 방어 전략의 관점에서 생각해 보는 것이 도움이 될 수 있다. 예를 들어, 회피 애착을 가진 사람이 상태 1에 있을 경우, 그가 사용하는 지나친 이성화, 감정 축소, 자기 의존 등의 방어 전략은 치료자가 거부당하거나, 거리감을 느끼거나, 무력하고 능력을 잃은 듯한 느낌을 갖게 만들 수 있다. 반면, 불안/집착형 애착의 사람은 상태 1에서 과도한 활성화, 공황, 불안 같은 전략을 사용할 수 있고, 이는 치료자가 끌려 들어가거나 불안해지게 하며, 문제를 해결하려는 생각이나 감당이 안 되는 느낌을 유발할 수 있다. 이처럼 상태 1에서는 수퍼바이지가 과도하게 긴장하거나 노력해야 한다는 압박을 느낄 수 있고, 또는 그 반대로 무관심해지고, 감정적으로 거리를 두는 방어 상태에 빠질 수도 있다. 이런 반응은 예측 가능한 것이며, 정상적인 경험임을 인식하고 받아들이는 것이 중요하다.

메타프로세싱과 그에 수반되는 감정: 상태 3과 상태 4

메타프로세싱(상태 3)은 AEDP에서 처음에는 하나의 활동, 즉 경험을 성찰하기 위한 개입으로 출발했다. 표준 개입은 다음과 같다. '이 작업을 저와 함께하는 건 어떤 느낌인가요?' 수퍼바이지가 방어적이고 불안에 휩싸인 채 기능하는 상태에서 벗어나 핵심 감정이나 수퍼바이저와의 조율된 관계 상태로 내려가면서 수반되는 감정이 항상 해냈다는 자부심과 기쁨(즉, 숙달감, mastery affects) 그리고 과거에 실패했거나 즐겁지 않았거나 조율되지 않았던 다른 관계 경험에 대한 소통과 슬픔(자기 애도)이었음이 곧 분명해졌다. 이러한 경험을 통해 자신이 제대로 보이고, 이해받고, 인정받았다고 느낀 후에는 감사함과 눈물이 고이는 감동과 다정함(치유 감정) 그리고 새로운 상태에 있다는 놀라움과 기쁨('와, 맞아요'와 같은 감정들)도 일어났다. 상태 3에서 일어나는 변형적 현상들은 자부심과 기쁨, 자기 애도, 놀라움과 깨달음('와!' '아하!' 반응)의 감정 그리고 이해받고 인정받은 순간에 클릭(click)된 느낌과 같은 숙달감을 느낀다. 이는 대개 관계적 감정이므로, 지식 기반의 일부가 될 뿐만 아니라 수퍼바이지의 역량을 함양하는 데도 도움이 된다. 이 감정들은 예외 없이 긍정적 감정들이고, 심지어 자기 애도의 고통조차 무엇인가 좋은 것을 '가짐'으로 인해 지금껏 '갖지 못했던 것'에 대한 슬픔이 올라온다는 점에서 긍정적인 경험으로 작용한다.

상태 4에서는 몸이 이완되고, 명확해지고, 중심이 잡히며, 고요한 상태를 경험한다. 자신의 경험에 대한 진실을 알고, 그것에 대해 일관된 서사를 구성할 수 있으며, 더 이상 강한 감정적 에너지가 남아 있지 않다. 이 상태에 이르면 우리는 자신의 여정을 성찰할 수 있는 능력을 갖게 되고, 그 성찰은 자신에 대한 연민, 나아가 고통과 결핍을 야기했던 타인에 대해서조차 연민을 품고 바라볼 수 있는 마음으로 이어진다. 이런 상태에서는 종종 자신과 우주 전체가 깊이 연결되어 있다는 느낌까지 들게 된다.

 역량

AEDP 수퍼비전의 목표는 AEDP에 대한 숙련도와 역량을 점진적이고 안정적으로 향상시키는 것이다. 이를 위해 수퍼비전 회기에서 우리가 이루고자 하는 변화 작업의 상당 부분은 치료자의 '자기(self)'와 관련되어 있다. 우리가 관계적이고 정서적인 역량을 증진시키기 위해 노력할 때, 이는 수퍼바이지가 치료자 자신, 내담자, 수퍼바이저와 맺는 관계 안에서 자신의 정서적·관계적 경험을 조절할 수 있도록 돕는 일이기도 하다.

이 지점에서 네 가지 상태로 이루어진 변형 과정이 우리의 수퍼비전 작업을 이끄는 지도 역할을 한다. 이 변형의 구조에 대한 이해가 곧 역량을 구축하는 토대가 된다. AEDP 치료와 마찬가지로, AEDP 수퍼비전에서도 수퍼바이지가 네 가지 상태를 통해 어떻게 변화를 확실하게 이룰 수 있는지 알고 있음으로써 신뢰할 수 있는 방식으로 수퍼바이지의 자기(self) 안에서 변화를 이끌어 낼 수 있다. 우리는 수퍼바이지가 불안으로 가득 찬 상태 1에서 학습에 폐쇄된 상태에 있다면 이를 벗어나 상태 2로 이동하도록 적극적으로 돕는다. 그리고 학습에 열려 있는 상태, 즉 핵심 감정과 함께하는 상태 2로 이동하도록 이끈다. 수퍼비전에서는 이 상태가 흔히 조율된 관계 상태로 나타나며, 우리는 교정적 관계 경험을 적극적으로 추구한다(Ladany et al., 2012). 지금-여기에서 이러한 새롭고 긍정적인 학습과 정서적·관계적 경험을 인식하고 통합하며, 필요한 경우 과거의 경험과 대비해 함께 메타프로세싱할 때, 우리는 수퍼바이지의 정서적·관계적 역량을 키울 수 있다.

다른 구체적인 역량으로는 매 순간 추적하기를 통해 (대인관계적으로) 내담자와 (심리 내적으로) 자기 자신을 인식하는 능력, 지금 일어나고 있는 일을 수용하고(수용적·정서적 역량) 그 영향을 느낄 수 있는 능력, 이 모든 것을 내담자에게 표현할 수 있는 능력 등이 있다. AEDP 치료자는 치료자로서 자신의 감정, 사고, 신체를 치료 관계 안으로 가져오는 법을 배운다. 이는 새로운 학습이 일어나는 방식이기 때문이다. AEDP 수퍼바이저는 수퍼바이지가 표현 역량을 향상할 수 있도록 경험적 언어 개입을 포함하여 개발할 필요가 있는 임상 역량에 대해 조심스럽게 제안한다.

수퍼비전에서 학습이 일어나는 두 가지 추가적인 도구는 수퍼바이지와 내담자에게 그들이 수퍼바이저에게 정서적으로 어떤 영향을 미치고 있는지 알려 주는 것이다. 이러한 영향을 바탕으로, 내담자나 수퍼바이지의 욕구에는 수퍼바이저에게 이해받고 싶은 것뿐만 아니라 우리의 경험을 통해 지적으로 그리고 정서적으로 우리를 알고자 하는 욕구도 포함된다.

수퍼비전 장면: "그 말을 그녀에게 해 보셨나요?"

수퍼바이저와 수퍼바이지는 회기 영상 시청을 마친 후, 잠시 말없이 조용한 시간을 갖는다. 치유의 궤적은 내담자가 깊이 느껴지는 자기 연민의 상태(핵심 상태)에 도달하며 마무리된다. 수퍼바이지는 "나는 할 수 있는 한 최선을 다했어요"라고 이야기하면서, 내담자가 치료자에게 미친 영향을 자기개방하고 있다.

수퍼바이저 이 영상을 보면서 내담자가 자신의 고통에 머물면서 더 많이 자기 연민을 느끼는 쪽으로 움직이는 놀라운 방식에 대해…… 내면에서 어떤 것을 느끼시나요? **[암묵적인 것을 명시적으로 만들기]**

수퍼바이지 그녀가 겪은 모든 고통 때문에 너무 슬퍼요. 그리고 치료 회기에서 그녀가 얼마나 용감한지, 정말 놀라웠어요. 와우. 그녀 내면에 두려움이 정말 많은데도, 엄청난 트라우마가 있는데도 두려움 없이, 정말 열심히 노력해요.

수퍼바이저 와…… 지금 하신 말씀이 정말 아름다워요. **[긍정적인 것을 우선시하기, 인정]** 그 말을 그녀에게 해 보셨나요?

수퍼바이지 아니요.

수퍼바이저 그녀에게 그런 말을 할 수 있을까요? **[탐색을 격려하고, 치료 기술을 확장하며, 새로운 것에 도전하기]**

수퍼바이지 모르겠어요.

수퍼바이저 제가 좀 도와드려도 될까요? **[명시적인 허락 요청하기]** (잠시 멈춘다.) 방금 저에게 말씀하신 것을 정말 아름답게 표현했어요. 뭐라고 하셨죠? **[수퍼바이지의 치료 역량을 인정하며, '당신은 두려워하는 이 새로운 것을 이미 알고 있다'는 메시지 전달하기]**

수퍼바이지 모르겠어요. "와우……"라고 했던 것 같아요.

수퍼바이저 맞아요. 그렇게 하셨고, 더 많은 걸 말씀하셨어요. 다시 하셨던 말을 떠올릴 수 있도록 도와드릴게요. **[명시적인 애착 개입: "내가 도와줄 수 있어요."]** 당신은 그녀가 얼마나 용감한지 정말 놀랍다고 하셨어요.

수퍼바이지 네, 맞아요. 음…… 저는 이렇게 말할 수 있을 것 같아요. "Lucy, 당신이 얼마나 용감한지 정말 감동받았어요. 지난주 우리가 함께했던 회기를 떠올렸는데, 정말 깊은 인상을 받았어요." **[약간의 힌트와 도움으로 비계를 사용하여 수퍼바이지 스스로 개입을 제시한다.]**

수퍼바이저 와우. 정말 멋진 말이에요. **[인정]** 당신이 해낸 것을 보세요. 내담자가 당신에게 어떤 영향을 미쳤는지 자기개방을 하셨고, 저도 감동받았어요. **[수퍼바이지의 개입 및 새로운 영역으로의 탐색적 도전에 대한 인정]** 그리고 내담자가 당신과 함께 있지 않을 때조차도 당신의 마음에 존재한다는 것을 그녀가 알 수 있게 했어요. **["너무 어렵고 벅차게 느끼는 것을 당신은 이미 하고 있다"라는 AEDP의 기초 개입을 활용해서 수퍼바이지가 이미 하고 있는 것을 AEDP 언어로 번역하기]** 와우. **[수퍼바이지에 대한 수퍼바이저의 기쁨 표현]** 방금 그 말을 실제로 소리내어 말해 보니 어땠나요? **[새로운 기술을 실천한 후 수퍼바이지의 경험을 메타프로세싱하기]**

수퍼바이지 좋았어요. **[더 나은 방향으로의 변화에 대한 경험에 동반된 긍정적 감정]**

수퍼바이저 음, 좋아요. 그럼 지금 몸에서는 어떻게 느껴지나요? **[긍정적인 경험을 심화하고 신체적으로 더 자세히 말하도록 초대하기]**

수퍼바이지 훨씬 나아졌어요. 더 편안해진 것 같아요.

수퍼바이저 그리고 저한테 그 말을 해 보니 어때요? 그리고 저와 함께하는 이 자리에서 당신이 Lucy에게 이런 큰 도전을 해 보겠다고 말씀하시는 걸 보고 제가 얼마나 감동받았는지 보는 건 어떤 느낌인가요? **[암묵적인 것을 명시적으로 만들고, '제가 얼마나 감동받았는지 보는 것'이라고 수퍼바이지가 수퍼바이저에게 준 영향에 대한 자기개방을 모델링하고, 새로운 경험을 시도하는 데 따르는 관계적 측면을 메타프로세싱한다.]**

수퍼바이지 좋아요. 몸이 훨씬 더 편안해진 것 같아요. 더 곧게 펴진 느낌도 들고…… 숨 쉬기가 편해요. (멈춘다.) **[수퍼바이저가 신체 감각이 어떤지 물어봄으로써, 수퍼바이지가 방금 배운 것을 내담자와의 실제 작업에서도 할 수 있도록 긍정적 동기를 창출하려고 의식적으로 애쓴다.]** 그 말을…… 정말 그녀에게 해 볼까 해요. 비슷한 말을 해 보려고요…….

수퍼바이저 그건 당신에게 정말 좋은 실습이 될 거예요.

수퍼바이지 근데…… 제가 그런 말을 해서 내담자가 너무 놀라면 어떡하죠? **[현실에서 실행하려 하자 새로운 질문과 불안이 떠오른다.]**

수퍼바이저 그 말을 한 뒤에, 어떤 걸 할 수 있을까요? **[수퍼바이지가 스스로 답을 찾아낼 수 있도록 촉진하기]**

수퍼바이지 아, 그럼 메타프로세싱을 할 거예요. 그러면 어떻게 반응하는지 알 수 있죠.

수퍼바이저 맞아요. 당신은 그녀가 어떻게 반응하는지 그리고 그녀가 기겁을 하는지 아닌지 알게 되겠죠. 그런데 그녀가 그럴 것 같지 않아요. 설령 그렇다 해도, 다음 작업으로 넘어가면 되니까 큰일도 아니죠. 또 다른 성장의 재료일 뿐이에요.

이 과정에서 수퍼바이지가 배우려 했던 바로 그 경험을 실제로 어떻게 하는지 수퍼바이저가 모델링하였다는 점에 주목하라. 수퍼바이지가 내담자에게 받은 영향을 표현하는 방법을 배우려고 노력할 때 수퍼바이저가 수퍼바이지에게 받은 영향을 직접 시범해 보여 주었다.

우리는 수퍼바이지의 성장을 돕기 위해 작업하면서, 수퍼비전 개입과 메타프로세싱에 대한 수퍼바이지의 다양한 반응 관련 자료를 조심스럽게 수집한다. "내가 얼마나 감동했는지 보니 기분이 어떠세요?"라는 수퍼바이저의 질문은 수퍼바이지가 수퍼바이저에게 준 영향을 받아들일 수 있는지 확인하는 것이다. 수퍼바이지는 수퍼바이저의 눈빛이나 표정, 신체 언어에서 그것을 알아차렸을 수도 있지만, 수퍼바이저는 이를 명시적으로 만들고 싶어 한다. 이러한 매 순간 추적하기는 2장에서 다시 자세히 다룰 예정이다.

새롭고, 이례적이고, 예상 밖이며, 아직 언어화되지 않은 경험을 기대하고, 알아차리고, 포착하라

우리는 수퍼바이저-수퍼바이지 관계의 성장 잠재력을 적극적으로 활용하고, 그 안으로 깊이 들어가 작업한다. 그리고 함께 속도를 늦추고 새로운 경험을 할 수 있는 순간이 찾아오면, 우리는 그것을 변형의 자원으로 발굴해 낸다. 이처럼 새롭고, 이례적이며, 예상 밖인 경험에 집중하고 그것을 메타프로세싱하는 작업에서 우리의 관계적 역량과 정신 내적 역량의 성장이 일어난다. 새로움과 참신함의 영역, 특히 우리의 절차적 지식에 반하는 경험에서 성장과 변화가 일어난다. 우리가 수퍼바이지에게 "지금 이 순간, 저와 함께 이런 경험을 하고 있다는 건 어떤 느낌인가요?"라고 묻는 것은 그들이 지금 새롭고, 이전과 다른 경험을 하고 있다는 사실을 자각하게 하려는 것이다. 우리는 이 언어화되지 않은 경험의 영역을 잘 알고 있다. 우리는 새로운 신경망이 형성될 때 수퍼바이지들이 종종 "이상해요"라고 말할 것이라 예상한다. 그런 다음 자신의 경험을 언어로 표현하려고 애쓰면서 "뭐라고 말해야 할지 모르겠어요"라고 말한다. 그러다가 정확하게 무엇인지 말하기 전에 무엇이 없고, 무엇이 아닌지 분명하게 표현할 수 있게 된다. 그래서 "이건 두려움도 아니고, 불안도 아니고, 조절장애도 아니에요! 오히려 제가 평소에 느끼던 것들이 사라진 느낌이에요. 이건 흥분, 아니면…… 갈망 같은 거예요." 이처럼 무엇이 아닌지 말하면서 수퍼바이지는 자신의 새로운 경험을 언어화한다.

다음 사례에서 새로운 수퍼바이지가 AEDP 수퍼비전에 참여하기 위해 들어온다. 수퍼바이저인 Prenn은 첫 미팅에 들어오면서 어떤 느낌이 드는지 직접적으로 질문하고, 수퍼바이지가 대답한다. 이 사례에서는 수퍼바이저가 수퍼바이지와 관계적 접촉을 명시적으로 만들고자 하는 의도와 그 시도에 대해 두 사람이 메타프로세싱할 때 어떤 일이 일어나는지에 주목해 보라.

수퍼비전 장면: 새로운 경험 "이상해요."

수퍼바이저 저와의 첫 미팅에 들어오시면서 어떤 기분이 드셨나요?

수퍼바이지 아, 기분이 좀 복잡해요. 뭔가 병에 걸린 것 같아요. 거의 취소할 뻔했어요. 제가 일하는 클리닉에 내담자 한 명이 있는데…… 그가 추가 회기를 요청했어요……. 근데 제가 거절했어요. 지금도 내담자가 계속 문자를 보내고 있어요. 그냥 만났으면 더 쉬웠을 텐데……. 그리고 제 상태도 좋지 않아요.

수퍼바이저 아, 그렇군요. 이렇게 이야기해 주셔서 정말 고마워요. 그럼 우리 간단히 서로의 상태를 확인해 볼까요? 오늘이 우리의 첫 만남이고, 지금 몸이 안 좋으시기도 한데…… 정서적으로는 저를 만나서 어떤 감정을 느끼고 계신지 여쭤봐도 괜찮을까요?

수퍼바이지 지금 이게 치료인가요, 아니면 수퍼비전인가요?

수퍼바이저 수퍼비전이에요. 제가 이렇게 상태를 확인하려는 것에 대해 뭔가 반응이 올라오나 봐요.

수퍼바이지 네. 약간…… 익숙하지 않게 느껴지네요. 제가 치료자일 때는 당연히 그렇게 하죠. 근데 지금은 반대 입장이잖아요.

수퍼바이저 그렇죠. 괜찮으시다면 다시 여쭤볼게요. 제가 이렇게 묻는 게 어떠신가요? **[명시적으로 허락 구하기]**

수퍼바이지 아, 기분이 좋아요. 이게…… 잘 모르겠지만…… 이상해요.

수퍼바이저 좀 더 이야기해 주시겠어요?

수퍼바이지 네. 한편으로는 편안한 느낌도 있고, 또 한편으로는 선생님께서 저와의 관계에 집중하는 것이 편할지 잘 모르겠어요. 수퍼비전에서 그런 걸 경험해 본 적이 없어서요. 저는 그냥 제 치료 회기 영상을 보여 드리고, AEDP를 배우고 싶다고 생각했거든요!

수퍼바이저 그렇군요. 충분히 이해돼요. 그리고 제 경험상 AEDP를 가장 잘 배우고 수퍼비전이 제대로 진행되기 위해서는 우리가 함께 관계를 돌보는 게 정말 중요해요. 그래야 우리가 함께 이 작업을 해 나갈 수 있을 만큼 충분히 안전하다고 느낄 수 있기 때문이죠.

수퍼바이지 네. 알겠습니다.

수퍼바이저 그리고 다시 돌아가서요. (부드럽고 느린 목소리로) 지금 이 순간이 어떻게 느껴지시나요? 우리는 어떤가요? 저와 함께 있는 이 느낌은 어떠신가요?

수퍼바이지 (이마를 찌푸린다.)

수퍼바이저 지금 살짝 이마가 찌푸려졌어요. **[예를 들어, '얼굴을 찌푸린다'라는 식으로 평가하지 않고, 있는 그대로 서술한다.]**

수퍼바이지 이런 건 예상하지 못했어요.

수퍼바이저 그럼 이 순간은 어떤가요?

수퍼바이지 이상하고, 새롭고, 다른 것 같아요. **[그녀의 말에 주목한다.]**

수퍼바이저 네, 이상하고, 새롭고, 다르다……. 저는 그런 표현들을 좋아해요. 그리고 괜찮다면 잠시 한 발짝 물러서서 이 순간을 되돌아보면서 학습 포인트로 삼아도 될까요? '이런 것에 익숙하지 않다'는 말은 종종 우리가 함께 새로운 경험을 만들어 내고 있다는 신호예요. 그것을 알아차릴 수 있어서 정말 기쁩니다. 제가 이렇게 느끼고 있다는 것을 아는 건 어떤가요? **[메타프로세싱]**

수퍼바이지 아, 이제 좀 알 것 같아요. 맞아요. 선생님께서 진행하시는 워크숍 때 기억이 나요. 젊은 남성 내담자의 영상을 보여 주셨죠. 그 사람도 비슷하게 말했던 것 같은데요……. "이런 것에 익숙지가 않아요……. 기대하지 않았어요."

수퍼바이저 맞아요. 바로 그 말이었어요. 그걸 기억해 주시다니 정말 좋네요. 그리고 괜찮으시다면, 지금 이걸 알아차리고 있는 그 느낌을 조금만 더 함께 들여다봐도 될까요? **[허락을 구하고, 시간 제한을 하고, 메타프로세싱한다.]**

수퍼바이지 좋아요, 휴. 안심이 돼요. 정말 좋아요!

AEDP 수퍼비전은 경험적이고 관계적이며, 관계를 명시적으로 다룬다. 우리는 회기를 메타치료적 개입과 함께 마무리한다. "오늘이 수퍼비전 회기가 어땠나요?"

가르침과 치료의 경계선

우리가 수퍼바이저로서 하거나 하지 않는 모든 일은 치료자로서 일하는 방법을 모델링하는 것이다. 이것은 치료가 아니라 수퍼비전이지만, 우리는 여기서 수퍼바이저의 역할을 하는 치료자이다. 우리는 신뢰할 수 있고, 예측 가능하며, 믿을 만하다. 우리는 지정된

시간에 정확히 만나게 된다. 시간이 지나거나 약속 시간을 변경해야 할 경우, 우리도 내담자와 마찬가지로 확인하고 사과한다. 우리는 명시적으로 도움을 제공하고 이용할 수 있도록 노력한다.

AEDP 수퍼비전의 핵심 과업 중 하나는 수퍼바이지가 자신의 내담자를 효과적으로 치료할 수 있도록 임상 역량을 개발하는 것이다. 이것은 수퍼비전 초기에 합의된 목표이며, 이후에도 반복적으로 재계약되는 항목으로, 이러한 명확한 목표 덕분에 수퍼바이저는 수퍼비전 관계의 지금-여기에 존재하는 감정, 경험, 방어, 애착 유형, 불안을 다루기 위해 명시적으로 허락을 구하고 직접적으로 작업할 수 있는 권한을 갖게 된다. AEDP 수퍼바이저는 이 관계가 '치료'가 아니라 '내담자를 위한 수퍼비전'임을 명확히 존중하면서 이런 작업을 수행한다. AEDP 수퍼비전의 과정 지향적 특성(process-oriented nature) 덕분에 역동에 관한 구체적인 과거 세부 내용을 묻거나 알 필요 없이, 촉발되거나 활성화되거나 방어적인 순간에 빠진 수퍼바이지에게 일어나고 있는 것을 부드럽게 다룰 수 있다. 이런 장면은 AEDP 수퍼비전에서 매우 흔하게 일어난다. 예를 들어, 수퍼바이지가 "아, 이것을 다시…… 이게 어디서 오는지 잘 알아요!"라고 말할 수 있다. 수퍼바이저는 '이것이 어디에서 왔는지' 알지 못해도, 혹은 알 필요도 없이 지금 일어나고 있는 것에 대한 경험에 머물면서 그 감정을 끝까지 느껴 보고 정리해 보는 것이 도움이 될지 부드럽게 물어볼 수 있다.

치료적 순간과 학습 포인트

미국심리학회(APA)의 심리학자 윤리 원칙과 행동 강령(APA, 2010)

에는 수퍼비전에서의 치료가 내담자의 이익을 위한 것이며, 수퍼바이저와 수퍼바이지 양쪽 모두 합의된 경우에는 어떠한 윤리적 위반도 아니라고 분명하게 명시되어 있다. AEDP 기법 중에서 암묵적인 것을 명시적으로 표현하고 허락을 구하는 것은 수퍼비전에서 발생하는 치료적 순간에 대한 계약을 명시적으로 만들 수 있다는 것을 의미한다. 수퍼바이지는 자신이 치료자로서 배우려고 하는 치료 기술과 관련해 개인적으로 어려움을 겪는 경우가 많다. 예를 들어, 수퍼바이지가 칭찬을 받아들이고 자신에 대해 자부심을 느낄 수 있는가?(즉, 수용적·정서적 능력) 바로 이 지점, 즉 가르침과 치료의 경계선에서 치료자이자 수퍼바이지의 자기 확장이 종종 이루어진다. 이러한 경험 기반의 수퍼비전 방식은 현재 신경정서과학에서도 지지받고 있다. 즉, 우리의 암묵적이고 절차적인 기억과 내적 작동모델(internal working model)은 변연계를 통해 접근될 때 변화가 가능하며, 새로운 학습과 기억 재공고화(memory reconsolidation)가 일어난다(Badenoch, 2008; Ecker, Ticic, & Hulley, 2012).

우리는 수퍼비전 안에서 일어난 치료의 한 순간이나 작업 과정을 학습의 기회로 삼을 수 있다. 함께 일련의 작업을 진행한다는 것은, 하나의 초점이나 진입 지점(entry point)에서 시작해(2장에서 자세히 다룸) 그 주제를 함께 탐색하는 과정을 의미한다. 그런 다음 그 진입 지점을 학습 포인트로 활용할 수 있는데, 이것은 실제이며 우리가 함께 경험한 것이다. 수퍼바이저는 이렇게 말할 수 있다. "지금 우리가 함께 경험한 이 과정을 학습적인 관점에서 다시 돌아봐도 괜찮을까요?" 이 과정에서 수퍼바이지는 치료적 순간을 경험하고, 그 경험을 되돌아보며 성찰하고, 수퍼바이저는 방금 일어난 그 실제 상황으로부터 명시적으로 가르침을 제공한다. 이처럼 경험을 기반으로 한 즉각적인 메타프로세싱과 피드백은 AEDP 수퍼비전의 중요한 특징 중 하나이다.

가르침과 치료의 경계 장면: "이제 그만해도 될 것 같아요."

수퍼바이지와 수퍼바이저(즉, Prenn)는 한 내담자와의 치료 회기 영상의 초반을 함께 보고 있다. 해당 내담자는 이번 주 동안 기존의 부정적 반응 패턴을 벗어나 중요한 변화를 보인 상태였다. 내담자는 "전 그걸 개인적 문제로 받아들이지 않았어요. 면접에서 정말 잘 했다고 생각했어요. 그 사람들도 저를 마음에 들어 했고, 실제로 저를 채용했어요. 그런데 지금 채용이 동결된 상태라서요. 채용이 재개되면 저를 다시 고려하겠다고 했어요. 그 말을 믿어요. 스스로를 공격하지 않았어요. 개인적인 문제가 아니라는 걸 알았고, 그래서 개인적으로 받아들이지 않았어요."

치료자는 "정말 멋진데요"라고 말한다. 내담자는 미소를 짓고, 눈에 생기가 돌기 시작한다.

"지금 얼마나 달라졌는지 한번 봐요. 몸을 곧게 세우고, 미소 지으면서 '개인적으로 받아들이지 않았어요'라고 말했잖아요."

둘은 찰나의 순간, 서로 미소를 나눈다. 하지만 곧 내담자의 미소가 사라지고, 흐려진 눈빛으로 시선을 피한다.

"그래도 여전히 무서울 때가 있어요." 내담자가 말한다.

"알고 있어요." 치료자가 말한다.

이후 내담자는 약 4분 동안 과거에 자신이 얼마나 자주 두려움을 느꼈는지 이야기한다. 불편한 감정을 탐색하는 데 익숙한 치료자이자 수퍼바이지는 고개를 끄덕이며 경청한다. 그런 다음 치료자는 이번 작업의 진입 지점으로 삼은 부분, 즉 '다르게 해낸 경험'을 메타프로세싱하고 강화하는 작업으로 되돌아간다. 치료자는 "괜찮다면, 다시 돌아가서 이렇게 다르게 해낸 것을 함께 성찰해 보는 건 어떨까요?"라고 말한다.

"좋아요." 내담자는 다시 짧고 순간적인 미소를 보였고, 치료자와 함께 머물고자 한다. 치료자는 "당신 학생들이 정말 당신을 좋아해요." 그리고 이어서 내담자의 긍정적인 점 두세 가지를 구체적으로 언급한다.

내담자는 조심스레 웃으며 치료자와 함께 있으려고 애쓴다. 그러다 이렇게 말한다. "마음은 있는데, 머리가 없어요. 저는 다른 교수들과는 달라요"라고 말한다. 그녀는 자신이 대학의 다른 교수들만큼 똑똑하지 않다고 느끼는 이유를 계속 이야기한다. 치료자는 고개를 끄덕이며 경청하면서 내담자가 과거에 얼마나 무능하게 느꼈는지 탐색한다. 내담자는 긍정적인 면에 머무르지 못한다.

"잠깐만요. 저……." 수퍼바이저가 말한다. "영상을 잠시 멈출 수 있을까요? 내담자가 박사학위를 취득하지 않았나요?" 우리는 영상을 멈추고 이야기한다.

"네." 치료자이자 수퍼바이지가 말한다. "네."(둘 다 웃음)

"이건 정말 웃겨요." 수퍼바이지가 말한다. "아, 불안한 느낌과 함께 '이제 그만해도 될 것 같아'라는 생각이 들었어요."

"오, 네……. 말해 봐요." 수퍼바이저가 말한다.

"계속할 수 있었어요. 하, 지금은 매우 분명하게 보여요."

"다시 한번 볼까요." 수퍼바이저가 제안한다.

그들은 2분간의 영상을 다시 보고 이야기한다. "와우." 수퍼바이지가 말한다. "우리가 너무 긍정적이면 내담자가 떠날까 봐 두려웠어요."

"와우." 수퍼바이저가 대답한다.

"그리고" 수퍼바이지가 이어 말한다. "우리 집에 애가 다섯 명이었기 때문에 서로에게 양보해야 했어요. 이제야 이걸 배우고 있네요." 수퍼바이지가 짐을 싸기 시작한다.

"아, 잠시만요. 우리에게 시간이 있어요." 수퍼바이저가 말한다. "우리에게 거의 10분이나 남았어요."

"오," 수퍼바이지가 말한다. "또 그런 느낌이 들었어요. '이제 그만해도 될 것 같아'라고 생각했어요."

"지금 그 감정 안에 조금 더 머물러도 괜찮을까요?" 수퍼바이저가 묻는다. **[허락을 구한다.]**

수퍼비전이 거의 끝나 갈 무렵, 수퍼바이저와 수퍼바이지는 작별 인사를 나눈다. 시간적 여유가 있고, 시계가 우리 둘의 눈높이에 있다. 수퍼바이지가 "그럼 이만……." 거의 수퍼바이저를 지나쳐 나가려 하며 말한다. "잠깐만요. 우리가…… 잠깐만이라도 더 같이 있어도 될까요?" **[허락을 구한다.]**

수퍼바이지가 말한다. "아아, 또 그 느낌이 들어요. '이제 그만해도 될 것 같아.'"

"당신에게 주어진 할당량이군요." 수퍼바이저가 손을 모아 함께 하는 제스처를 하며 말한다. "어렸을 때 형제가 다섯이었고, 당신 몫은 딱 이만큼이었죠."

"맞아요! 제 몫, 제 할당량이요." 수퍼바이지가 말한다.

"그럼 우리 그걸 조금만 더 늘릴 수 있을까요?" 수퍼바이저가 손으로 만든 컵 모양을 벌리며 말한다.

두 사람은 함께 웃었고, 수퍼바이지는 잠시 멈춰 그 순간에 머물려고 노력한다. "이건 정말 어렵네요." 그녀가 말한다.

"나도 알아요." 수퍼바이저가 말한다. "그래서 우리가 지금 이렇게 딱 몇 초만 더 같이 해 보는 거예요. 이게 어렵다는 것…… 저도 알아요. 지금은 어떤가요?"

"불편해요! 근데…… 좋아요!" 두 사람은 눈을 마주치고 함께 웃는다.

이 장면은 치료적 순간이자 학습 포인트(teaching point)일 뿐만 아니라, 병행 과정(parallel process)의 한 예이기도 하다. 수퍼바이지가 성장시키고자 하는 수용 능력(receptive capacity)이, 바로 내담자에게 길러 주려는 그 능력과 거의 동일하다는 점은 공명, 우뇌와 우뇌 간의 의사소통, 거울 뉴런의 작용이 지닌 묘한 특성이다. 수용 능력이란 우리가 수퍼바이지에게 제공하는 어떤 경험이든 받아들이고 머무를 수 있는 능력이며, 그 순간에 함께 머무르고, 조금씩 그 범위를 늘려 가려는 시도를 통해 확장된다.

결론

이 장은 AEDP 수퍼비전의 두 가지 실제 장면으로 시작되었다. 우리는 위험을 감수하고, 도파민이 풍부하며, 학습에 개방적인 상태를 장려하기 위해 긍정적인 관계 경험의 중요성을 강조하였다.

그런 다음 AEDP의 일곱 가지 핵심 개념을 소개하였다.

- 고립감의 해소
- 변화 동력과 긍정적인 것을 우선시하기
- 인정하기, 축하하기, 기뻐하기
- 매 순간 추적하기, 암묵적인 것을 명시화하고 구체화하기
- 메타치료적 프로세싱과 메타프로세싱
- 변형 과정에 대한 네 가지 상태 지도
- 진정한 자기, 진정한 타인, 순간의 필요에 대한 반응성

또한 경험 삼각형(triangle of experience)의 개념과 그것을 수퍼비전에서 어떻게 활용할 수 있는지를 설명하였다. 마지막으로, 수퍼비전에서의 치료적 순간을 학습의 기회로 전환하는 방법 그리고 새롭고 예상치 못한 경험을 인식하고 그것을 수퍼바이지의 성장을 위한 자원으로 삼는 방법을 다루며 장을 마무리하였다. 2장에서는 이러한 개념들을 구체적인 실천 기술로 전환하여 소개할 것이다.

제 2 장

AEDP 수퍼비전의 필수 기술

이 장에서는 이론을 임상 실천으로 전환하는 데 필요한 기술의 개요를 설명한다. 먼저 수퍼비전 관계에서 관계의 역할과 수퍼바이저의 태도를 다룬다. 이어서 우리가 무엇을, 어떻게 가르치는지 속성경험적 역동심리치료(AEDP)의 핵심 기술과 개입 언어 등을 포함하여 안내한다. 특히 AEDP에서 수퍼비전으로 직접 가져온 경험적 기법을 강조한다.

관계의 역할이 핵심이다

수퍼비전에서 관계가 중요하다는 점은 이미 여러 연구에서 널리 인정되어 왔다(Angus & Kagan, 2007; Budge & Wampold, 2015; Ellis & Ladany, 1997; Watkins, 2012; Watkins et al., 2015; Watkins & Milne, 2014). 그러나 AEDP 치료와 수퍼비전에서 독특한 점은 우리가 관계적 경험을 다루는 방식에 있다. AEDP에서는 관계와 관계 맺기의 경험을 명시화하고, 이 경험을 경험적(즉, 절차적 지식)으로 그

리고 성찰적(즉, 선언적 지식)으로 두 차원에서 다룬다(Binder, 1993; Watkins, 2012). 관계를 활용하는 것은 우리가 명시적으로 가르치는 특정한 기술 세트이다(Levenson, 1995). "지금 저에 대해 어떤 반응을 하고 있습니까?" "지금 저를 어떻게 경험하고 계신가요?" "지금 이 순간, 저에 대해 어떤 느낌이 드시나요?"와 같은 질문들이 효과적인 개입으로 사용된다. AEDP가 심리치료 분야에 기여한 중요한 공헌 중 하나는 치료자 혹은 수퍼바이저의 '자기 자신'과 그 경험을 명시적으로 사용하는 다양한 방식을 체계화하였다는 점이다.

이론적으로 관계는 변화를 이끄는 매개체이다(Lipton & Fosha, 2011). 경험적으로는, 수퍼바이저인 우리가 수퍼바이저-수퍼바이지 간 실제 관계에서 살아 있는 생생한 경험들을 활용하여 변화를 촉진한다. 이 관계는 다층적이다. 수퍼바이저와 수퍼바이지 간의 관계, 수퍼바이지(치료자)와 내담자 간의 관계, 그리고 그 과정을 통해 수퍼바이저와 내담자 간에도 관계가 형성된다. 수퍼비전이 잘 이루어질 때에는 세 사람, 즉 내담자, 치료자, 수퍼바이저 모두 관계 속에 있으며, 그 관계를 통해 학습하고 변화하며 전환한다. 한 AEDP 초심자인 경력이 많은 임상가는 이렇게 말하였다.

> 지금까지 내가 받은 모든 훈련은 어떻게 나 자신이 상담실 안에서 존재감을 드러내지 않고, 관계에서 한발 물러서는지에 관한 것이었습니다. 그런데 이제는 신경정서과학과 애착 이론이, 치유의 핵심은 바로 그 관계 자체라고 말하고 있습니다. 저도 그게 옳다고 느껴지고, 그렇게 하고 싶고, 또 해야 한다는 것도 알겠어요. 그런데 그걸 어떻게 해야 할지를 모르겠습니다.

존재하는 방식: "나는 상호작용한다, 고로 존재한다." (Tronick, 1998)

수퍼바이저의 연결하고자 하는 의지, 매 순간의 필요에 민감하게 반응하는 능력 그리고 AEDP에 대한 지식과 전문성, 임상 경험이 합쳐져 '충분히 좋은 수퍼바이저(good enough supervisor)'를 만든다(이는 Winnicott이 1960년에 말한 '충분히 좋은 어머니'를 차용한 개념임). 수퍼바이저와 수퍼바이지가 진정성 있게 관계에 임하고, 수퍼바이지가 자신의 필요를 표현하는 위험을 감수하며, 수퍼바이저가 그 필요에 즉각적으로 반응할 때, 즉 순간의 필요에 대한 반응성이 실현될 때, 우리는 이를 진정한 자기와 진정한 타인 간의 관계 맺기(true self–true other relating)라고 일컫는다(Fosha, 2000b, 2005). 이러한 순간에 수퍼바이저는 수퍼바이지의 진정한 자기에 반응하는 진정한 타인이 되고, 수퍼바이지 역시 자신의 내담자에게 동일한 방식으로 진정한 타인이 된다(Prenn & Slatus, 2014; Jessica Slatus의 개념인 [그림 2–1] 참고).

수퍼바이지와 수퍼바이저가 함께 경험하는 진정한 자기–진정한 타인 간의 관계 경험은 공동으로 구축한 것이다. 이러한 경험은 안전감과 안정성을 높여 주고, 더 깊은 탐색과 더 큰 도전을 감수하게 할 수 있다. 애착 관계, 즉 안전 기지(secure base; Bowlby, 1988)는 우리가 반복해서 진심으로 다가가고 도우려 노력하는 살아 있는 순간들을 통해 끊임없이 확인되고 새롭게 형성된다. 이 관계 속에서 생겨나는 정서적 안정감을 언어로 표현한다면, 다음과 같을 것이다.

> 나는 수퍼바이저 앞에서 감정을 있는 그대로 표현할 수 있고, 수퍼바이저는 나를 도와줄 것이다. 수퍼바이저는 나를 이해하고, 내 어려움을 정상적인 것으로 여겨 줄 것이며, 우리는 함께 내가 무엇을 하고 있는지, 무엇을 해야 할지를 추적해 나갈 것이다. 수퍼바이저는 잘 되고 있는 부분을 짚어 주고, 본인의 아이디어도 더해 줄 것이다. 그렇게 나는 치료자로서의 나 자신을 더 확장해 나갈 수 있을 것이다.

AEDP 치료는 본질적으로 변형을 목표로 한다. 이와 마찬가지로 무엇보다도 경험을 가장 중요시하는 AEDP 수퍼비전도 변형적 수퍼비전을 지향한다. Eileen Russell(2015)은 정신분석가 Christopher Bollas(1987)의 개념을 인용하면서, 어머니가 아기의 변형된 자기, 혹은 변형 중인 자기(self-in-transition)에 대한 변형적 타인(transformational other)이 되는 것에 대해 설명한 바 있다. Russell은 Bollas의 개념을 확장하여, 치료자를 내담자의 변형 중인 자기에 대한 변형적 타인으로 언급하였다. 여기서 우리는 이 개념을 수퍼비전 과정으로 확장하고 있다. 수퍼바이저는 수퍼비전 맥락 안에서

[그림 2-1] 진정한 타인-진정한 자기로서의 수퍼바이저 역할

변형 중인 수퍼바이지의 자기에게 변형을 일으키는 타인이 된다. 그리고 수퍼바이지 역시 내담자의 변형 중인 자기에게 변형적 타인이 된다. 이처럼 AEDP에서는 변형적 타인인 수퍼바이저, 변형 중인 자기이자 또 다른 변형적 타인인 수퍼바이지(치료자), 변형 중인 자기인 내담자의 삼자 관계가 존재한다고 설명한다.

"이상적인 수퍼바이저는 높은 수준의 공감, 이해, 무조건적인 긍정적 존중, 유연성, 관심, 주의, 헌신, 호기심, 개방성을 갖춘 사람이다"(Carifio & Hess, 1987, p. 244). 이러한 특성은 종종 개인적인 성향으로 여겨질 수 있으며, 마치 '수퍼바이저는 타고나는 것'처럼 보이게 할 수도 있다. 그러나 AEDP 이론에는 이런 존재 방식(어떻게 '되어야' 하는지)과 실천 방식(어떻게 '수행해야' 하는지)을 구체적으로 안내하는 태도와 관계 기술이 체계적으로 포함되어 있다. AEDP의 틀은 임상가가 단지 기술을 배우는 것에 그치지 않고, 이러한 인간적인 역량을 함께 길러 낼 수 있도록 돕는다. 우리는 이러한 방식으로 존재하기 위해 구체적인 행동을 할 수 있고, 이러한 특성을 표현하는 특정한 언어도 사용할 수 있다.

AEDP 수퍼비전이 취하는 태도

수퍼바이저의 여러 개별 행동들은 성격적 특성이기도 하지만, AEDP의 태도와 기법을 통해 충분히 가르칠 수 있다(Fosha, 2008). 이런 행동들에는 친절함, 진실성, 현재에 머무르기, 관대함(Pizer, 2012), 함께 있기, 긍정적인 분위기와 상호작용 촉진하기, 긍정적 상호작용을 공동으로 창조하기, 스트레스가 많고 부정적인 분위기의 상호작용 회복하기 등이 포함된다(Schore, 2001). 이러한 행동들을 가르친다는 것은 단순한 '거울 반응(mirroring)'을 넘어서, 양자적 감정 조절(dyadic affect regulation)에 적극적으로 참여하는 것을 의미한다(Fosha, 2000b). 구체적으로는 옥시토신을 유발하는 방식으로 행동하기, 눈 맞춤과 시선을 활용하고 조절하기, 부드럽게 대하기, 진정성이 결여되었던 순간을 인정하고 책임지기(Ferenczi, 1933), 내담자가 자신이 치료자의 마음과 가슴속에 존재한다고 느끼도록 촉진하기(Fosha, 2000b, Fonagy et al., 1991에서 적용) 등과 같은 방식이 있다.

수퍼바이저는 수퍼바이지를 환영하고, 수퍼바이지의 구체적인 점들에 기쁨을 표현하며, 이미 잘하고 있는 모든 부분을 인정하고 타당화하며 고마움을 전함으로써 AEDP 치료적 태도를 모델링한다. AEDP 치료자와 마찬가지로 AEDP 수퍼바이저는 따뜻하게 맞이하고, 인정하고, 타당화하고, 자기개방을 하고, 기뻐하고, 축하하고, 협력적이고, 취약성을 드러낼 줄 알고, 방어적이지 않고 개방적이며, 민감하게 반응한다. 무엇보다도 수퍼바이저는 진심으로 관계를 맺고 도우려는 마음을 지닌 사람이다.

수퍼비전 기술

일부 개념은 AEDP 수퍼바이저가 목표로 하는 수퍼바이저가 되기 위해 무엇을 하고, 어떤 말을 해야 하는지 가르쳐 주는 구체적인 기법이나 기술로 쉽게 전환되어 있다. 여기에는 실제 개입에 사용되는 언어들이 포함되어 있어 우리가 다루고 있는 기술들을 실

제 수퍼비전 장면에 적용할 수 있다. 또한 각 개념이 어떻게 사용하기 쉬운 기술로 세분화되어 수퍼비전 회기에 손쉽게 통합될 수 있는지 그 방법도 확인할 수 있다. 이러한 기술을 다섯 가지 범주, 즉 경험적 기술, 긍정적인 것을 우선시하기, 관계적 기술, 감정/정서 중심 기술, 통합적/성찰적 기술로 나누어 살펴보고자 한다.

경험적 기술

속도 줄이기: 천천히 진행하기

경험적인 작업에서 기본 기술은 속도를 줄여 천천히 진행하는 것이다. 수퍼바이지는 자신의 내면 경험을 인식하고 배워 가기 위해 속도를 늦춰 가야 한다. 이 과정을 시작할 때 사용할 수 있는 표현들은 다음과 같다.

이 부분을 좀 천천히 가 보죠.

여기서 한번 숨을 쉬어 볼까요.

우리에겐 시간이 있어요.

잠시 멈춰 볼게요.

음…… 여기에 많은 것이 담겨 있네요.

다시 돌아가 보죠.

여기 머물러 봅시다.

이걸 그냥 지나치지 말고 함께 있어 봅시다.

이걸…… 해 봐도 괜찮을까요?

수퍼바이저는 다음과 같이 명시적으로나 암묵적으로 그가 어떻게 도울 수 있는지 안다고 말한다. "진행 속도가 너무 빠른 것 같네요." "천천히 가 봅시다."

수퍼바이저는 무엇을 해야 하는지 알고 있으며, 적극적으로 돕고 도와주기를 원한다. 이때 질문보다는 진술이 더 효과적인 경우가 많다. 또한 비언어적인 행동도 매우 중요하다. 예를 들어, 수퍼바이저 스스로 천천히 숨을 들이쉬고 내쉬거나, 말의 속도를 늦추거나, 손으로 '천천히'라는 제스처를 하거나, 의도적으로 호흡하는 모습을 보여 주는 것만으로도 도움이 된다.

경험적 언어 사용하기

우리는 수퍼바이지와의 작업에서 경험적인 언어를 사용하려고 하며, 수퍼바이지가 내담자와의 치료에서도 이 언어를 사용할 수 있도록 지도한다. 경험적 언어는 삼각형 모형의 꼭대기(상태 1: 전전두엽 기반의 사고 상태)에서 아래쪽(상태 2: 변연계 기반의 정서 경험 상태)으로 이동할 때 주로 사용된다([그림 1-2] 참조). 수퍼비전과 치료에서 한 가지 이상의 목소리 톤을 사용한다. 하나는 일상적이고 사회적인, '삼각형 꼭대기'의 목소리 톤이고, 다른 하나는 치료 회기에서 공유되는 감정과 정서 상태가 담긴 보다 낮은 목소리 톤이다(Schore, 2001; Schore, 2009). 경험적 언어의 사용은 단어뿐만 아니라 말투, 속도, 음조, 억양 등도 포함되는데, 우리는 말의 속도를 늦추고, 목소리를 낮추려 한다. 이는 수퍼바이저의 내적 이완에서 자연스럽게 비롯된다. 경험적 언어의 목적은 수퍼바이지와 내담자가 좌뇌 중심의 사고에서 우뇌 중심의 체화된 감각과 느낌으로 이동할 수 있도록 돕는 것이다. 이를 위해 가능한 한 짧고 단음절의 단어를 사용하고, 한 번에 하나의 개입만 시도하며, '추계(autumn)' 대신에 '가을(fall)', '위(stomach)' 대신에 '배(belly)', '흥미롭다(interesting)'보다는 '중요하다(important)'와 같은 게르만어의 일상적 단어를 사용하려고 노력한다. 또한 애착 관계를 형성하고 심화하는 데 특히 효과적인 개입 표현들이 있다. 엄청나다(huge), 와우(wow), 이건 큰일이다(this is big) 같은 단음절 감탄사는 그 자체로 강한 정서적 공명을 불러일으킬 수 있다. 수퍼바이저나 치료자가 의도적으로 모호한 표현을 사용할 때, 수퍼바이지나 내담자의 경험을 위한 공간이 마련되기도 한다. '여기서 무언가 올라오고 있네요(something's coming up here).' '여기 뭔가가 많이 있네요(a lot here…).' 같은 다목적 문장은 그 순간의 정서적 흐름을 잡아 주며, 상대의 내면 탐색을 유도하는 데 효과적이다.

개입의 언어

우리는 애착 관계를 명시적으로 드러내고자 하며, 이를 위해 수퍼바이지의 편안함 수준에 따라 경험적 애착 언어의 '친밀감'과 '관계성'을 조정할 필요가 있다. 어떤 수퍼바이지에게는 우리(we)라는 말이 처음에는 너무 친밀하게 느껴질 수 있다. '이건 감동적이네요(this is moving)'라는 추상적이고 덜 개인적인 표현과 '당신에게 감동받았어요(I feel moved by you)'라는 보다 직접적이고 개인적인 표현 사이의 차이를 주목해 보자. 개입에서 1인칭과 2인칭 대명사(you, I, we, us)를 제거하면, 관계적 온도를 낮추게 된다. 반면, 이러한 대명사를 포함하면, 관계의 강도가 높아지고 더욱 명시적이고 경험적인 개입을 할 수 있다. 우리가 개입을 어떻게 표현하는지가 매우 중요하다. 다시 한번 다음 두 표현의 차이를 살펴보자.

> "우리가 함께 이 작업을 해 나가고 있어요(we are working on this together)."/ "우리 함께 해 봅시다(let's work on this together)."
> "이번 수퍼비전의 목표는 다음과 같습니다(these are the stated goals of this supervision)."

전자의 표현은 명시적인 애착 표현이며, 정서적 참여를 촉진한다. 반면, 후자의 표현은 거리감을 조성하고 관계성을 약화한다. 즉, 개입의 언어는 단순한 전달 수단이 아니라 관계의 온도를 조절하고 정서적 연결을 형성하는 핵심 도구이다.

매 순간 추적하기

이 기술은 다면적인 능력을 요구한다. 수퍼비전에서의 매 순간 추적하기란 지금-여기의 수퍼바이지 경험에 아주 밀착하여 정밀하게 주의를 기울이는, 일종의 미시적 관찰(microtracking)이다. 우리가 관찰하고 추적하는 것은 무엇일까? 바로 자세, 움직임, 긴장과 이완, 표정, 눈 맞춤의 변화, 말의 내용, 어조, 목소리의 크기, 속도, 말의 일관성, 호흡 등이다. AEDP의 기술 훈련은 개입을 순차적으로 익히고, 한 번에 하나의 실행 가능한 기술로 나누어 학습하는 방식으로 이루어진다. 말에 주의를 기울이고, 상황을 파악하여 해석하고, 이해하는 방식으로 훈련받아 온 치료자는 매 순간 추적한다는 개념이 부담스럽게 느껴질 수 있다. 그래서 우리는 이것을 세분화하여, 초심 AEDP 치료자에게 1주일 동안 몸의 움직임만 추적하도록 제안한다. 예를 들어, "이번 주에는 몸의 움직임만 추적해 보세요. 회기마다 한두 번, 내담자의 손, 팔, 다리, 발을 유심히 관찰하고 그 움직임의 변화를 느껴 보세요. 이번 주에는 관찰력과 감지력을 기르는 데 집중해 봅시다. 그것만 해 보면 돼요." 이런 방식은 수퍼바이지가 매주 연습할 수 있는 일종의 '과제'가 된다.

다음 단계에서는 표현 기술을 통해 개입하는 기술을 다룬다. 수퍼바이저는 수퍼바이지에게 이렇게 말한다.

> 우리가 본 것을 내담자에게 어떻게 말로 표현할 수 있을지 한번 연습해 봅시다. 질문보다는 진술부터 시작해 봐요. 예를 들어, "당신의 발이 어떤 이야기를 하고 있네요." "그것에 당신의 발이 반응했어요." "발이 움직이고 있네요." "와우, 당신의 발 그리고 이제 제 발까지…… 우리가 이야기하면서 많은 에너지가 흐르네요."

회기 중간중간에 매 순간 추적하기 진술을 섞어 넣는 것은 경험 중심의 신체 기반 심리치료를 시작하는 데 매우 효과적인 방법이다. 이것은 조용하고 주목받지 않게 '나는 주목하고 있다'고 말하는 방법이다. 이는 간접적인 자기개방이기도 하다. 즉, 나는 '관찰하는 사람'이라는 정체성을 드러내는 것이다. 우리는 비언어적 행동들을 관찰하고 언어로 표현한다. 예를 들어, "주먹을 쥐셨어요." "당신의 손이 무언가 말하고 있네요." "오늘은 손이 많이 표현적이네요."(이때 수퍼바이저도 같은 손짓을 따라 해 볼 수 있다.) "저도 많이 움직이고 있네요. 방금 알아챘어요." "음…… 당신의 손이 무엇을 말하는지 궁금하네요." 그런 다음, 다음과 같이 관계의 탐색이 시작된다. "제가 당신을 이렇게 조심스럽게 알아차린다는 느낌은 어떤가요?" 가능하다면, 알아차리기(noticing)와 그 경험을 메타프로세싱하기라는 **이중 개입**(two-step intervention)을 사용할 수 있다.

다음으로, 우리는 내담자에게 더 많은 반응을 요청하는 질문 기술을 가르친다. "당신의 발이 뭐라고 말하고 있을까요?" "멈추지 마세요. 발이 말하고 있어요! 우리에게 도움을 주고 있어요." "만약 우리가 당신의 발에 마이크를 가져다 놓고 (생각하지 않은 채로) 당신이 말하기만 한다면, 나는 발이 하는 첫 말이 무엇일지 궁금하네요?" 이것은 수퍼비전에서 기술을 발전시키는 방법이다.

대부분의 수퍼바이지는 특정 기술을 시도한 후 몇 주 동안 해 보고 수퍼비전에 온다. 만약 그 기술을 성공적으로 사용해 보았다면, 그 성공을 기반으로 새로운 기술을 계속 추가한다. 반대로 어떤 기술을 시도하지 못했거나 어려움을 느꼈다면, 우리는 함께 호기심을 가지고 무슨 일이 있었는지를 탐색한다. 우리는 수퍼비전 회기 자체의 '지금-여기'에서 함께 연습한다. 수퍼바이지의 비언어적 표현을 방해하지 않도록 조심스럽게 매 순간 추적하고, 우리가 관찰한 것을 명시적으로 표현한다. "지금 미소 지으셨네요! 얼굴이 환해졌어요." "이마를 찌푸리셨어요…… 무언가가 있어요." 이렇게 함으로써, 회기 중에 우리는 수퍼바이지에게 기술을 받아들이는 경험을 제공할 수 있다.

암묵적인 것을 명시적이고 구체적으로, 그리고 명시적인 것을 경험적으로 만들기

우리가 암묵적인 것을 명시적이고 구체적으로 만드는 순간, 그 안에서 실제로 어떤 경험이 일어나고 있는지 비춰 볼 수 있다. 우리는 이 모든 절차적인 소리를 작업의 배경에만 묻어 두지 않는다. 오히려 그것들을 전면으로 가져온다. 이처럼 암묵적인 것을 의식의 전면으로 드러내는 작업이야말로 지금 이 순간 속으로 작업을 가져오며, 새로운 경험이 일어날 가능성을 열어 준다. 우리는 수퍼바이지가 자기 자신과 어떻게 관계 맺고 있는지, 또 우리와는 어떤 관계를 맺고 있는지를 주의 깊게 살피고, 이 순간 함께 있는 경험에 초점을 맞춘다. 그럼으로써 AEDP 치료의 핵심 과정을 수퍼비전 장면에서 그대로 모델링한다. 이를 위해 우리는 수퍼바이지에게 구체적인 세부 사항을 요청하고, 수퍼바이지도 자신의 내담자에게 그것을 요청할 수 있도록 훈련한다. 왜냐하면 경험의 구체적인 사례와 세부 사항에서야말로 사람 간 상호작용의 절차적 방식(procedural ways)이 가장 선명하게 드러나기 때문이다.

진입 지점

우리가 속도를 늦추고 매 순간을 추적할 때, 그 과정을 통해 개입할 수 있는 지점을 찾게 된다. 우리는 이를 진입 지점(entry points)이라고 부른다. 내면에서 혹은 수퍼바이저와 수퍼바이지 사이에서 어떤 감정적이거나 관계적인 변화의 기미가 포착될 때, 그것은 반드시 주목하고 붙잡아야 할 순간이다(Frederick, 2005). 이때 우리는 수퍼비전을 잠시 멈춘다. 이러한 순간을 붙잡고, 확인하고, 표시하고, 함께 이야기하고, 각인하는 것이 중요하다. 수퍼바이지가 어떤 행동을 했고, 그것이 정말 효과가 있었다면, 이는 상태 전환과 관련된 변화가 일어난 순간이기 때문에 중요하다. 우리는 무슨 일이 왜 일어났는지 알아차리고, 붙잡고, 머물러 이해하면서 그러한 경험이 더 자주 일어나도록 돕는다. 이러한 순간에 작업을 멈추고 메타프로세싱을 하는 것이 매우 중요하다.

허락 구하기

경험적 치료에서의 일반적인 원칙은 열린 질문을 사용하는 것이며, 단순히 예/아니요로 대답할 수 있는 질문을 피하는 것이다. 이는 AEDP에서도 마찬가지이지만, 가장 중요한 개입 중 하나인 허락을 구할 때는 예외이다. 이때는 "괜찮으실까요?" "이걸 함께 해 봐도 될까요?" "이 부분을 계속 다뤄 봐도 괜찮을까요?" "함께 이걸 들여다보는 것이 괜찮으세요?"라고 질문한다. 이 개입은 치료적 안전감을 증진하기 위해 매우 중요하며, 진행하기 전에 명확히 "네"라고 하거나 고개를 끄덕이는 것으로 동의를 얻어야 한다. AEDP를 처음 배우는 치료자들이 자주 범하는 실수 중 하나는 충분히 자주 허락을 구하지 않는 것이다. 수퍼바이지가 진짜로 "아니요"라고 말할 수 있는 공간을 마련해 주는 것도 중요하다. 그럴 때는 "저한테 '아니요'라고 말씀하실 만큼 편안하신가요?" "'아니요'라고 해도 괜찮아요……. 그걸 알고 계시죠?"와 같은 표현이 효과적이다.

현상학의 활용: AEDP 도식은 작업의 기준점이 된다

우리는 경험의 현상학(phenomenology of experience)을 나침반

삼아 작업을 이끌어 간다. 경험 삼각형(triangle of experience)과 변형 과정의 네 가지 상태(four states of the transformational process)는 AEDP의 모든 작업에서 중심이 되는 도식이다([그림 1-1]과 [그림 1-2] 참조). 그렇다면 수퍼비전에서는 이 도식들과 함께 어떤 기술들이 사용될까? 우리는 수퍼바이지와 함께 내담자의 방어, 불안, 감정을 지도처럼 그려 보기 위해 삼각형을 그리고, 네 가지 상태 모델을 사용해 현재 일어나고 있는 현상을 설명한다. 예를 들어, 수퍼바이지에게 이렇게 묻는다. "지금 우리는 삼각형의 어디에 있나요?" "당신의 내담자는 지금 어떤 상태에 있나요?" 이때 우리의 목표는 거의 항상 상단에서 하단으로, 즉 삼각형의 꼭대기인 상태 1에서 시작해, 상태 2의 정서적 경험 상태를 거쳐, 상태 3의 변형적 감정(변화의 정서적 반응) 상태로 내려가고, 마침내 상태 4의 통합과 공고화의 상태에 도달하는 것이다.

중단하기(interruption). AEDP에서는 자신의 주관성을 드러내는 것을 중요하게 여긴다. 즉, "제가 느끼기에……." "제가 보기에는……." "제가 지금 생각나는 건……."과 같은 표현을 사용하여 자신의 내면 경험을 명시적으로 언급한다. 때로는 개입을 시도하다가 중간에 방향을 수정하는 방식으로 주관성과 개입의 융통성을 동시에 드러낸다.

> 지금 당신의 내담자를 보면서 제가 보고 느끼는 건요……. 잠깐만요, 제 안을 다시 살펴볼게요. 뭔가 맞지 않는 것 같아요. 잠깐 멈춰도 괜찮을까요? 이 말을 하면서, 제 안에서 또 다른 반응이 올

라오고 있네요.

이렇게 "이 말을 하면서 보니, 뭔가 맞지 않는 것 같네요"와 같이 자신의 내면 경험을 말로 표현하면서 동시에 수정하는 것이 중단하기 기법이다. 수퍼바이저로서 스스로를 중단하는 것은 생각을 공개적으로 할 수 있고, 어떤 하나의 생각에 너무 집착하지 않는 것이 중요하다는 점을 모델링할 수 있기 때문에 유용하다. 이 기법은 치료 장면에서도 유용하다. 예컨대, 말을 꺼냈지만 뭔가 부정확하게 느껴질 때(Bollas, 1987), 또는 내담자가 감정을 표현하기 시작할 때 이를 놓치지 않도록 중단하고 돌볼 수 있다.

완료하기(completion). "그것을 마저 이야기하세요"라고 하면서 지금 하고 있는 말을 마무리하도록 한다. 감정적으로 취약하고, 불안이 활성화된 순간에는 인지적 중단이 더 자주 사용된다. 이럴 때 수퍼바이지나 내담자는 말을 시작해 놓고 멈추는 경우가 많다. 이런 순간에는 완료하기 기법을 사용한다. 예를 들어, "나는 두려워요……." "거기서 멈췄네요. 이어서 말해 볼까요?" "나는…… 그녀가 나한테 화낼까 봐 무서워요." "조금 더 이야기해 줄 수 있을까요?"라고 질문해 본다.

시간을 정해 담아내기(contain with a time limit). 허락을 구할 때는, 짧게 시간 제한을 두어 구조화하고 정서적 작업을 '담아내는' 것도 유용하다. "이 부분을 함께 5분 정도만 다뤄 봐도 괜찮을까요?"

긍정적인 것을 우선시하기

흥분, 기쁨, 성공을 탐색하고 확장하며 활용하기

AEDP에서는 긍정적인 것을 우선시하는 철학 아래, 긍정적인 조율과 긍정적인 상호작용을 탐색하고, 확장하고, 명시적으로 함께 누리는 것을 지향한다. 만약 상호작용에서 단절이 일어나거나 부정적인 유인가가 감지되면, 우리는 그 즉시 그리고 꾸준하게 관계를 회복하기 위해 개입하여 다시금 좋은 느낌의 조화된 상태를 회복하고자 한다. 새로운 방식으로 일하는 것을 배우는 것은 어렵지만, 우리는 어려운 것을 함께 마주하고, 그 과정에서 생겨나는 호기심, 흥분, 성공이라는 긍정적 감정에 초점을 맞춘다. 이러한 감정들은 단지 기분을 좋게 만드는 것을 넘어서, 실제로 기억력 향상, 인지적 유연성, 창의성을 촉진하는 중요한 역할을 한다는 것을 우리는 알고 있다(Fosha, 2007, 2009a; Russell, 2015; Russell & Fosha, 2008).

환영하기, 인정하기, 타당화하기, 기뻐하기, 함께 축하하기

무엇보다 중요한 것은, 수퍼바이지가 잘하고 있는 부분을 명시적이고 구체적으로 인정하고 지지해 주는 것이다. 이것은 수퍼비전 안에서 수퍼바이지의 자신감을 키워 주는 방법이다. "당신은 이미 이걸 잘 해내고 있어요. 계속 그렇게 하세요. 그리고 더 자주 그렇게 하세요!"라고 말해 주는 것이다.

미국심리학회(APA)의 속성경험적 역동심리치료(AEDP) 수퍼비전 DVD(Fosha, 2016, https://www.apa.org/pubs/videos/4310958.aspx 참조)에 참여한 수퍼바이지 Michael Glavin은 이전에 AEDP가 아닌

수퍼비전 경험은 자신이 잘못하고 있는 것에 훨씬 더 초점이 맞춰져 있었다고 말했다. 임상 경험이 풍부하고 전달할 임상적 통찰이 많은 수퍼바이저일수록, 자기도 모르게 수퍼바이지를 부끄럽게 만들거나 위축시키는 방식으로 개입할 위험이 있다. 수퍼바이지는 그 위치상 경험이 적고, 도움과 안내를 구하는 존재이기 때문에 더욱 그러하다(Sarnat, 2016).

관계적 기술

애착: '우리-됨(we-ness)'의 관계

애착(attachment)이라는 큰 틀 아래에는 애착 이론을 임상 실천으로 구체화하는 다양한 관계 기술이 존재한다. 그중에서도 AEDP의 핵심 개념이자 실제 행동으로 실현 가능한 기술인 고립감 해소(undoing aloneness)는 매우 중요한 요소이다. 이와 관련된 개입 문장이나 질문들은 다음과 같다.

> 이걸 함께 들여다봐도 괜찮을까요?
>
> 저는 여기 있고, 듣고 있어요……. 더 이야기해 주세요…….
>
> 여기서 잠시 멈춰 봐도 괜찮을까요? 혹은 이 장면으로 다시 돌아가 볼까요?
>
> 지금 이 순간, 당신과 저는 어디에 있나요? 정말 힘든 순간이네요.

이와 동시에 비언어적 표현도 중요하다. 고개를 끄덕이거나 몸을 앞으로 기울이는 것처럼 집중하고 있다는 신호를 주는 신체 언어는 우리의 존재감을 암묵적이면서도 명시적으로 드러내 준다.

서로의 마음과 기억 속에 존재한다는 개념은 수퍼바이지의 과거와 내담자를 기억하고, 이를 명시적으로 표현함으로써 실제 행동으로 전환할 수 있다. 수퍼바이저로서 수퍼바이지에게 이렇게 이야기할 수 있다. "당신의 내담자를 기억해요. Martha(혹은 Jimmy나 Rob)의 이야기를 전에 들은 적 있어요. 당연히 기억하죠." "지난주에 연습하고 있었던 게 기억나요. 그 개입들을 실제로 해 보셨어요? Linda와의 치료 회기는 어땠나요? 이번 주는 Jack을 함께 살펴볼까요? 그리고 Linda와의 개입 경험을 세 문장 정도로만 이야기해 주세요."

수퍼바이지는 수퍼비전 회기에서 자신이 무엇을 경험하고 있는지 그리고 그 경험이 자신에게 어떤 감정을 일으키는지 말로 표현하도록 적극 권장받는다. 수퍼바이지가 수퍼바이저를 어떻게 경험하고, 수퍼비전을 어떻게 느끼는가는 양방향적 관계를 구축하는 데 필수적인 부분이다. 이 관계 속에서 양측 모두 보이고, 들리고, 느껴지는 경험을 해야 한다. 수퍼바이지는 이 관계에서 도움과 지지를 받고 있다고 느껴야 한다. 수퍼바이저가 "나는 이렇게 보는데, 당신은 어떻게 생각하세요?"라고 말하며 서로의 견해를 비교하도록 초대하는 것이 중요하다(Fosha & Slowiaczek, 1997, p. 239).

자기개방

치료나 수퍼비전 상황 모두에서 자기개방은 종종 치료자나 수퍼바이저를 긴장하게 한다. 이는 '중립적인 방식'이 가장 옳다는 생각이 강하게 자리 잡고 있기 때문이다. 그래서 먼저 **자기개방**이란 무엇인가 그리고 그것을 사용하는 이유(why)와 방법(how)에 대해 명확히 정의하는 것이 중요하다.

자기개방에는 두 가지 주요 형태가 있다. 첫 번째는 **자기 경험적 자기개방**(self-experiencing self-disclosure)이다. 이는 수퍼바이저가 회기 중에 혹은 회기 간에 자신의 감정과 내면적 과정을 드러내며 설명할 때 일어난다. 사실 우리의 상호작용 자체가 이미 우리를 드러낸다. 예를 들어, 슬픔을 감지하고 그것을 언급할 때, 우리는 슬픔을 인식하고 그 감정을 나눌 수 있는 사람이라는 점을 드러낸다. 반대로, 힘든 감정이 떠오르는 순간에 침묵한다면, 그것 역시 뭔가를 드러내는 행위다. "부재는 곧 존재이다"(Wachtel, 1997, p. 245)라는 말처럼 말이다. Greenberg와 Watson(2005)은 이것을 "모두 말하기(saying all of it)"라고 표현했다. 수퍼바이지에게 '화가 난다' '기쁘다' '거리감이 느껴진다'고 말하는 것만으로는 충분하지 않다. 우리는 수퍼바이지에게 구체적으로 어떤 내용 때문에 그렇게 느꼈는지, 내면에서 어떤 과정이 일어났는지를 모두 말해야 한다. 그렇게 할 때 암묵적인 것을 명시적이고 구체적인 것으로 전환할 수 있게 된다. 이러한 자기개방을 보여 주는 표현 예시는 다음과 같다. "제가 느끼기에…… 당신이 좀 멀어지는 것 같아요. 혹은 이완되거나, 가까워지거나, 뭔가 긴장되는 게 보여요." "제가 방금 뭔가를 느꼈어요……. 뭔가가 바뀐 것 같네요."

두 사람 사이의 경험을 심화하는 가장 빠른 방법은, 그중 한 사람이 개인적이고 감정이 담긴 이야기를 나누는 것이다(Prenn, 2009). 이처럼 자신의 실제 삶의 경험, 즉 성취, 취약함, 불확실함, 딜레마를 나누는 것을 **자기 공개적 자기개방**(self-revealing self-disclosure)이라고 한다. 이러한 자기개방은 안정 애착을 형성하는 개입이기도 하다. 보통 다음과 같은 언어로 시작된다. "저도 그런 감정을 느껴 본 적 있어요……." "개인적으로 저도 잘 알아요……." "우리의 삶의 이야기는 다르지만, 저도 실망/두려움/수치심이 어떤 감정인지 잘 알아요……." 수퍼바이저는 다음과 같이 수퍼바이지가 자신에게 미친 영향에 대해서도 솔직히 말할 수 있다. "이번 주에 당신 생각이 났어요. 저도 비슷한 내담자와 같은 지점에서 막혔는데, 지난주 당신과 나눈 대화 덕분에 훨씬 더 빨리 그 지점을 통과할 수 있었어요." 수퍼바이지도 내담자와의 작업에서 이러한 방식의 표현을 사용할 수 있다. "당신의 이야기에 감동받았어요……." "정말 감사해요. 당신이 그렇게 표현해 준 게 저에게 큰 울림을 줬어요……."

자기개방을 할 때는 취약함을 드러내는 것이 핵심이다. 한 수퍼바이지가 자신의 내담자가 치료를 그만두었다고 슬퍼하고 있다고 가정해 보자. 이 수퍼바이지는 내담자가 왜 떠났는지 궁금해하고 있다. 이때 수퍼바이저가 몸을 약간 앞으로 기울이며 자신도 두 번의 회기 후에 내담자가 떠난 적이 있는데, 왜 그랬는지 정말 모르겠다고 말할 수 있다. "여러 가지 생각이 들지만, 결국 이유는 알 수 없었어요"라고 한 후 이렇게 묻는다. "이런 이야기를 들으니까 어때요? 저 역시 이런 일을 경험했고, 사실 치료자라면 누구든 내담자가 한두 번, 혹은 열 번 회기 후에 떠나는 일이 있을 수 있어요. 그리고 그 이유를 항상 알 수 있는 것도 아니고요. 이걸 아는 건 당신에게 어떤 느낌인가요?" 이처럼 수퍼바이저가 자신도 불완전하고, 실수를 하고, 모르는 것이 많고, 취약하다는 것을 드러낼 때 우리는 더 깊고 변화가 일어나기 쉬운 공간으로 들어선다. 수퍼바이저도 모든 내담자와 완벽하게 일할 수 없다.

수퍼바이저는 메타프로세싱을 활용하여 수퍼바이지의 자기개방과 관련된 다양한 차원의 경험을 탐색할 수 있다. 이러한 개입 중 일부는 다음과 같이 메타인지적으로 설명될 수 있다. "그 생각을 하면 어떤 느낌인가요?" "내담자에게 자기개방하고 메타프로세싱까지 했다는 것을 어떻게 생각하세요?" "AEDP를 못 할 것 같다고 느끼다가, 어느새 이미 실천하고 있는 많은 모습을 알아차렸을 때, 어떤 느낌이 들었나요?" 다른 개입은 메타정서적, 즉 감정에 대한 감정을 인식하게 하는 질문이다. 예를 들어, "당신이 방금 묘사한 감사의 느낌이 어떤가요?" "자기 연민에 대한 이 느낌이 어떤가요?" "내담자가 전에 무감각해졌다고 했을 때 느껴진 슬픔은 무엇인가요?" 등이 있다. 또 다른 개입은 메타신체적 개입인데, "자리에서 더 높게 앉는 것이 어떤 느낌인가요?" "팔의 힘을 느끼는 것이 어떤 느낌인가요?" "지금 내면의 변화를 느끼는 것이 어떤 느낌인가요?" 등으로 표현할 수 있다. 마지막으로 메타치료적 개입도 있다. "저의 관심과 지지를 받는 느낌은 어떤가요?" "우리의 연결을 느끼는 것은 어떤가요?" "오늘 나와 함께 이 작업을 한 것에 대해 어떤가요?" 등이 있다. 이러한 질문들은 "어떤 느낌인가요?" "무엇에 주의하고 있나요?" "우리는 어떤가요?" 등의 질문으로 표현할 수도 있다(Lipton, 2013).

감정/정서 중심 기술

반영적 경청에서 경험적 탐색으로의 전환

경험적-역동적 작업은 반영적 경청과 반응에서 경험적 탐색으로의 전환을 의미한다. AEDP에서 가장 먼저 가르치는 기술 중 하나는 감정이 묻어 있는 단어, 즉 정서가 풍부한 단어를 포착하고 그것이 지닌 내면의 경험을 탐색하는 것이다. **감정이 묻어 있는 단어**(affect-laden word)란 '슬프다, 실망스럽다, 후회된다, 심장이 부서지는 것 같다, 답답하다'와 같이 감정이 살아 있는 단어들을 말한다. 예를 들어, 이 책에 수록된 DVD(Fosha, 2016)의 수퍼비전 회기와 3장에서 논의되는 장면에서는, 수퍼바이저가 '우물쭈물하는(squirmy)'이라는 단어에 주목하고 이를 감정이 포함된 단어로 간주하며, 풍부하고 생산적인 탐색의 진입 지점으로 삼는다. 어떤 단어든 특정한 경험을 묘사하면서도 강한 에너지 또는 에너지의 결여를 담고 있다면, 우리는 그것을 탐색의 중심에 둔다. 다른 치료 접근법에서 훈련받았거나 대학원 교육을 통해 배운 치료자들이 주로 사용하는 가장 일반적인 개입 방식은 반영적 반응과 설명이다. 그러나 AEDP에서는 내담자가 자신이 어떤 경험을 하고 있으며, 그것을 어떻게 경험하고 있는지를 아는 것이 가장 큰 도움이 된다고 본다. 이 핵심 기술이 바로 반영적 반응에서 경험적 작업으로의 전환이다.

이 두 가지 짧은 예시를 비교해 보자. 다음은 첫 번째 예시이다.

내담자 너무 슬퍼요.

치료자 슬프다고 느끼시는군요.

내담자 네, 정말 그래요. 희망이 없는 것 같아요.

치료자 지금은 희망이 없는 것같이 보이시는군요.

이런 종류의 번갈아 가며 하는 대화를 우리는 탁구 치듯이 오가

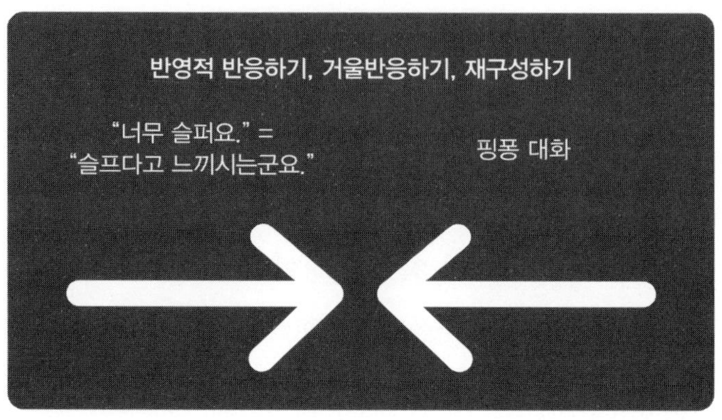

[그림 2-2] 반영적 반응하기, 거울반응하기, 재구성하기의 핑퐁 대화

는 **핑퐁 대화**라고 한다. 이는 감정을 내담자나 수퍼바이지에게 다시 돌려주는 방식이다.

반면, 다음 예시를 살펴보자([그림 2-2] 참조).

내담자 너무 슬퍼요.

치료자 그 슬픔은 어떤 느낌인가요?

내담자 으…… 희망이 없는 것 같아요.

치료자 그 희망 없는 느낌은 어떤 느낌인가요?

내담자 뭔가 무게가 느껴져요.

치료자 그걸 알아채셨다니 정말 좋네요. 그 무게감은 몸의 어디에서 느껴지시나요?([그림 2-3] 참조)

이 기술을 가르칠 때 우리는 수퍼바이지에게 이렇게 설명한다. 감정이 묻어 있는 단어를 하나라도 포착했다면, 그 단어를 그냥 흘

[그림 2-3] 감정이 묻어 있는 단어를 주의 깊게 포착하기
Copyright © 2016 by Viktor Koen. 허가를 받아 재인용

려보내지 말고 주의 깊게 포착하여, 그것이 어떤 느낌인지 탐색하라고 안내한다. 수퍼바이저가 이 기술을 먼저 시범 보일 수 있고, 비공식적인 과제를 통해 수퍼바이지가 이 기술을 실천하게 함으로써 기술과 이론 학습을 경험할 수 있다.

개입 시범 보이기

수퍼바이저 이걸 해 본다고 상상하면 어떤 느낌인가요?

수퍼바이지 약간 벅차게 느껴져요.

수퍼바이저 그 벅찬 느낌은 당신 안에서 어떤가요? 물어봐도 괜찮나요?

수퍼바이지 네, 물어보셔도 괜찮아요. 음…… 제 안에서 제가 움츠러드는 게 느껴져요.

수퍼바이저 그 느낌과 함께 있어도 괜찮을까요? 그 움츠러드는 느낌은 내 안에서 어떻게 느껴지시나요?

수퍼바이지 (가슴에 손을 대고) 바로 여기서 날벼락이 떨어지는 듯 한 감정…… 그리고 나는 할 수 없을 거라는 생각이 들어요. 그리고 AEDP 치료를 잘할 수 없을 것 같고, 선생님이 저를 좋아하지 않을 거라는 두려움이 들어요.

수퍼바이저 그렇군요, 좋아요. 그리고 저에게 그걸 알려 준 건 어떤 느낌인가요?

수퍼바이지 취약해진 느낌이에요.

수퍼바이저 그리고 저와 함께 그 취약함을 느끼는 건 어떤가요?

심상작업

심상작업(portrayal)은 AEDP 치료와 수퍼비전에서 정서적·표현적 역량을 키우고, 특정 관계의 역동을 탐색하기 위해 사용되는 구체적인 기법이다. 심상작업은 실제 있었던 장면일 수도, 상상 속의 장면일 수도 있으며, 과거, 현재, 미래의 장면을 포함할 수 있다. 이 장면 안에서 내담자나 수퍼바이지는 상상이라는 매개를 통해 회복적 경험을 하거나, 두려워 피했던 경험, 또는 간절히 바랐던 경험을 해 볼 수 있도록 초대된다. 이미지가 생생하고 구체적일수록 역동적-정서적 경험과의 연결도 깊어진다. 심상작업에서 사용되는 이미지와 은유는 실제 경험과 거의 비슷한 정도로 뇌의 여러 영역을 활성화한다(Pally, 2000, p. 33, p. 132). 회기 내 심상작업의 경험은 역동적 주제를 처리하는 데 도움을 줄 수 있고, 역전이 문제를 드러내는 데도 유용하다. 심상작업의 언어는 수퍼바이지의 경험적이고 정서적인 표현 레퍼토리를 확장한다. 수퍼바이지가 그동안 고통스러워하거나 두려워하거나 갈망했던 내용 때문에 내면적으로 회피해 왔던 사람, 감정, 상황을 점진적으로 마주하면서, 실제 치료 회기에서 내담자와 더 깊이 연결될 수 있는 역량이 향상된다. 결과적으로 심상작업은 수퍼바이지가 더 단호하고 자신감 있게 행동하고, 정서적으로 더 연결되며, 자기 자신을 위한 적응적인 행동을 취할 수 있도록 가능성을 열어 준다(Prenn, 2010).

AEDP 수퍼비전에서는 심상작업이라는 도구를 활용해 수퍼바이지가 내담자에게 할 수 있는 말의 가능성을 확장한다. 이것은 반응이나 해야 할 말을 만들어 내고, 이를 언어로 표현하며, 새롭고 표현력 있는 신경망을 구축하는 방법이다. 대표적인 개입 문장은 다음과 같다. "검열 없이 무엇이든 말하거나 행동할 수 있다면, 이 상황에 대해 내담자에게 당신의 감정을 어떻게 표현하고 싶나요?" 이 질문은 수퍼바이지가 상상 속에서라도 새로운 대처 방식을 경험해 보도록 이끌며, 현재 그들이 겪고 있는 임상적 딜레마에 대한 대안을 모색해 보도록 돕는다. 더 간단한 개입은 다음과 같은 형태이다. "그 상황에서 뭐라고 말해 볼 수 있을까요?"

다음에 등장하는 수퍼비전 장면에서는 인정, 시범 보이기(수퍼바이저가 개입을 직접 시연하거나 가능한 예시를 먼저 제시함), 허락 구하기, 상상력 활용하기 등의 기술들이 실제 어떻게 활용되는지 볼 수 있다.

수퍼바이저 Suzanna(내담자)에게 뭐라고 말해 볼 수 있을까요?
[심상작업의 시작과 시범 보이기]

수퍼바이지 잘 모르겠어요. 이 내담자는 너무 어려워요. 제가 뭘 해도 전부 피하거든요. 고개는 끄덕이고 감정이 있는 것처럼 들려요. 그래서 뭔가 연결되고, 뭔가 잡힌 것 같다고 느끼는 순간…… 그녀는 손을 휙 내젓거나 저를 무시하거나, "그렇지만!"이라고 말해요. 그러고는 곧장 자기 감정과 저로부터 멀어져 버려요. 저는 그녀를 너무나 좋아하고, 그녀가 그런 식으로 반응하게 된 맥락도 이해가 돼요. 그런데도 내담자에게 완전히 차단된 느낌이에요. 제 실력이 부족한 것 같아요. 도와주고 싶은데, 그녀가 저를 밀어내는 것 같아서 너무 힘들어요!

수퍼바이저 지금 잘 말씀해 주셨어요. **[수퍼바이지에게 기쁨 표현하기]** 제가 보기엔, 방금 그 말 그대로 하신 거예요! 이걸 Suzanna에게 말한다면 뭐라고 할 수 있을까요? **[수퍼바이지가 이미 하고 있는 것을 인정하기]**

수퍼바이지 잘 모르겠어요.

수퍼바이저 그런데 방금 저한테 그녀에 대해 아주 생생하게 이야기하셨어요. 그걸 그녀에게 말한다고 상상해 볼 수 있을까요? **[상상하도록 수퍼바이지를 확장시키기]**

수퍼바이지 그녀에게 말한다고요?

수퍼바이저 네, 그녀에게 말하는 거예요……. 말해 보세요. 만약 그녀가 지금 여기 있다면, 뭐라고 하시겠어요? 그녀를 뭐라고 부르시죠? Suzanna? Suzy? **[심상작업의 일반적 시작 방식: 직접 내담자의 이름 말하기]**

수퍼바이지 저는 Suzy라고 불러요.

수퍼바이저 그렇다면 이렇게 시작할 수 있겠네요. "Suzy, 난 당신이 너무 좋아요. 그런데 당신이 나를 밀어내는 느낌이에요." 그다음엔 뭐라고 말할 수 있을까요? **[적극적으로 도우면서 심상작업을 시작하기]**

수퍼바이지 당신은 날 무시해요.

수퍼바이저 맞아요. 계속 말해 보세요. 직접적으로 말해 보세요. **[인정하고 격려하기]**

수퍼바이지 Suzy, 당신은 날 무시해요. 고개를 끄덕이고 '네'라고 말하면서도, 손짓 한 번으로 날 지워 버려요. 저는 당신 앞에서 투명 인간이 된 것 같아요. 너무 작아진 느낌이에요. 당신이 저를 전혀 보지 않는 것 같아요.

수퍼바이저 맞아요. 그녀에 대해 어떤 감정이 드시나요?

수퍼바이지 당신 때문에 감정이 요동치는 느낌이에요. 같이 연결되어 있고, 안전하다고 느끼다가도…… 갑자기 당신이 날 무시해 버리는 순간, 저는 완전히 버려진 느낌이 들어요. (놀란 듯한 표정) 아…… 이 느낌 알아요. 이게 어디서 온 건지도 알 것 같아요…… 그렇군요.

수퍼바이저 지금 뭘 알아차리신 건가요? 뭘 깨닫고 계신가요? 물어봐도 괜찮을까요?

수퍼바이지 이건 제 이야기예요. 제 과거예요. 이게 어디서 오는 건지 정확히 알아요.

수퍼바이저 원하신다면 말씀하셔도 돼요. 하지만 지금 이 자리에서 꼭 그럴 필요는 없어요.

여기서 수퍼바이저는 수퍼바이지가 내담자와의 경험에 더 깊이 들어가 자신의 역전이나 역동을 분석할 수 있도록 격려한다. 수퍼바이저가 수퍼바이지의 과거에 대한 세부 사항을 알지 못해도 수퍼바이지와 내담자의 역동을 볼 수 있는 것이다.

통합적/성찰적 기술

메타프로세싱

이 기술은 회기 내에서 그리고 매 회기의 작업에서 좋았던 점과 성장을 촉진한 점을 강조한다. 경험, 기술, 새로운 학습, 수퍼바이지의 질문에 대한 답을 명시적으로 함께 탐색함으로써 수퍼바이저와 수퍼바이지 모두 그들이 함께한 시간에 무엇이 일어났는지를 알고 기억할 수 있게 된다. 수퍼바이저는 수퍼비전 회기 내내 그리고 각 회기를 마무리할 때 메타프로세싱을 수행한다.

플랫포밍/서술하기

대인관계적인 순간 중 수퍼바이지가 눈을 피하거나 시선을 끊었을 때, 수퍼바이저는 그 변화에 대해 "지금 무슨 일이 있었나요?"라고 부드럽게 묻는다. 이에 대해 수퍼바이지는 수퍼바이저의 말이 도움이 되지 않았다고 말하고, 그 이유가 무엇인지, 그것이 신체적으로 어떤 느낌이었는지를 솔직히 공유한다. 수퍼바이저는 잠시 상황을 요약하거나 정리하는 '**플랫포밍**(platforming)'을 통해 지금 일어난 일을 함께 나누고, 그것을 기반으로 다음 탐색을 이어 간다. 예를 들어, 다음과 같은 방식이다.

> 당신이 저의 눈을 피하셨던 것을 주목하게 되었고, 그건 뭔가를 포착하는 순간이었어요. 당신은 제가 한 말이 도움이 되지 않았다는 것을, 그리고 왜 그랬는지, 신체적으로 어떤 느낌이었는지를 알려 주셨어요. 그 후에 우리는 함께 느긋해지고 더 연결된 느낌을 받았죠. 그리고 그것이 어땠는지를 메타프로세싱했어요. 당신이 '이게 더 나았어요……. 좋았어요'라고 말했고, 우리 둘 다 그 상황을 웃어넘겼어요. 당신은 당신에게 필요한 게 뭔지 말해 주었고, 우리 둘 다 볼에 다시 생기가 돌았어요! 이제 이건 하나의 교육적 포인트가 되겠네요. '내가 방금 뭘 했나요? 그리고 그게 당신에게는 어땠나요? 지금 우리는 어떤가요?'

이러한 플랫포밍은 우뇌에서 일어난 경험을 좌뇌의 언어와 성찰을 통해 해석할 수 있도록 돕는다. 이는 1장에서 설명된 개념과 연결된다.

서술하기/소리 내어 생각하기/치료자의 내면 음성 표현하기

Conceição, Iwakabe, Edlin 등(2016)은 수퍼바이저가 수퍼바이지의 임상 경험 수준에 따라 비디오 녹화된 치료 회기에 대한 자신의 생각을 공유하는 방법을 설명한다. 초보 임상가와 함께할 경우, 수퍼바이저가 먼저 소리 내어 생각하기(thinking out loud)를 시범 보이고, 그 후 수퍼바이지에게 자신의 생각을 나눠 보도록 요청할 수 있다. 반면에, 더 경험이 많은 수퍼바이지와 함께할 경우에는 그들에게 먼저 소리 내어 생각하도록 요청한 뒤, 수퍼바이저가 다음과 같이 말할 수 있다. "제가 눈여겨봤던 부분이나 떠올렸던 생각들, 혹은 다른 접근 방식들을 조금 덧붙여도 괜찮을까요?" 다시 말하지만, 이처럼 허락을 구하는 것은 AEDP 수퍼비전에서 거의 항상 포함되는 특징적인 방식이다.

수퍼바이지로부터 구체적 피드백 이끌어 내기

우리가 모두 직면하는 가장 흔한 도전 과제 중 하나는 부정적인 피드백을 제기하는 것이지만, 수퍼바이지에게서 부정적인 피드백을 이끌어 내는 것은 필수적이다. 항상 다음과 같은 질문을 던져야 한다.

> 우리 지금 어떻게 하고 있나요?
> 오늘은 어땠나요?
> 무엇이 도움이 되었나요?
> 무엇이 도움이 되지 않았나요?

AEDP는 긍정적인 것을 우선시하는 접근이지만, 동시에 치료 회기의 모든 측면을 메타프로세싱할 수 있는 수퍼바이지의 역량을 증진하는 것이 필수적이다. 부정적인 피드백을 이끌어 낼 때는 친절함을 유지하면서, 재치 있게 표현된 직접성을 가지고, 권위적 지식을 3인칭으로 전달하기보다 '나는 이렇게 느꼈어요'와 같은 '나'로 시작(I-statement)하는 언어를 사용한다. 그리고 항상 그 경험 자체를 메타프로세싱한다. 예컨대, 수퍼바이저는 "제가 이 질문을 꺼낸 것에 대해 어떤 반응이 드시나요?"와 같이 확인할 수 있다. 중요한 점은, 무슨 일이 일어나고 있는지를 판단 없이 호기심을 가지고 묘사하려는 태도이다. 이러한 피드백의 순간에는 불안이 작용하고 있을 가능성이 크기 때문에, 그 불안을 조절하는 것이 다른 어떤 개입보다 선행되어야 한다.

우리는 세 가지 다른 방법을 통해 부정적인 피드백을 이끌어 낸다. 첫 번째는, **구체성**을 요청하는 것이다. "제가 한 말 중에 어떤 부분이 특히 불편하게 느껴졌나요?" "그 말이 당신에게 어떤 영향을 주었나요?" "당신이 '제 이야기를 들어주지 않는 것 같다.'라고 하셨는데, 구체적인 예를 들어 주실 수 있나요?" 우리는 구체적이고 실용적인 예시를 통해 수퍼비전 시간에 다루었던 내용을 실제로 적용해 볼 수 있도록 시도한다.

때로는 우리가 부정적인 피드백을 요청할 때, 수퍼바이지나 내담자는 우리에게 적절한 수퍼바이저나 치료자가 아니라고 말할 수도 있는데, 이는 유용한 정보이다. 우리가 모든 사람에게 잘 맞는 존재일 수는 없다. 그렇게 되기 위해 최대한 노력하고, 적응하며, 창의적으로 접근할 수는 있지만, 때로는 서로 잘 안 맞을 수 있다. 이런 상황에서 수퍼바이저는 "이런 말을 전에도 들어 본 적이 있고, 저 자신에 대해 잘 알고 있어요"라고 말할 수 있다. 이 말은 사실상 "그건 당신 잘못이 아니에요"라고 말하는 것과 같다. 이것은 끝이 아니라 시작점이 될 수 있다. 우리는 항상 그 경험에 대한 메타프로세싱을 시도한다. 이러한 진솔한 순간들은 방어적이지 않고, 열린 상태에서 상호작용하도록 이끌며, 실제적이고 의미 있는 관계를 만들어 낸다. 그렇기 때문에 오히려 좋게 느껴지는 순간이 될 수 있다.

두 번째 방법은, **조율-차질(실패)-회복**(attunement-disruption-repair)의 순환 과정을 모델링하는 것이다(Safran & Muran, 2000;

Tronick, 1998). 이 접근은 실수가 일어날 수 있으며, 조율이 실패할 수 있음을 전제로 한다. 우리가 조율되지 않을 때(예: 우리가 의도치 않게 수치심이나 상처를 주는 방식으로 개입함), 그 사실을 인식하고 회복을 시도한다. AEDP 수퍼비전에서는 메타프로세싱을 하기 때문에, 이러한 일이 일어나고 있다는 것을 인지할 수 있고, 그 결과로 회복도 가능하다. 이 과정 자체가 조율 실패와 회복의 순환을 모델링하며, 동시에 무엇이 도움 되지 않았는지를 드러내는 유용한 통로가 된다.

세 번째 방법은, 비언어적 의사소통의 이해와 활용이다. 예를 들어, 수퍼바이지가 어깨를 으쓱이거나, 펜을 만지작거리거나, 노트북을 덮는 행동을 하는 것은 정서적 반응이 일어난다는 것일 수 있다. 이때는 AEDP의 핵심 기술 중 하나인 매 순간 추적하기를 활용해야 한다. 예를 들어 다음과 같이 말할 수 있다. "말씀하시면서 '네'라고 하셨는데, 동시에 어깨를 으쓱하셨어요. 만약 어깨에 말할 수 있는 힘이 있다면, 뭐라고 할까요?" "제가 틀렸다면 정정해 주세요. 그런데 '네, 그걸 해 볼게요'라고 하실 때 약간 망설이시는 듯한 느낌이 들었어요."

플랫포밍 개입은 이러한 상황에 특히 유용하게 작용할 수 있다. "네, 이건 도움이 되고 있어요. 그런데 동시에 조용해지셨고 어깨를 으쓱하셨어요. (수퍼바이저도 함께 어깨를 으쓱하며) 당신의 몸은 지금 무슨 이야기를 하고 있는 걸까요?" 또는 "우리가 매번 회기 초반에 꽤 많은 시간을 대화하는 데 쓰고 있어서, 내담자와의 치료 영상을 볼 시간이 충분하지 않을 때가 많은 것 같아요."

결론

이 장에서는 핵심 기술에 대한 입문서로서 AEDP 수퍼비전 태도의 핵심 요소와 긍정적인 수퍼비전 경험에 필요한 기술 목록을 다루었다. 우리는 '진정한 자기(true self)'와 '진정한 타인(true other)'이라는 AEDP의 이론적 개념을 확장하여, AEDP 수퍼바이저를 수퍼바이지의 '변형적 자기(transitional self)'에 대응하는 '변형적 타인(transformation other)'으로 묘사하였다. 또한 AEDP 이론을 다음의 다섯 가지 실용적인 개입 유형으로 전환하고, 실제 개입의 예시를 함께 제시하였다.

- 경험적 기술
- 긍정적인 것을 우선시하기
- 관계적 기술
- 감정/정서 중심 기술
- 통합적/성찰적 기술

이 중에서 자신에게 적절하다고 생각하는 기술들을 수퍼비전 회기에서 직접 연습해 볼 것을 권장한다.

다음 장에서는 주석이 달린 해설을 통해 수퍼비전 회기의 처음부터 끝까지를 담은 축어록을 검토하면서 개념과 기술이 어떻게 조합되는지 살펴볼 것이다.

제3장

AEDP 수퍼비전의 실제: 수퍼비전 회기의 미시적 분석

속성경험적 역동심리치료(Accelerated Experiential Dynamic Psychotherapy: AEDP)는 변화의 순간에 관한 접근이다. 즉, 변화의 순간을 어떻게 이끌어 내고, 그 순간이 찾아왔을 때 어떻게 최대한 활용할 것인가에 초점을 둔다. 수퍼비전에서는 긍정적인 변화가 일어났을 때 이를 인정하며 축하하고, 변화가 일어나지 않았을 때는 이를 명확히 인식하는 것도 중요하다. 잘되었을 때와 잘되지 않았을 때 양쪽 모두 수퍼바이저에게는 가르칠 기회를 제공하고 수퍼바이지에게는 배울 수 있는 학습의 기회가 된다. 이를 가능하게 하는 핵심은 관계적 안전감의 공동 창조와 수퍼바이지를 향한 변함없는 지지이다. 고립감(aloneness)이 해소되면 우리는 더 깊은 작업에 몰입할 수 있고, 학습을 위한 모험과 시도를 할 수 있게 된다. 이러한 관계적 기반이 바로 우리가 수치심 없이 엄격함을 추구할 수 있게 해 주는 것이다.

이 장의 Diana Fosha와 수퍼바이지 Michael Glavin 간의 실제 수퍼비전 장면은 '속성경험적 역동심리치료(AEDP) 수퍼비전 DVD'(Fosha, 2016)에 수록되어 있으며, 미국심리학회 웹사이트

(https://www.apa.org/pubs/videos/4310958.aspx)에서 구매할 수 있다. 이 회기에서 신뢰가 형성되고 나면, 이완과 정서적 심화가 뒤따르는 것을 볼 수 있다. 이는 내담자뿐 아니라 수퍼바이지와 수퍼바이저 모두에게 나타난다. 여기에서 다루어야 할 고통스러운 감정들과 마찬가지로 처리되어야 할 문제들이 심화되는 것을 볼 수 있다. 또한 자신감, 안녕감, 평온함 및 명료함이 깊어지는 과정과 이에 뒤따르는 긍정적 감정들을 확인할 수 있다.

수퍼비전 회기의 시작

다이애나 안녕하세요, 마이클.

마이클 안녕하세요, 다이애나.

다이애나 만나서 반가워요.

마이클 저도 다시 뵙게 되어 기쁩니다.

다이애나 오늘 함께할 작업이 기대되네요.

마이클 저도 그래요.

이런 대화는 단순한 인사처럼 보일 수 있지만, 따뜻한 환영으로 시작하는 것은 수퍼비전에서 매우 중요하다. 수퍼바이저는 지나치게 딱딱하거나 감정이 배제된 중립적인 태도가 아니라, 수퍼바이지와 함께 있는 것이 기쁘다는 감정을 적극적으로 표현한다. 수치심 연구의 고전인 Gershen Kaufman(1996)의 연구에서는 아이가 부모의 얼굴에서 기쁨의 표정을 보는 경험 그리고 부모가 아이와 함께

하고자 하는 마음을 느끼는 것이 얼마나 중요한지를 강조한 바 있다. 수퍼비전에서도 애착 대상인 수퍼바이저가 먼저 상호작용을 시작하는 것은 수치심 예방 백신(antishame inoculation)과 같다. 이처럼 수퍼바이저가 먼저 다가오고 반갑게 맞이할 때, 수퍼바이지는 다음과 같이 느낄 수 있다. '나는 환영받고 있구나' '나는 중요하구나'라고 말이다. 이처럼 평범한 대화 속에도 AEDP 수퍼비전의 핵심인 애착 기반의 태도(attachment-based stance)가 드러난다. 수퍼바이저가 관계를 이끌면서 전달하는 메시지는 명확하다. '저는 당신과 이 작업을 하고 싶고, 당신과 함께한다는 것이 좋습니다.'

다이애나 네. 그럼 [당신의 내담자]에 대해 조금 이야기해 보면서 시작해 볼까요? **[수퍼바이저가 상호작용을 구조화하고 조직화하면서 이끌어 간다.]** [마이클: 좋아요.] 그 다음은 그걸 바탕으로 진행해 보죠.

마이클 네. 좋아요. 이 내담자는 에이미예요. 지금 세 번째 회기밖에 안 됐고, 아주 초기 단계입니다. 남편이 최근에 그녀를 떠났고 이혼을 원해서 찾아오게 되었어요. 에이미는 혼란스럽고, 답답하고, 슬픈 상태입니다. 남편이 왜 이혼을 원하고 있는지 확실하지 않다는 점에서 그녀는 더 혼란스러워해요.

다이애나 그렇군요, 그 이유가 그녀에게는 명확하지 않군요. **[보다 구체적으로 탐색하기]**

마이클 네, 뚜렷한 이유가 없어요. 그녀는 남편의 상태도 걱정하고 있어요. 남편은 체중이 많이 줄었고, 잠도 잘 못 자고 있어요. 두 사람과 다 친한 친구들이 그녀에게 남편이 걱정된다고 말하고 있어요. 에이미는 이혼을 원하지 않는데, 남편이 매우 단호하게 이혼을 원하고 있어서, 이러지도 저러지도 못하는 상태에서 '제가 뭘 해야 하죠?'라고 저에게 계속 묻고 있어요.

다이애나 좋아요. 물론 상황은 전혀 좋지 않지만, 이렇게 명확하게 설명해 줘서 고마워요.

수퍼비전에서는 수퍼바이저가 내담자의 정보, 감정 상태, 문제, 역동 등을 충분히 파악하는 것이 중요하다. 그래야 수퍼바이지를 제대로 이끌 수 있다.

다이애나 그러니까…… 에이미는 지금 두 가지를 동시에 다루고 있네요. 하나는 이혼이라는 상실의 고통이고, 또 하나는 남편에 대한 걱정과 혼란이죠. [마이클: 맞아요, 맞아요.] 지금 세 번째 회기이니 초기 단계인 건 맞지만, 우리가 다룰 회기에 도움이 될 만한 맥락이 있다면 지금 짚고 가도 좋겠어요. **['우리'라는 언어로 시작하기]**

마이클 네. 지난 회기에서 그녀는 좌절감에 대해 이야기했어요. 감정 조절이 힘들어서 일도 빠지고 있고요. 기능은 하고 있지만, 감정이 너무 과도하게 몰려와서 자주 무너지고 있는 상태예요. 그래서 지난번에는 그녀가 분노에 접촉할 수 있다면 자신을 좀 더 지탱할 수 있고 기능적으로 회복하는 데 도움이 될 수 있지 않을까 생각했어요. 그녀가 분노에 대해 언급은 했는데, 깊게 들어가진 못했고, 대신 애도로 들어가게 되었어요. 그래서 그 회기에서는 애도 작업을 좀 했는데, 그건 꽤 잘 진행됐어요.

수퍼바이저의 질문은 수퍼바이지가 자신의 마음에 있는 것을 자유롭게 꺼낼 수 있는 공간을 열어 준다. 마이클은 지금 내담자의 기능에 대해 우려하고 있으며, 지난 회기에서 미완료된 정서적 작업이 있다고 느끼고 있다. 암묵적으로는 단순히 지난 회기를 설명하는 것처럼 보이지만, 사실 그는 내담자에 대한 염려를 표현하며, 동시에 자신이 제대로 개입했는지 의문을 가지고 있다. 그는 내담자가 겪고 있는 압도되고 조절되지 않는 감정을 자신이 충분히 다루지 못했을까 봐 걱정하고 있으며, 자신의 개입이 오히려 내담자의 기능 저하에 일조하지 않았기를 바라고 있는 것이다. 그의 말 속에서 이런 의도가 드러난다. 바로 지난 회기에서 완전히 다루지 못한 감정으로 다시 돌아가고자 하는 의도이다. 이는 곧 AEDP의 핵심 목표와 맞닿아 있다. AEDP는 정서 중심의 접근법으로, 내담자가 압도된 감정을 견디고, 조절하고, 깊이 있게 처리할 수 있도록 돕고 동행하는 것을 핵심으로 한다.

다이애나 알겠어요. 그럼 그녀는 무엇을 슬퍼하고 있나요?

마이클 음, 관계의 상실이요. 그래서 이번 회기에서는…… 이 비디오 클립을 준비하면서 질문이 있었는데, 그녀가 다시 좌절감을 언급해요. 우리는 좌절에 대해 조금 작업을 했고, 그 과정에서 그녀는 핵심 감정(core affect)으로 조금 들어갔다가 다시 빠져나오면서 "지금 일어나는 일을 받아들이고 앞으로 나아가야 해요"라고 말하죠. 저는 그녀를 다시 그 감정으로 데려가고 싶어요. 그녀의 감정을 타당화하고, 수치심을 다룰 수 있도록 돕고, 다시 깊이 내려가 좌절로 돌아갈 수 있도록 돕고 싶어요. 이번 비디오 클립에서는 그런 작업을 시도하려고 해요.

다이애나 좋아요. 고마워요.

수퍼바이저가 "고마워요"라고 말하는 순간은 단순한 인사가 아니라, 수퍼바이지가 명확하게 초점을 맞추고, 자발적으로 질문한 것을 인정하는 것이다. AEDP 수퍼비전에서는 수퍼비전 회기를 수퍼바이지가 실제 고민하고 있는 구체적인 질문 중심으로 구조화하는 것이 이상적이다. 이렇게 하면 수퍼비전의 초점이 산만해지는 것을 방지하고, 다양한 가능성 중 가장 임상적으로 긴급하거나 중요한 주제에 집중할 수 있게 된다.

마이클 그녀의 감정이 상당히 빠르게 돌아가는데, 좌절에서부터…… '내가 이런 감정을 느끼면 안 되지'라는 수치심 또는 죄책감과 같은 억제 감정으로 갔다가 다시 슬픔으로 돌아가고, 그런 다음 슬픔이 다른 감정으로 넘어가요. 그래서 제 질문은 그녀가 더 깊이 들어가도록 제가 속도를 얼마나 늦춰야 할지, 아니면 그냥 그녀의 흐름을 따라가는 것을 계속해야 하는지입니다. **[수퍼바이지는 경험 삼각형의 관점에서 자신의 질문을 구성한다.]**

수퍼바이지는 지금 매우 잘하고 있다. 그는 구체적인 질문을 가지고 수퍼비전에 들어왔고, 자신의 임상적 이해를 '경험 삼각형' 개념을 활용해 설명하고 있다. 수퍼바이저는 수퍼바이지가 좌절의 중요성에 주목하고 있다는 점을 알아차린다. 그러나 AEDP의 변형적 과정의 현상학적 측면에서 보면, 좌절은 우리가 더 깊이 들어가서 보기를 원하는 '핵심 감정'이 아니다. 오히려 좌절은 핵심 감정으로 변형되어야 할 감정이다. 이 시점에서 마이클이 혼합된 정서 상태로서의 좌절(상태 1)과 핵심 정서로서의 분노(상태 2)를 구분하고 있는지 불분명하다. 수퍼바이저는 이 구분이 명확하지 않다는 점을 마음에 두고 과정을 지켜본다. 수퍼바이저는 수퍼바이지에게 좌절의 중요성을 강조하고, 비디오 클립에서 현상을 파악할 때까지 판단을 보류하고자 한다. 이제 수퍼비전의 흐름 속에서 수퍼바이지는 자신의 질문을 던졌고, 수퍼바이저도 그에 대한 질문을 가지게 되었다.

마이클 그리고…… 영상 후반부에서는 제가 그녀의 편을 들어주는 역할을 하게 돼요. [다이애나: 음.] 왜냐하면 그녀가 자신을 의심하고, 혼란스러워하고 있어서요. 그래서 그녀가 한 말을 제가 짚어서 꽤 강하게 반영해 줬어요. [다이애나: 맞아요.] 그래서 제 질문은 이거예요. 그게 괜찮은 걸까요? 제가 너무 과하게 한 건 아닐까요?

다이애나 알겠어요.

마이클 계속 그녀에게 괜찮은지 확인하면서 진행하긴 했어요, 그런데…….

다이애나 그 타당화와 인정이 어떻게 진행되는지 말이죠?

마이클 네, 네. 그래서 선생님의 생각이 궁금해요. 그 부분에 대해 같이 얘기해 볼 수 있을 것 같아요.

내담자의 자기 판단에도 불구하고 내담자를 대신하여 옹호하는 것은 AEDP 작업에서 중요한 부분이다(Lamagna, 2016). 하지만 이는 정서적으로 조율된 상태에 있어야 효과적이다. 수퍼바이지의 질문은 매우 적절하다. 내담자를 대신해 내담자를 옹호하는 그의 개입은 임상적으로 타당한가? 정서적으로 조율되어 있는가? 과도하지는 않은가? 그녀를 인정하는 데 집중하느라 중요한 무언가를 놓치고 있는 것은 아닌가? 이 과정은 그의 질문에 대한 답을 찾도록 돕는다.

다이애나 좋아요. 평소의 AEDP 수퍼비전처럼 진행해 볼게요. 이 비디오 클립들은 당신이 선택한 것이니까, 우리가 함께 보면서 당신이나 제가 멈추고 싶은 부분이 있거나, 논의하고 싶은 게 있거나, 질문이 있다면 영상을 멈추면 돼요. **[진행 방식에 대해 명확하게 설명하고, 수퍼비전의 협력적 특성과 과정의 매 순간에 집중하는 특성을 강조하며, 수퍼바이저나 수퍼바이지가 다루고 싶은 부분이 있다면 영상을 멈출 수 있다는 것을 알려 준다.]**

마이클 좋아요. 좋습니다. [다이애나: 좋아요.] 이제 볼 장면은 회기 마지막 11분이에요.

치료 장면 1

내담자 이 좌절감은 제가 놓기 가장 힘든 감정일 거예요. (울음)

치료자 그렇군요.

내담자 (잠시 멈추고, 깊게 숨을 들이쉰 뒤 미소 짓는다.)

치료자 감정을 느끼는 건 괜찮아요.

내담자 (고개 끄덕이며) 음.

치료자 바로 지금요.

내담자 네. (고개를 끄덕인다.)

치료자 당신은 정말 좌절스러운 상황 속에 있고, 지금 당장은 아무것도 할 수 없어요.

내담자 네. (고개 끄덕이고, 미소 짓는다.)

[다이애나가 치료 영상이 재생되는 동안 "거기에 멋진 큰 미소가 나왔네요"라고 말한다.]

치료자 그건 당신 잘못이 아니에요. 당신은 스스로를 탓하죠. 그러면 그걸 바로잡을 수 없고, 정말 좌절스러워지죠.

내담자 네. (고개를 끄덕인다.)

치료자 (고개 끄덕이며) 그래요. 그래서 지금 무슨 일이 일어나고 있나요?

내담자 그냥 시간이 지나면 괜찮아지지 않을까⋯⋯ 그렇게 바라고 있어요. (웃음)

치료 장면 1 이후의 수퍼비전

마이클 제 해석으로는 그녀가 경험 삼각형을 따라 올라가서 억제 감정으로 간 것 같아요. **[경험 삼각형의 언어로 말하기]**

다이애나 억제 감정이라 함은 어떤 의미죠……?

마이클 그 상황에서 좌절을 느낀 자기 자신을 나쁘게 느끼는 것 같아요. 거기엔 약간의 수치심도 섞여 있는 것 같고요.

다이애나 아 그래요. 그러니까…… 좋아요. 계속하세요.

마이클 그래서 저는 그녀의 감정을 타당화하려고 했어요. "이 상황에서 좌절감을 느끼는 건 당연해요. 갑자기 누군가가 당신에게 이혼을 요구하는데, 그 이유조차 모른다면 정말 좌절스러운 상황이에요." 이런 식으로 억제 감정을 다루면서, 그녀가 아래로, 가능하다면 핵심 감정인 좌절이나 분노로 내려갈 수 있게 돕고 싶었어요.

다이애나 네, 그렇군요. 제가 몇 가지 말씀드려 볼게요. 하나는, 저도 억제 감정이라고 생각해요. 그런데 거기에 '일반적 지혜(common wisdom)'도 조금 섞여 있는 것 같아요. 영적 회피(spiritual bypass)까지는 아니더라도, '우리는 받아들여야 해.' 같은 통념이요. **[수퍼바이저는 내담자가 무엇을 하고 있는지에 대해 수퍼바이지와 전혀 다른 해석은 아니지만 약간 다른 견해를 제시한다.]** [마이클: 맞아요, 맞아요, 맞아요.] 하지만 당신이 그녀가 상황을 받아들이는 데 어려움을 겪고 있다고 느끼고, 정말 잘 인정해 줬어요. 그리고 인정만 한 게 아니라, 실제로 꽤 많은 말을 했어요. 그러니까 이건 심리교육(psycho-education)도 좀 포함되어 있네요. [마이클: 음.] **[수퍼바이지의 개입을 AEDP의 언어로 번역해 주기]**

많은 수퍼비전 개입 중 첫 번째로, 수퍼바이저는 수퍼바이지가 무엇을 하고 있는지를 자신의 관점, 즉 AEDP의 언어로 서술해 준다. 이것이 바로 Conceição와 동료들(Conceição et al., 2016; Rodrigues et al., 2015)이 말한 **치료자의 말로 표현하기**(voicing the therapist)이다. 수퍼바이저는 이렇게 말하면서, 수퍼바이지로부터 지지를 받고 있음을 확인한다. 수퍼바이저는 마치 수퍼바이지가 이미 이것을 알고 있는 것처럼 말하고 있고, 실제로 그는 거의 그렇다. Molière의 희곡 『Le Bourgeois Gentilhomme』(『서민귀족』, Timothy Mooney 각색, 1670년)에서 한 인물이 이렇게 말한다. "당신이 뭘 알아요? 지난 40년 동안 저는 그것도 모른 채 산문을 써 왔단 말입니다." 이와 같은 맥락에서 AEDP 치료와 수퍼비전에서 중심이 되는 개입은 내담자에게는 두렵게 느껴지고 수퍼바이지에게는 버겁게 느껴지는 어떤 것을 가져와서 그들이 이미 그것을 어떻게 하고 있는지 보여 주는 것이다.

다이애나 그리고 감정 조절에 어려움이 있는 사람을 위해 당신은 이제 막 강력한 컨테이너(담아 주는 심리적 공간)를 제공하고 있어요. **[타당화 및 교육]** [마이클: 맞아요.] "제가 여기 있어요. 제가 이렇게 말하고 있어요. 이런 점도 있고 저런 점도 있어요." 그리고 그녀가 무엇에 반응할지, 어떻게 반응할지 아직 모르니까, 당신은 그녀에게 물어보고, 확인하죠. "이 말을 들으니까 어떤가요?" 맞죠? [마이클: 맞아요.] **[치료자의 말로 표현하기, 즉 수퍼바이저의 관점에서 수퍼바이지의 행동 서술하기]**

다이애나 이건 첫 번째 지나침이에요. 그리고 그녀는 이렇게 말하죠.

마이클 그녀가 제가 한 말을 다 놓쳐 버려요. [마이클과 다이애나 둘 다 웃는다.]

다이애나 맞아요, 마치 "좋긴 한데, 음…… 뭐!"

마이클 네, 그녀가 "그냥 시간이 지나면 사라지는 그런 거였으면 좋겠어요."라고 말해요. [다이애나: 맞아요.] 그녀는 여전히 그 상태예요. "그냥 넘어가죠. 좌절하지 말고, 이 감정도 다루지 말아요."

다이애나 맞아요. (고개를 끄덕인다.) 맞아요.

치료자는 수퍼바이저와 본인 모두가 선호하는 개입을 한다. 그러나 내담자의 반응은, 그 개입이 그녀에게 닿지 않았음을 보여 준다. 개입은 받아들여졌을 때에만 유효하다. 치료자는 이 정보를 실시간으로 처리하고, 이를 다음 개입에 반영한다. 그래서 치료자는 관계적 강도를 높이기로 결정한다.

마이클 그러고 나서 이렇게 생각했어요. '그래, 그녀가 내 말을 놓쳤구나.' 그래서 저는 '우리(we)' 언어를 사용하기 시작했고, 약간 허락을 구하듯이 말했어요. **[방어를 우회할 수**

있는지 확인하려는 관계적 개입 사용하기: AEDP 원칙의 멋진 적용] "우리 조금 더 내려가서, 이 좌절감을 다뤄 볼 수 있을까요?" 그게 바로 다음에 보게 될 장면이에요. **[수퍼바이지가 좌절감을 핵심 감정으로 분류하고 있음을 보여 주는데, 이는 수퍼바이저가 이후에 다룰 필요가 있는 주제이다.]**

다이애나 몇 가지를 말씀드릴게요. 다시 말하면, 우리는 두 가지 흐름을 동시에 추적하고 있어요. 하나는 감정과 정서이고요. 다른 하나는 내담자가 좌절을 어떻게 다루고 있는지예요. 그런데, '**좌절**'이라는 단어 자체가 이미 그녀가 삼각형의 꼭대기에 있다는 걸 암시하죠.

마이클 (고개를 끄덕이며) 맞아요.

다이애나 좌절은 여러 감정이 섞인 상태예요. 분노와는 매우 달라요.

마이클 아, 그렇군요. **[현재로서는 수퍼바이지가 수퍼바이저의 정서적 판단을 긍정적으로 받아들인다.]**

다이애나 우리는 한쪽에서는 감정을 추적하고 있고, 또 한쪽에서는 관계적 요소를 추적하고 있어요. 그렇죠? [마이클: 음, 맞아요.] 그리고 당신은 그 둘을 정말 아주 훌륭하게 해내고 있어요. **[수퍼바이지가 잘하고 있는 부분에 초점을 맞춰 인정하기]**

마이클 (미소 지으며) 감사합니다. **[긍정적인 신체-감정적 표식: 이 미소는 수퍼바이지가 수퍼바이저의 말을 수용하고 있다는 신호이다.]**

다이애나 미소를 짓고 계시네요. **[긍정 감정으로 드러나는 순간인 '수**

퍼비전 중 경험하는 순간'을 메타프로세싱하는 것은 중요하다.]

마이클 (미소) 선생님이 타당화해 주시고, 인정해 주시는 게 그냥…… 기분이 좋아요.

다이애나 (미소) 네, 네. 좋아요.

긍정 감정은 수퍼비전이 제대로 진행되고 있다는 신호이며, 동기를 불러일으키고, 위험을 감수할 수 있는 능력을 심화한다. 이러한 순간들은 관계를 구축하는 토대가 되며, 탐색하고, 모험하고, 열려 있는 상태로 나아가고자 하는 동기는 바로 이런 순간들에서 형성된다.

치료 장면 2

치료자 우리 함께 이걸 다뤄 볼 수 있어요. (둘 다 고개를 끄덕임) 함께 해 볼 마음이 있으신가요?

내담자 (고개를 끄덕이며) 네. 네. 네.

치료자 그 좌절감, 아직 느껴지시나요?

내담자 네. 지금 이 좌절감을 풀어내기 위해서 제가 필요한 건, 남편의 관점을 좀 더 잘 이해하는 것 같아요. 아니면 그가 무슨 생각을 하고 있는지를요. 그런데 그걸 절대 알 수 없을 거란 생각이 들어서 그게 더 좌절스러워요.

치료자 그렇군요.

내담자 그러니까 그게 또 좌절로 이어져요. (미소 지으며, 양손으로 앞의 허공을 움켜잡는다.)

치료자 (제스처를 따라 하며) 당신의 손은 뭘 하고 싶어 하나요?

내담자 (고개를 저으며, 미소 짓는다.)

치료자 혹시 베개라도 필요하신가요……. (손으로 움켜잡는 동작을 다시 하면서)

내담자 (웃으며) 아니에요. 이건 제 제스처예요. (같은 제스처를 반복하며 웃는다.)

치료 영상이 재생되는 동안 수퍼바이저가 말한다. "그녀가 약간 자신을 의식하는 것 같군요."

치료자 맞아요. 하지만 그건 정말 표현력이 풍부해요.(제스처를 반복하며, 이를 악문다.)

내담자 네.

치료자 당신이 남편 혹은 무언가를 붙잡고 흔들고 있는 장면이 상상되는데요. 지금 무슨 생각이 드세요?

치료 영상이 재생되는 동안 수퍼바이저가 말한다. "잠깐 멈춰 볼게요."

치료 장면 2 이후의 수퍼비전

다이애나 좋아요. 그녀가 어떤 것을 분명하게 말했어요. 그녀는 이해하고 싶다고 말했고, [마이클: 음.] 그다음엔 좌절에 대

> 해 이야기하면서 그 제스처를 했죠. [마이클: 맞아요.] 저는 정말 궁금했어요. 왜냐하면 제게는 그녀가 여전히 상태 1에 머무는 것처럼 보여서 그녀가 당신과 함께 그 감정 안으로 들어갈 수 있을까? [마이클: 음, 맞아요.] 그 여부를 보고 싶었고, 지금 그 답을 얻은 것 같아요.

이 장면은 중요한 교육적 순간이다. 치료자의 작업을 통해 치료자는 내담자가 상태 2의 문턱에 있다고 생각하고, 핵심 정서를 다루기 위한 경험적 개입을 시도하고 있다는 것을 보여 준다. 수퍼바이저는 영상을 멈추며 일반적으로 상태 1에 있는 내담자와는 경험적 분노 작업을 하기 어렵다는 것을 알려 준다. 이것은 수퍼바이지가 처음 '좌절'이라는 주제를 꺼냈을 때부터 수퍼바이저가 계속 염두에 두고 있었던 부분이다. 이제 마침내 그 내용을 명시적으로 다룰 기회가 생겼다. 이때 수퍼바이저는 어떻게 수퍼바이지에게 수치심을 주지 않으면서도, 깊이 있는 교육을 제공하며 임상적 엄격함을 유지하느냐 하는 도전에 직면한다. 내담자의 반응에 대한 현상학은 종종 그 질문에 대한 답을 제공해 주는 핵심 단서이며, 주의 깊게 포착되어야 한다. 치료자는 이런 정서적 단서들을 읽고 자신의 개입 전략을 조정하는 법을 배워야 한다. 중요한 것은 치료자에게 "당신이 틀렸어요"라고 말하는 것이 아니라, 함께 내담자의 반응을 추적하고 메타프로세싱하면서, 그 과정 자체에서 답을 얻도록 하는 것이다.

마이클 맞아요.

다이애나 당신 생각은 어때요? **[수퍼바이지의 주도성을 촉진하고, 수퍼바이지가 암묵적인 것을 명시적인 것으로 만들게 하기]**

이 장면은 수퍼비전에서의 병행 과정의 한 예이다. 치료자가 자신의 개입에 대해 내담자가 반응하고 있는지 혹은 그렇지 않은지를 읽어야 하는 것처럼, 수퍼바이저 역시 자신이 가르치고 있는 내용에 대해 수퍼바이지가 반응하고 있는지, 혹은 그렇지 않은지를 읽어야 한다.

마이클 이 순간에는 '아니요'였어요.

다이애나 맞아요.

마이클 그녀는 그걸 부정하고, 자기는 그냥 말할 때 손을 많이 쓰는 스타일이라고 했어요……. 그녀는 이렇게 한 게 아니고, (분노의 움켜쥠을 보여 준다.) 그냥 이렇게 한 거라고 했죠. (보다 대충 하는 형태의 제스처를 보여 준다.)

다이애나 맞아요.

이 대화는 개입에 대한 내담자의 반응을 매 순간 추적하고, 새로운 정보를 다음 개입에 반영하거나 조정하는 것이 얼마나 중요한지를 보여 준다. 수퍼비전에서 이 기술을 가르치는 것은 치료자가 내담자의 역동에 대한 이해를 더욱 깊이 있게 발전시키도록 돕는다.

마이클 그러고 나서 저는 그녀와 함께 상상했던 제 경험에 대해 말했고, 그러자 그녀는 그것에 대해 약간 긴장된 웃음을 보였어요.

다이애나 맞아요. 제 생각에는 그녀 또한 당황한 것 같아요. 가끔 사람들은 우리가 그들을 비춰 주거나 반영할 때 당황하죠.

즉흥적 반응(improvisation)의 원칙 중 하나는 "그래요. 하지만……"이라고 말하지 않고, "그래요. 그리고……"라고 말하는 것이다. 여기서 수퍼바이저가 사용한 '또한(also)'이라는 표현은 바로 그 '그래요. 그리고……'에 해당한다. 치료자가 원래 의도한 바는 아니었지만 내담자의 몸짓에 대한 인식을 높이기 위해 언급했던 개입에 내담자가 당황했다. 하지만 그것이 실제로 일어났기 때문에, 우리는 그것을 명명하고, 그 순간을 활용해야 한다.

마이클 맞아요. 맞아요.

다이애나 제가 좋다고 느낀 건, 당신이 이렇게 했고, (허공을 강하게 움켜쥔다.) 그녀가 킥킥 웃기 시작했을 때, 당신은 이 제스처가 무엇을 의미하는지 점점 더 강하게 느꼈고, 정말로 그 안으로 들어갔다는 점이에요. 의미하는 바를 더 강하게 실감 나게 표현하면서 그 안으로 들어갔다는 점이에요. **[치료자의 다음 개입에 대한 타당화]**

마이클 맞아요.

다이애나 이게 명백한 수치심 개입(shame intervention)은 아니었지만, 적어도 잠재적으로 당신은 그녀의 수치심을 감지한 것 같아요. 그래서 이렇게 말한 거죠. "아니에요, 아니에요. 당신이 이상하게 말한다는 게 아니라, 이

건…….” **[치료자의 내면 음성 표현하기]**

수퍼바이저는 치료자의 다음 행동을 인정하면서, 그 개입이 의식적인 의도는 없었더라도, 내담자가 느꼈던 당황이나 수치심이라는 작은 중단을 회복하려는 직관적 시도로 볼 수 있다고 제안한다.

마이클 맞아요, 맞아요, 맞아요.

다이애나 여기엔 강한 무언가가 있어요. 하지만 일단 지금은 이 정도로.

마이클 제 느낌에는, 제가 그녀에게 그 분노를 느껴도 된다고 허락하려고 했던 것 같아요. 그 감정이 거기에 있다면요.

수퍼바이지의 인식과 언어가 변화하고 있는 점에 주목하자. 그는 이제 ‘좌절감’이 아니라 ‘분노’에 대해 말한다. 또한 그는 “그 감정이 거기에 있다면요”라고 표현한다. 이는 그가 자신의 내담자가 애초에 분노하고 있는 것이 아닐 수도 있고, 그 안에 다른 무언가가 있을 수도 있다는 가능성을 받아들이기 시작하고 있음을 시사한다.

치료 장면 3

내담자 (미소 지으며) 오늘은 이렇게 말하고 싶어요. (양손을 흔드는 제스처를 하며) “당신 말에 논리가 있어야죠! 이건 말이 안 돼요!”

치료자 맞아요. 맞아요. 이건 말이 안 되죠.

내담자 네.

치료자 그리고 상상해 볼 수 있겠어요? 그를 붙잡고 흔들면서, “이건 말이 안 돼요! 당신 말에 논리가 있어야죠!”라고 말하는 장면을요?

내담자 네, 네.

치료자 그리고 그를 흔들고, 소리치는 걸 상상하는 건 어떤 느낌인가요?

내담자 (한숨 쉬고, 웃음) 음, 좋아요. **[긍정적인 신체-감정적 표식]** 그런데…… ‘하지만’이 나와요.

이 장면에서는 치료에서 자주 발생하는 공통적인 문제가 드러난다. 즉, 치료자는 내담자가 어떤 감정을 느끼고 있을 것이라고, 혹은 느껴야 한다고 예상하고 있다는 점이다. 이 사례의 경우, 갑자기 이혼하고 싶어 하는 남편에 대한 분노는 충분히 타당해 보인다. 하지만 내담자는 다른 길을 가고 있는 것 같다. 그녀는 자신의 세상이 이해되어야 하는데, 지금 일어나고 있는 일들이 도무지 말이 되지 않는다고 여긴다. 이것을 치료 안에서 어떻게 다룰 것인가 그리고 수퍼비전 안에서 어떻게 탐색할 것인가가 핵심 질문이다.

마이클 그녀가 핵심 감정 쪽으로 조금 내려갈 수 있었다고 생각했어요. 그녀가 상태 2에 정말 닿은 순간이 있었던 것 같아요. 그래서 제가 그 감정을 물어봤고, 그녀는 한숨을 쉬었죠. (한숨) 그러고 나서 ‘하지만’이라는 말로 넘어갔어요.

치료 장면 3 이후의 수퍼비전

다이애나 맞아요. 그리고 그녀가 그걸 말하죠. 그녀 스스로 그걸 알아차려요.

마이클 제가 결정해야 할 지점에 온 것 같아요. '이제 어디로 가야 할까?'라는 지점이요.

이것은 아주 좋은 기회이다. 치료자는 용기 있게 그리고 솔직하게 자신이 길을 잃은 듯한 순간, 즉 '어디로 가야 할지 모르겠다'는 감각을 털어놓는다. 그는 여전히 내담자의 좌절을 중심으로 작업하는 것을 중요하게 여기고 있지만 이러한 갈림길, 즉 '어디로 가야 하지?'는 수퍼비전에서 배움과 가르침의 훌륭한 기회를 제공한다.

다이애나 이 결정의 순간을 잠깐 붙들어 두고, 조금 더 이야기해 볼게요. 이건 정말 흥미로운 일 중 하나예요. 당신의 목표는 그녀가 핵심 감정인 분노를 더 많이 느낄 수 있도록 돕는 것이고, [마이클: 맞아요.] 그래서 당신은 심상 작업, 손 제스처, 몸, 신체본능적 감각(visceral sense) 같은 걸 활용하고 있었죠. [마이클: 맞아요.] 그런데 그게 좌절감으로는 완전히 이어지지 않았어요. 그녀가 진짜로 그를 흔들고 싶어 한다는 느낌은 안 들었어요. [마이클: 음.] 그런데 제가 받은 인상은, 그 순간에 '인식(recognition)의 경험'이 일어났다는 것이에요. 그녀가 더 신체본능적이고 더 신체적인 방식으로 접근하면서, 그리고 머리에서 벗어나 몸으로 더 들어가면서, 자신에게 중요한 것의 일부를 붙잡은 거예요. 그녀는 이해가 필요하고, 세상이 말이 되어야 한다고 인식하게 된 거죠.

매 순간 추적하기와 정서적 처리를 통해 새로운 이해가 떠오르고 있다. 수퍼바이저는 치료자에게 "이렇게 했어야 해요" 또는 "이렇게 봤어야 해요"라고 말하지 않는다. 그것은 상당한 수치심을 유발할 수 있기 때문이다. 대신 수퍼바이저는 "제가 보기에는 이렇습니다"라고 말하면서, 자신의 관점에서 내담자에게 무엇이 중요한지 점점 더 분명해지는 감각을 공유한다. 수퍼바이저가 보기에 내담자는 자기를 향한 분노, 정당하게 느낄 수 없는 분노, 또는 두려운 분노와 씨름하고 있는 것이 아니다. 오히려 그녀는 세상이 이해 가능해야 한다는 욕구와 씨름하고 있으며, 그녀의 좌절감은 부차적인 것이고, 무엇보다 중요한 건 지금 벌어지는 일들이 전혀 말이 되지 않는다는 사실이다. 수퍼바이저는 이와 같은 과정에 대한 대안적 이해를 제시하고 있으며, 이를 "나는 이렇게 봐요"라는 '나' 언어(I-statement)로 전달하고 있다.

다이애나 당신은 하나의 의도를 가지고 있었고, 그 방향으로 완전히 가지는 않았지만, 다른 무언가를 얻었죠.

마이클 맞아요.

말하자면, 우리는 잘된 것뿐만 아니라, 잘되지 않은 것에서도 배운다. 내담자가 한 가지 초점(좌절과 분노의 직접적인 경험 및 표현의 필요성을 시사하는 작업)을 거부하는 과정에서, 내담자에게 훨씬 더 중요한 다른 초점, 즉 세상이 이해 가능해야 한다는 필요성이 전면에 떠오르게 된다. 수퍼바이저는 수퍼바이지에게 내담자가 치료자의 초점을 거부한 것이 치료자 자신을 거부한 것이 아니라, 내담자를 더 잘 도울 수 있도록 무엇이 내담자에게 적절한 초점인지 더 세심하게 조정하고 이해할 수 있는 기회라는 것을 강조하고자 한다.

다이애나 지금 이 여정을 조금 따라와 본 결과, 지금 시점에서의 선택지는 뭐라고 느껴지나요?

마이클 아시겠지만, 좌절이라는 감정이 있는데, 그건…… 이제 선택지에서 제외해야 할 것 같아요. 왜냐하면 그 순간은 이미 지나갔다고 생각하기 때문이에요.

다이애나 맞아요. 저도 같은 생각이에요.

휴! 치료자가 드디어 이전 회기부터 가지고 있었던 좌절이라는 주제를 내려놓았다. 지금의 수퍼비전 과정을 통해 그는 자신의 이전 주제를 자기 의지로 내려놓고 있다는 점을 분명히 말하고 있다. 수퍼바이저는 그의 진술을 지지한다.

마이클 만약 다시 그 장면으로 돌아간다면, 저는 그 한숨을 따라갔을 것 같아요. 그 안에는 뭔가 일이 일어났다는 안도감이 있었거든요. 그걸 조금 더 탐색해 보고 싶었을 것 같아요. 혹은 탐색할 수 있었을지 보고 싶어요.

훌륭하다! 우리의 수퍼비전 과정은 창의성, 유연성, 셀프 수퍼비전을 제공하고 있다. 이제 수퍼바이지는 다른 초점, 즉 내담자에게 치료적인 무언가가 일어났음을 나타내는 안도감의 신체-감정적 표식인 한숨을 보게 된다.

다이애나 작은 변화의 순간이 있었네요.

마이클 맞아요, 두 번째 상태 변형이에요. 그 안도감 안에 뭐가 들어 있을까요?

다이애나 음.

마이클 그 '하지만'이 무엇인지, 그게 어디로 가는지 알지 못한다는 걸 자각하고 있어요. 이건 아직 세 번째 회기일 뿐이죠.

수퍼바이지가 흐름을 타고 있다. 수퍼바이지와 수퍼바이저는 수퍼비전 관계 안에서 안전감을 공동으로 창조해 냈다. 그는 자신이 완벽하지 않더라도 여기서 수치심을 경험하지 않을 것임을 알고 있다. 그래서 이제 그의 탐색적 욕구가 전면에 나타난다. 그의 호기심 그리고 내담자를 진심으로 잘 돕고자 하는 깊은 바람이 그를 이끌고 있다.

마이클 저는 "그녀가 지금 어디로 가고 있는가?"라고 묻고 싶어요. 그녀와 함께 계속 움직이고 싶고, 계속 그녀를 추적하고 싶어요.

다이애나 저는 이번 회기에서 당신이 한 일을 타당화하고 싶어요. 비록 한숨이 있었고, '네'가 있었지만, 그 장면에 또 다른 무언가가 있다는 느낌도 들어요. 그래서 그 '하지만'으로 가 보는 것이 내담자가 지금 양가적인 상태에 있다는 것을 포괄하게 해 줄 수 있을 거예요.

마이클 맞아요.

다이애나 그녀는 당신과 함께하려고 애쓰고 있어요. **[수퍼바이저는 내담자가 변화 동력을 위해 노력하는 모습을 긍정적으로 표현한다.]** 그 점이 참 좋아요.

마이클 좋아요. 그럼…… 뭐가 나올지 지켜보죠. (웃음) **[개방성과 호기심이 느껴지는 훌륭한 태도]**

다이애나 뭐가 나올지 함께 지켜봐요.

치료 장면 4

치료자 또 어떤 게 있나요?

내담자 제가 원하는 걸 거기서 얻지 못할 거라는 건 알아요. 말이 안 될 거예요.

치료자 맞아요. 그는 말이 안 될 거예요.

내담자 그렇죠. 그리고 남편이 자기는 말이 된다고 생각하더라도, 저는 이해가 안 될 거예요.

치료자 맞아요. (두 사람이 고개를 끄덕인다.)

치료 장면 4 이후의 수퍼비전

마이클 (영상을 멈추며) 그녀가 "말이 안 될 거예요"라고 말하죠. 그리고 제가 "그는 말이 안 될 거예요"라고 말했어요. 그런 다음 그걸 공간 속에서 분리해서 인식시키고 싶었어요…… 그러니까 그들 사이에 차이가 있다, 벌어지고 있는 일에 대해 서로 다른 견해를 갖고 있다는 점을 분명히 하고 싶었던 거죠.

다이애나 맞아요. 그리고 우리는 지금 '말이 되어야 한다'는, 그녀가 필요로 하는 주제를 다시 듣고 있어요.

마이클 맞아요. 맞아요.

다이애나 그녀가 결혼을 유지할 수는 없더라도, 적어도 어떤 일관성(coherence)은 가질 수 있기를 바라는 거죠. **[떠오르는 주제에 대한 정교화]**

마이클 맞아요. 맞아요. 그리고 지금 보니까, 그녀가 다시 무너지기 시작하고 있어요. 말이 안 되니까 눈물이 올라오고 있고, 정서적으로 조절이 되지 않는 것처럼 보여요, 맞죠? [다이애나: 맞아요.] 그런데…… 저는 뭘 해야 할지 모르겠어요. (웃음)

수퍼바이지는 이제 충분한 신뢰와 편안함을 느끼고 있어서, 회기 중에 무엇을 해야 할지 모르겠다는 자신의 상태를 직접적으로 표현할 수 있게 되었다. 이것은 수퍼비전에서 엄청난 순간이다! 우리 모두 치료 장면에서 어쩔 줄을 몰라 막막함을 느껴 본 적이 있지만, 그것을 직접적으로 말할 만큼 충분한 안전감과 편안함을 느낀 적은 얼마나 될까? **[이것은 수퍼비전에서 변화의 순간이다.]** 이제 수퍼바이저는 그 순간을 다시 성찰하고, 자신이 보고 있는 상황을 명시적으로 표현하려 할 것이다.

다이애나 그래요.

마이클 만약 선생님께 다른 접근법이 있다면……. 지금 이 장면에서 그녀가 "하지만 말이 안 될 거예요"라고 말하고 그 다음에 조절이 안 되기 시작하는 시점에서 다르게 접근할 수 있는 방법이 있다면 듣고 싶어요.

수퍼바이지는 어쩔 줄을 몰라 막막함을 자기개방한 후 대안을 직접적으로 요청한다. 이제 수퍼바이저가 제안하는 대안들은 수퍼바이지의 요청에 따른 응답이 되며, 비판으로 받아들여지지 않을 것이다.

다이애나 저는 "무엇을 해야 할지 모르겠어요"라고 솔직하고 직접적으로 말해 준 점을 정말 고맙게 생각하고 싶어요. **[수퍼바이저가 암묵적인 것을 명시적으로 드러낸다. 그 멋진 새로운 발전을 언급하고 감사함으로써 그것을 강조한다.]**

마이클 네.

다이애나 우리 모두 그런 감정을 느껴요. **[정상화(normalize), 보편화(universalize), '우리' 언어 사용]** 아시다시피, 지금 많은 일이 벌어지고 있고, 내담자는 감정 조절이 안 되기 시작하고…… 여러 가지가 동시에 일어나고 있는데, 그 안에서 당신이 그 내면의 감각을 저와 나눌 수 있었다는 것에 정말 고마워요. (마이클이 미소를 짓고, 고개를 끄덕인다.) **[관계적 모험에 대한 인정]** 저는 그게 용기가 필요했던 일이라고 생각해요. 특히나 지금 우리가 촬영 중이잖아요. 카메라 앞이라는 상황은 부담감을 더 키우니까, 더욱 큰 용기가 필요했을 거예요.

타당화하고, 감사하고, 정상화하고, 인정한 다음 메타프로세싱을 한다. 전 세계적으로 배포하기 위해 수퍼비전 회기를 촬영하고 있다는 이 순간의 특별한 점을 언급한다. 이것을 위축되는 상황이라고 표현하는 것은 오히려 부족할 정도이다. 그래서 수퍼바이지가 보여 준 용기는 더욱 놀라운 것이다.

마이클 (더 크게 미소 지으며 웃는다.) 그렇게 말해 줘서 감사해요. **[긍정적인 신체-감정적 표식]**

다이애나 이 느낌에 잠깐 더 머물러 볼 수 있을까요? '우리 모두 그런 어려움을 겪는다'는 제 말을 들었을 때 어떤 느낌이었는지요. **[이제 수퍼비전의 지금-여기에서 일어나는 엄청난 긍정적 변화의 순간을 메타프로세싱한다.]** 그건 지적인 질문이기도 하지만, 동시에 용감한 행동이에요. (고개를 끄덕인다.)

마이클 알아차려지고, 보이고, 타당화되는 느낌이에요. 그걸 나눌 수 있어서 기분이 좋아요. 잘했다고 생각해요.

다이애나 그 '기분이 좋다'는 느낌, 그 순간에 좀 더 머물러 봅시다. 그건 약간 역설적이기도 해요……. 어려운 상황인데도, 좋게 느껴지니까요.

마이클 맞아요. 여기가 좀 편안해졌어요. (가슴에 손을 얹으며) 그리고 진정되고, 열린 느낌이에요. (두 사람이 고개를 끄덕인다.) 그리고 고양되는 느낌도 있어요. **[수퍼바이지의 긍정적인 신체-감정적 표식]**

다이애나 맞아요. 당신이 그렇게 말했을 때, 저 자신도 (깊게 숨을 들이쉬며) 숨을 쉬고, 아래로 내려가는 느낌이 들었어요. **[수퍼바이저의 긍정적인 신체-감정적 표식]**

다이애나 좋아요, 그럼 에이미의 이야기로 다시 돌아가 볼까요?

이 장면은 긍정 정서의 확장-구축 이론(broaden-and-build theory of positive emotion)(Fredrickson, 2001, 2009)이 AEDP 수퍼비전 매 순간의 과정 속에서 실제로 작동하는 예시이다. 메타프로세싱에서 흔히 그러하듯, 변형적 경험을 겪고 있는 사람(여기서는 수퍼바이지)에게 긍정 감정이 일어나고, 양자적 공명(dyadic resonance)과 감정적 전염(affective contagion)을 통해 상대방(여기서는 수퍼바이저)도 긍정 감정을 함께 경험하며, 그 공명을 통해 감정이 증폭되고, 긍정 감정과 에너지가 상향 나선을 이루며 과정 전체에 연료를 공급한다. 그리고 그 연료 덕분에, 이 장면에서도 탐색이 계속 이어질 수 있게 된다. 우리는 이제 연결, 솔직함, 학습의 새롭고 더 높은 기준선을 형성하였으며, 이것은 상호적인 긍정 감정, 더 많은 에너지, 새로운 이

해로 이어진다. 두 사람 간의 양자적 시스템이 업그레이드된 것이다. 따라서 이제 수퍼비전 안에서 더 많은 것이 가능해진다.

마이클 네, 저는 그녀가 감정 조절이 안 되는 걸 보고 있고, 제가 뭘 해야 할지 확신이 없어서 그냥 제가 그녀 안에서 보고 있는 것을 반영해 줬어요. 그리고 그녀가 그걸 어떻게 받아들이는지를 지켜보려 했어요.

다이애나 좋아요. 언제나 좋은 전략이에요. **[방향을 다시 잡기 위해 면밀하게 추적하기를 사용한 것에 대한 타당화]** 지금 무슨 일이 일어나고 있는지 내담자가 알게 하듯이, 우리 자신도 알게 하는 것이죠. **[지지, '우리' 언어 사용, 어려운 경험의 보편화]**

치료 장면 5

치료자 지금 그게 와닿나요?

내담자 (고개를 끄덕이며) 조금이요. (미소) 왜냐하면 전 알아요……. 그 사람한테서 제가 원하는 걸 얻을 수 없다는 걸요. 그리고 그게 결국 다시 저한테로 돌아와요. 제가 그걸 얻어야만 한다고 생각하니까 좌절감을 느끼게 되는 거죠. (눈물이 맺히기 시작한다.)

치료자 그래서 당신은 자기 자신에게 좌절감을 느끼시는군요. (내담자가 웃으며 고개를 끄덕인다.) 당신은 그가 논리적으로 말해야 한다고 생각하고 있어요.

내담자 네. 네. 왜 제가……. (눈물이 고이며) 왜 제가 이해하려는 욕구를 이렇게 느끼는 걸까요? 물론, 제 결혼 생활이 왜 무너지고 있는지 이해하고 싶은 건 당연하죠.

치료자 네. 네, 맞아요.

내담자 그런데 왜 '이해해야만 괜찮다'고 느끼는 걸까요?

치료 장면 5 이후의 수퍼비전

마이클 이 장면이 다음 단계로 연결될 것 같아요. 여기서 그녀가 자기 자신에게 의문을 던지기 시작하거든요. 그리고 제 생각에, 그녀는 여기서, 그리고 일상생활에서도 감정 조절이 안 되기 시작해요. 압도당하고, 감정이 올라오고, 그 감정을 느끼는 것에 대해 불편해하며, 이해하고 싶어 하는 것에 대해서도 불편감을 느껴요. [다이애나: 맞아요.] 저는 그 일부를 포착했고, 그래서 그녀를 옹호해 주고 싶었어요. "물론 당신은 알고 싶죠. 당연히 이걸 이해하고 싶겠죠"라고 말이죠. 왜냐하면 그녀를 담아 주고 싶고, 감정적으로 소용돌이치지 않도록 도와주고 싶었거든요.

다이애나 당신이 이 장면에서 관계적 개입(relational interventions)을 잘 활용하고 있는 것 같아요. 그리고 이건 당신이 수퍼비전 초반에 했던 "그녀의 속도를 늦춰야 할까요?"라는 질문으로 다시 연결돼요. 저라면 아마 그렇게 해 보고 싶었을 거예요. 그녀가 지금 작업을 하고 있지만, 불안도 많아서 당신이 말하고 있는 것을 받아들일 만큼 충분히 현재에 머무를 수 있는지 보기 위해서요.

마이클 맞아요. 맞아요.

다이애나 저는 아마 이렇게 말해 보고 싶었을 것 같아요. "알겠어요, 정말 잘 들었어요. 그런데 우리 잠깐 숨 좀 쉬고, 천천히 해 볼 수 있을까요?" (속도를 낮춘 목소리로 말한다.) 그렇죠? 이런 식으로요. 그러면 당신의 목소리 자체가 그녀에게 그 메시지를 전달하게 되는 거죠. **[수퍼바이저가 수퍼바이지에게 행동하기를 권하려는 것을 실제로 하고, 말 속도를 늦추면서 '나(I)' 진술과 경험적 모델링의 형식으로 대안적 개입을 제안한다.]** [마이클: (고개를 끄덕이며) 네. 네.] 저는 아마 그렇게 시도해 봤을 것 같아요.

마이클 네, 도움이 됐어요. (고개를 끄덕인다.)

다이애나 당신은 관계적인 길, 의미 있는 길, 일관된 길을 따르고 있군요. 그녀도 그런 것에 대해 무언가를 표현하고 있기 때문이죠.

다시 말해서, 하나, 둘, '네, 그리고……' 개입이다. 먼저 수퍼바이지가 정말 훌륭한 작업을 하고 있기 때문에 그것을 인정하고 진심을 담아 말한 다음, 새로운 것, 즉 '나(I)' 언어로 표현된 대안적인 방법을 알려 준다. 이것은 놓쳐 버린 개입이 아니라 가능성으로 표현된다. 수퍼바이저가 "당신은 여기에서 그녀의 속도를 늦춰야 했어요." 또는 "당신은 여기에서 그녀의 속도를 늦추고 싶었을 거예요." 대신 "나는 여기에서 그녀가 속도를 늦출 수 있도록 도와주고 싶었을 겁니다"라고 말한다. 그리고 또 다른 인정으로 이어진다. 이것은 인정이라는 빵 위에 대안적인 방법을 샌드위치처럼 얹은 것이다.

마이클 네, 맞아요.

다이애나 그래요, 좋아요.

마이클 좋아요.

다이애나 알겠어요.

이 '좋아요'라는 말을 주고받는 것은 수퍼바이저와 수퍼바이지가 같은 방향으로 나아가고 있다는 것을 보여 준다. 즉, 수퍼바이저와 수퍼바이지가 같은 생각을 하고 있고, 수퍼비전 과정이 진전되고 있으며, 둘 다 함께 느끼고, 모두 기분이 좋다는 것을 의미한다. 수퍼바이지는 수퍼바이저의 제안을 받아들이고 내면화하여 자신의 말로 실천한다. 수퍼바이저는 이 순간 수퍼바이저로서 자신감을 얻고 있으며, 수퍼바이지와 함께 과정에 참여하고 있는 것이다. 수퍼바이저가 수퍼비전 회기를 시작할 때 느꼈던 불안이나 걱정이 사라지고 있다. 그리고 수퍼바이저와 수퍼바이지 모두 즐거움을 느끼기 시작하는데, 이는 내담자의 고통과 치료자의 고군분투 및 걱정을 고려한다면 역설적이다. 이것은 메타프로세싱의 전형적인 측면 중 하나이다. 어려운 일조차도 공유되고 호응을 얻으면 기분이 좋아진다. 이것이 바로 진정한 자기와 진정한 타인의 관계 맺기이다.

우리가 지금까지 달성한 네 가지 성과가 무엇인지 살펴보자. 첫째, 수퍼바이지와 수퍼바이저가 안전감을 함께 조성하고, 치료자/수퍼바이지의 고립감(aloneness)을 해소하는 데 참여했다. 둘째, 안전이 확보되고 상호 신뢰가 커지면서 위험을 감수하고 학습하는 데 더 개방적이게 된다. 회기가 거듭될수록 더 많은 공명과 긍정적인 에너지로 수퍼비전이자 시스템이 업그레이드되어 작업할 수 있는 역량이 더 커진다. 셋째, 수퍼바이지는 새로운 것, 대안적 사고방식과 개입에 귀를 기울일 수 있으며, 그것을 스스로 찾아내지 못했다는 데 수치심이나 부끄러움을 느끼지 않으면서 이를 탐구하고 심지어 수용할 수 있다. 넷째, 과정이 정확하고 구체적이다. 수퍼바이저와 수퍼바이지 모두 내담자와 그 내담자에게 필요한 것이 무엇인지 파악하고 있으며, 잘된 것과 잘되지 않은 것에 대해 배우고 활용하고 있다.

마이클 다음 부분은 좀 길게 이어지는데, 한 5분 정도 되거든요. 원하실 때 언제든 멈춰 주세요.

다이애나 알겠어요. 우리가 멈출 수도 있을 거예요. 좋아요. 감사합니다.

마이클 제 질문은 지지에 관한 것이에요. 제가 [그녀에게 대답하면서] 생각했던 건, '이게 너무 심한가?' 또는 '이게 너무 지나친가?'였어요. "모두가 그걸 원하죠. 당연히 당신도 그걸 원하고, 모두가 그래요"라고 말하죠. **[수퍼바이지가 수퍼비전 회기 시작 때 언급했던 질문을 다시 말하는데, 이제 곧 시청할 다음 장면에 직접적으로 적용된다.]**

마이클 저는 꽤 강하게 말해요. 그녀에게 "그 말을 들으니 기분이 어때요?"라고 물어요. 그녀에게 확인하고 있지만, 선생님은 어떻게 느끼시는지 알고 싶어요. 제가 너무 많은 것을 하고 있나요? 아니면 더 효과적인 [다른] 방법이 있을까요? **[그는 자신의 개입을 소개하고, 수퍼바이저의 조언, 즉 자신이 무엇을 어떻게 하고 있는지에 대한 수퍼바이저의 '감각'을 명시적으로 묻고 있다.]**

다이애나 좋아요, 함께 추적해 봐요. 제가 비디오를 멈추겠지만, 당신도 이전에 보지 못한 것이 보이면 자유롭게 비디오를 멈춰 주세요. **[이것은 수퍼바이저가 AEDP 수퍼비전 활동의 협력적 특성을 강조할 수 있는 또 다른 기회이다.]** [마이클: 알겠습니다.] 우리가 그 질문에 답하는 것은 "너무 과합니다." 혹은 "당신은 ~할 때 절대 그렇게 하지 말아야 해요" 등의 추상적인 대답이 아니기 때문이에요. 그렇죠? [마이클: 네, 맞아요.] 그럼 이제 그것이 어떻게 받아들여지는지 추적해 봅시다. **["이게 올바른 개입인가요?" 라는 질문에 대한 유일한 답은 내담자의 반응 안에 있다.]**

치료 장면 6

내담자 (울음을 터뜨린 후 잠시 멈춘다.)

치료자 당연히 이해하고 싶으시죠. (내담자가 고개를 끄덕인다.) 이건 말이 되나요?

내담자 (고개를 끄덕인다.)

치료자 누구나 자신의 결혼 생활을 이해하고 싶어 해요. 무슨 일이 있었는지, 왜 그런 일이 일어났는지 알고 싶어 하죠.

내담자 네. (고개를 끄덕인다.)

치료자 그러니까 그걸 알고 싶어 하는 게 당연해요. **[타당화]**

내담자 정말 마음이 진정되네요. **[치료에서 변화의 순간]**
[치료 영상이 재생되는 동안 다이애나가 말한다. "진심에서 우러나오는 말이군요. 좋네요. 잠시만 멈춰 봅시다."]

치료 장면 6 이후의 수퍼비전

다이애나 그래서 그 점이 정말, 분명하게 이해되네요. 이건 우리가 함께 보는 첫 번째 순간이에요. (깊게 숨을 들이마시고 내쉰다.)

마이클 네.

다이애나 우리는 이미 진정되는 순간이 있었지만, 이제 그녀도 그렇게 되었죠. 저는 그게 열정적이고 개인적이기 때문에 그렇다고 생각해요. **[마이클이 열정, 진정성, 깊은 감정을 담아 말하고 있음을 의미한다.]**

마이클 음.

다이애나 당신은 "모두"라고 말해요. 다시 말해, 우리 모두가 알고 싶어 한다는 거죠.

마이클 네.

다이애나 그리고 그녀가 "정말 마음이 진정됐어요"라고 말해요.

마이클 네. 그리고 다시 보니까 그게 수치심에 도움이 되는 것 같아요. 그건 당신뿐만 아니라, '당연히 모두'가 알고 싶어 하는 거예요.

다이애나 정확해요. 이걸 원한다고 해서 당신이 잘못된 게 아니에요. 보편적인 인간의 경험이니까요. 우리는 그 안에서 모두 함께하고 있어요. 그리고, 당신이 열정적으로 말한다고 생각해요.

마이클 음, 네.

다이애나 어떤 면에서는, 그녀가 마침내 당신과 접촉하게 되었어요.

마이클 네, 맞아요.

다이애나 이 순간이 바로 처음 접촉하는 순간이에요. 그리고 당신은 잠시나마 그녀가 진정할 수 있게 했어요.

마이클 (고개를 끄덕인다.)

다이애나 네. 정말 좋네요. 아주 좋아요. 5분이라고 말씀하셨지만, 볼 것도 많고, 중요한 순간입니다. **[수퍼바이지에 대한 열정적인 인정과 칭찬]**

마이클 네. 그래요. 기분이 좋네요. (미소) **[수퍼바이지의 긍정적인 신체-감정적 표식]**

수퍼바이저는 긍정적인 순간에 주목하지만, 수퍼바이지는 5분을 보여 주는 게 중요하다. 그래서 수퍼바이저는 좋은 기분을 다루고, 수퍼바이지와 함께 수퍼비전 과정에서 나타나는 긍정적인 감정을 처리하고 메타프로세싱할 기회가 더 있을 것이라고 믿는다.

치료 장면 7

내담자 [남편이 떠나려는 이유를] 알 자격이 있으니까요……. **[치료에서 변화의 순간]**

치료자 네, 그렇죠.

[치료 영상이 재생되는 동안 다이애나가 말한다. "와우!"]

내담자 그게 약속이었죠. (싱긋 웃음)

치료자 정말 그럴 만했어요, 네.

내담자 네.

치료자 당신은 무슨 일이 왜 일어났는지 그리고 무슨 일이 있는지 알 자격이 있어요.

[치료 영상이 재생되는 동안 다이애나가 말한다. "맞아요."]

치료자 그걸 모르니 답답한 일이에요.

내담자 선생님이 그렇게 말씀하실 때, 제가 남편의 이유나 그가 생각하는 걸 충분히 받아들이거나 들어 주지 못하고 있다고 생각했어요. 남편이 자신의 이유에 대해 무엇을 생각하는지, 무슨 일이 일어났다고 믿는지 말이에요.

[치료 영상이 재생되는 동안 다이애나가 말한다. "우리 잠시 멈춰 볼까요?"]

치료자 네.

치료 장면 7 이후의 수퍼비전

다이애나 AEDP에서 자주 보는 것처럼, 사람은 차분해지고 깊어지고 나서 그다음에……. **[상태 변화와 그 치료적 결과에 대한 매 순간의 현상학적 추적하기]**

마이클 (고개를 끄덕임) 네. 맞아요.

다이애나 그리고 저를 놀라게 한 것은 그녀가 차분해진 직후에 "전 그럴 자격이 있어요"라고 말한 것입니다. **[놓쳐서는 안 될 중요한 순간 강조하기]**

마이클 네.

다이애나 그래서 그것은 암묵적인 반(反)-수치심인데요. 즉, 그건 매우 수치심에 반하는 감정이지만, 그녀가 실제로 자진해서 "전 그럴 자격이 있어요"라고 말할 때, 무엇이든 간에 이전에 느꼈던 감정을 내포하고 있어요. 큰 의미가 있는 말이죠.

마이클 (머리를 기울이며) **[개방, 수용, 경이로움의 표식]** 네. 맞아요.

더 나은 방향으로의 변화의 순간을 주의해서 알아차리고 포착하여 그냥 지나치지 않는 것이 필수적이다. 이러한 순간들은 AEDP의 치료 작용 메커니즘에 매우 중요하다. 수퍼비전의 양자 관계에서 형성된 안전감 속에서 현상학적인 매 순간 추적하기가 결실을 맺고 있다. 수퍼바이저와 수퍼바이지는 앎의 순간을 경험하고, 수퍼바이지는 내담자의 역동에 대해 진정으로 깊이 이해하는 순간을 맞이하게 된다. 머리를 기울이는 것은 수퍼바이지가 새로운 것을 배웠음을 나타낸다.

다이애나 그래요.

마이클 네. (미소) **[수퍼바이지의 긍정적인 신체-감정적 표식]**

다이애나 그 멋진 미소가 계속 보이네요. (둘 다 웃는다.) 네, 말해 보세요.

이전 수퍼비전의 지금-여기에서는 긍정적인 감정을 탐색하지 못했지만, 지금은 수퍼바이저와 수퍼바이지 모두 수퍼바이지의 긍정적 감정에 초점을 맞춘다. 이 감정은 알아차림에서 오는 것이며, 치료에서 긍정적인 변화의 순간을 목격하면서, 그리고 내담자의 수치심이 해소되는 것에 대한 통찰을 통해 내담자를 더 깊이 이해하는 데에서 비롯된다.

마이클 그걸 클릭하진 않았지만, 큰 알아차림이죠. 이 영상을 준비하고 보면서도 제 직감은 '그녀가 수치심을 느끼고 있는 것 같다.'였고, 우리가 그걸 다루어야 한다고 생각했어요. [다이애나: 그래요.] 하지만 선생님이 말씀하시는 건 그녀가 느끼는 수치심을 타당화하는 거죠. '저는 그럴 자격이 있어요.'는 수치심에 반대되는 감정이에요. 네, 그 말이 그녀가 이전에 다른 모든 소용돌이 속에서 무엇을 느꼈는지 이해하는 데 도움이 됩니다. **[내담자에 대한 그의 이해에 관한 일관된 내러티브]**

다이애나 맞아요. 네. 그리고 큰 미소도요. (미소) **[수퍼바이저의 긍정적인 신체-감정적 표식]**

마이클 아주 도움이 되네요.

다이애나 네?

마이클 타당화요. 그녀와의 관계에서도, 그녀와 함께하는 작업에서도 타당화를 사용할 수 있어요.

다이애나 대단해요. 당신은 그걸 다시 해 볼 수 있어요. [마이클: 네, 네, 네.]

AEDP 수퍼비전의 두 가지 목적이 달성된다. 수퍼바이지가 타당화되었다고 느낄 뿐만 아니라 내담자에 대해 이전에 몰랐던 것을 깊이 알게 되어 앞으로 내담자와의 치료에서 도움이 될 것이다. 이 책을 위해 이 수퍼비전 회기에 대한 축어록을 검토하던 중 다이애나에게 보낸 이메일에서 마이클이 이 순간 자신의 '지적 고립감'이 해소되는 경험을 했다는 것을 깨달았다고 덧붙인 것이 흥미롭다. 이러한 깨달음은 정서적 고립감에 지적 고립감을 더한다는 점에서 AEDP 수퍼비전 이론을 확장한다. 그리고 여기서 우리가 만나게 되는 해결책은 지적으로, 정서적으로 동행한다고 느낄 때의 흥분이다.

다이애나 때때로 수치심이 다른 감정들과 비슷하기도 하지만, 특히 너무 숨겨져 있어서 그 감정이 지나간 후에야 조금 알게 된다고 생각해요. **[수치심에 대해 가르치는 순간]**

마이클 네, 맞아요.

다이애나 좋아요. 이제 다음 장면으로 넘어갈 건데, 그녀가 스스로를 탓하고 있네요. 그녀는 지금 하고 있는 것과는 다른 무언가를 해야 할 텐데요.

마이클 맞아요.

치료 장면 8

내담자 제 기억을 떠올리고, 무슨 일이 있었는지 생각하면서 대답하고 있는 건데…….

치료자 네.

[치료 영상이 재생되는 동안 다이애나가 말한다. "음."]

치료자 그래요, 당연히 그러시죠.

내담자 (고개를 끄덕인다.) 네.

치료자 그렇죠?

내담자 네, 그렇죠. 그러다가도 '그래요, 당신을 믿어요'라고 말하는 사람이 되어야 한다는 생각에 좌절감을 느껴요.

치료자 네. 하지만 당신은 그렇게 하지 않아요.

내담자 그렇게 하지 않죠. (미소 짓고 고개를 끄덕인다.)

치료자 남편을 믿지 않아도 괜찮아요.

내담자 네. (고개를 끄덕이며 울음을 터뜨린다.) **[치료에서 변화의 순간]**

치료자 네, 괜찮아요. 맞죠? (내담자가 고개를 끄덕인다.) 괜찮아요. 이게 어떻게 들리나요?

[치료 영상이 재생되는 동안 다이애나가 말한다. "그 말 덕분에 그녀의 감정이 올라왔군요."]

내담자 선생님을 믿어도 될지 모르겠어요. (웃음)

치료자 (고개를 끄덕인다.)

내담자 하지만 그렇게 해야 해요. 네.

치료자 무슨 일이 있었는지 직접 경험하셨어요. 그렇죠? (내담자가 고개를 끄덕인다.) 당신만의 경험이 있어요. 남편분은 당신의 생생한 경험과 정말 모순되는 말을 하고 있어요. (내담자가 고개를 끄덕인다.) 당신이 남편을 믿어야만 하는 건 아니에요. 그러지 않아도 괜찮아요. 너무 답답하시죠?

내담자 (고개를 끄덕인다.) 네.

치료자 남편이 느끼는 모든 감정을 이해하지 못하기 때문이죠. 하지만…… 바로 그 지점에 당신이 있어요.

내담자 네. (내담자와 치료자 모두 고개를 끄덕인다.)

치료자 이게 어떻게 들리나요?

내담자 좋아요. 근데 제 질문은요…….

[치료 영상이 재생되는 동안 다이애나가 말한다. "좋아요, 그러나……."]

[치료 영상이 재생되는 동안 마이클이 말한다. "그렇군요."]

내담자 어떻게 하면 제가 좌절하지 않을 수 있을까요? 그 감정을 느끼거나 혹은 안 느끼려고 노력할 때 말이죠. 저는…… 여전히 무슨 일이 있었는지에 대한 남편의 기억이나 이야기에 동의하지 않아요. 지금 당장은 잘 모르겠어요. 어쨌든 나중에는 그다지 신경 쓰지 않을 테니까 그렇게 될 수도 있겠죠. 하지만……. 저와 그 사람이 서로 다른 이야기를 갖고 있다는 사실에 어떻게 괜찮을 수 있을지 모르겠어요. 저도 신경 쓰지 말아야 할 것 같아요.

[치료 영상이 재생되는 동안 다이애나가 말한다. "우리 잠시 멈춰 볼까요?"]

[마이클이 답한다. "그럼요."]

이 장면에서 우리는 조금 전에 수퍼비전 회기에서 일어났던 병행 과정을 치료 중에도 볼 수 있다. 수치심과 무가치함이 해소되면서 내담자의 신뢰가 더욱 깊어진다. 내담자는 자신이 좋은 것을 받을 자격이 있다고 느낀다. "당연히 당신도 이걸 이해하고 싶겠죠"라고 말하는 치료자를 통해 내담자의 감정이 타당화된다. 그런 후에 내담자는 위험을 감수하고 치료자에게 도움을 요청한다. 이어지는 수퍼비전 장면에서 수퍼바이저는 내담자에 대한 자신의 경험을 활용하여 AEDP 방식으로 그녀가 보고 있는 암묵적인 것을 명시적으로 표현한다.

치료 장면 8 이후의 수퍼비전

다이애나 이 부분에서 정말 감동받았어요. 왜냐하면 내담자가 실제로 당신에게 도움을 요청하고 있으니까요.

마이클 음. (고개를 끄덕인다.)

다이애나 그녀가 "이 문제에 대해 정말 도움이 필요해요"라고 말하고 있잖아요. **[수퍼바이지가 무슨 일이 일어나고 있는지에 대해 더 깊이 있게 파악할 수 있도록 도와주기 위해 수퍼바이**

저가 내담자의 경험을 더 자세하게 설명하는 방식으로 내담자의 목소리를 대신해 준다.]

마이클 음. 네, 네.

다이애나 다시 말하지만, 음……. 그녀가 솔직해서 **[변화 동력의 징후가 나타난다.]** 저도 그녀에게 감사하고 있습니다……. 우리가 그녀의 조절장애에 대해 많이 이야기해 왔지만, 그녀는 엄청난 힘을 가지고 있어요. **[수퍼바이저가 수퍼바이지의 내담자에 대한 자신의 경험을 이야기한다.]** [마이클: 음.] 그러니까 그게 바로 변화 동력의 측면이에요. [마이클: 네. 맞아요.] 그녀가 정말로 당신과 함께 작업하고 있어요. [마이클: 음.] 아시다시피, 그녀는 매우 솔직해요. **[변화 동력의 발견 가르치기]** [마이클: 네. 네.] 우리가 이 지점으로 들어온 게 기억조차 나지 않지만, 그건 인정이었어요. 그리고 그녀가 "선생님을 믿어도 될지 모르겠어요"라고 말하더군요. [마이클: 네. 네.] 그녀는 솔직해요. 그녀가 "더 이야기해 주세요"라고 말하고, 당신은 그녀에게 더 이야기해요. 그렇죠? [마이클: 맞아요. 네.] 그리고 지금 이 시점에서 그녀는 무엇보다도 "도와주세요"라고 말하고 있어요. **[수퍼바이저가 AEDP 관점에서 깊이 있게 보고 있는 것을 가르치고 명시적으로 만드는 방식으로 내담자에 대한 자신의 경험을 이야기한다.]** [마이클: 네.] 매우 직접적이죠. [마이클: 네. 네.] 그런데도 연결되어 있어요.

마이클 그녀가 질문했을 때의 그 느낌이 느껴지는데, 그때 어느

정도 느꼈어요……. 우물쭈물하는 느낌이었나? **[수퍼비전에서 변화의 순간]**

수퍼바이저가 내담자의 경험을 폭넓게 자세히 설명하는 것은 수퍼바이지가 의식적으로 기억하지 못했던 치료 회기의 경험에 신체 본능적으로 접근하는 데 도움이 된다. 이는 수퍼비전이 경험적으로 깊어지는 순간을 나타내며, 관계적 안전감을 수퍼바이저와 수퍼바이지가 함께 만들어 냈음을 시사한다. 다시 한번, 수퍼바이지는 이제 자신의 직접적이고 상당히 불편한 경험, 즉 '우물쭈물하는' 느낌을 중심으로 이루어진 경험을 기꺼이 털어놓게 된다.

다이애나 아하.

마이클 그리고 이런 생각도 들어요. '그녀가 나에게 많은 걸 물어보네.' '내가 대답할 수 있을까? 할 수 없을까?'

다이애나 당신 안의 감정이군요.

마이클 네, 네. '이걸 어떻게 다뤄야 하지? 대답을 어떻게 할 수 있을까? 대답을 할 수 있긴 할까?'에 관해서요.

당신이 원하는 것을 주의 깊게 살펴보라. AEDP는 애착 기반의 관계적 접근이기 때문에 내담자들의 관계적 경험이 깊어지면, 치료자의 더 깊은 애착에 대한 갈망과 불안도 함께 건드리게 된다. 여기서 치료자에 대한 내담자의 신뢰가 깊어지면 내담자는 위험을 감수할 수 있는 용기를 갖게 된다. 내담자가 치료자에게 의존하도록 허용하면 관계적으로 부담해야 할 것이 많아지고 치료자에게 불안을 유발한다. 마이클은 자신이 그러한 도전에 응할 수 있을지 궁금해 한다. 또한 보다 우뇌적 개입인, 수퍼바이저가 내담자의 대역을 하는 것이 어떻게 수퍼바이지의 신체본능적 경험, 즉 '우물쭈물하는' 느낌을 깊어지게 이끄는지 주목하라. 결국 그 느낌은 그가 회기 안에서 어떻게 느꼈는지 신체본능적으로 기억하도록 안내한다.

마이클 "그녀의 문제를 해결하고" 싶지 않아요. [다이애나: 그래요.] 저는 그녀가 해결책을 찾도록, 즉 스스로 생각하고, 자신이 겪고 있는 것을 느낄 수 있도록 도와주려고 노력합니다. [다이애나: 그렇죠.] 하지만 이전에는 정말 의식하지 않았거나 알아차리지 못했던, 직접적인 관계적 부분이 있어요. **[자기개방, 관계에서 녹색 '진행' 신호등에 해당하는 청신호 감정]**

다이애나 한 번만 더 해 보죠……. 아시다시피, 그게 당신에게 부담을 주니까, 그렇죠? 그건 "도와주세요! 이걸 어떻게 해야 하나요?"입니다.

마이클 맞아요, 맞아요, 맞아요, 네. 이전에는 불안했는데, 지금은 "정말 좋다!"라고 느끼고 있어요. (미소) "정말 좋은 신호예요!" **[이것은 수퍼비전에서 변화의 순간이다. 지금-여기에서의 변형이며, '이해해요'를 넘어서 '이해하고 있고, 전에는 불안했지만 지금은 행복해요.' '이제는 기분이 좋고 불안감이 사라졌어요'의 순간이다.]** [다이애나: "맞아요."] 그녀와 정말로 연결되어 있다고 느끼는데, 이것이 그 연결의 이유와 의미를 이해하는 데 도움이 되고 있어요. (다이애나가 고개를 끄덕인다.) **[이제 우뇌의 경험과 좌뇌의 이해가 함께 일어나서 통합되고 있으며, 기분이 좋다.]**

다이애나 그래요. 당신은 그녀가 당신을 믿고 있다는 것을 알고 있어요. [마이클: 네.] 어떤 면에서는, 그녀가 "선생님을 믿어도 될지 모르겠어요."라고 말하는 것이 상당히 신뢰할 만해요. 그렇죠? [마이클: 맞아요.] "네, 좋아요."라는 대답 대신에요.

마이클 맞아요. 맞아요. 맞아요. 네. 네, 그건 좋은 신호예요.

다이애나 다시 돌아가기 전에 당신에게 무슨 일이 일어나고 있는지 추적해 봐요.

마이클 그녀가 '모르겠어요'라고 말할 수 있어서 기분이 좋아요. 그녀를 신뢰하는 데 도움이 됩니다. 그녀가 '모르겠어요'라고 말할 수 있기 때문에 기분이 좋다고 말하면 그건 '좋은' 거예요. **[수퍼바이지는 변화 동력을 위한 내담자의 노력과 개인적 특성 안에서 변화 동력이 나타나는 것에 더 깊이 감사하고 있다. 내담자를 더 잘 이해할수록 내담자에 대한 신뢰가 커진다.]**

다이애나 맞아요. 바로 그거예요. 그녀는 자신의 다양성과 분별력을 보여줍니다. 그렇죠? 그녀는 단지 당신을 기쁘게 하는 것이 아니에요. 그녀는 정말 진심입니다. [마이클: 네, 네.] 저도 그녀에게 감사하네요. **[내담자의 경험, 역동, 개인적 특성, 변화 동력의 발현에 대해 자세히 설명하고 계속해서 표현한다.]**

마이클 저도요.

치료 장면 9

내담자 …… 인생사에 관한 남편의 견해와 제 견해가 다른 건데, 제가 그 사람의 견해를 바꾸려고 노력해야 하는 건 할 수 없는 일이에요. 남편이 제 견해를 바꾸지 못하게 하는 것과 마찬가지로 말이죠.

치료자 그래요.

내담자 하지만 또 한편으로는…… 제가 원하는 답을 어떻게 얻어야 할지 모르겠어요. 제가 원하는 답을 얻지 못할 것 같아요. **[치료에서 변화의 순간]**

치료자 네. (고개를 끄덕인다.)

내담자 (머리를 흔들며, 미소 지음) 아아! (싱긋 웃음)

치료자 네, 그 '아아!'는 뭘까요?

내담자 (미소를 지으며, 손가락을 계속 빙빙 돌린다.) 그냥, 이 모든 것이 결국 같은 곳으로 되돌아가요. (싱긋 웃음)

치료자 맞아요. 그래서, 그래서 당신과 남편분이 이 문제에 대해 함께할 수 없기 때문에 감정이 생길 거예요. (머리를 흔든다.)

내담자 (고개를 끄덕인다.) 네.

치료자 아마도요. 그래서 많은 감정이 생길 거예요. 그리고 결국에는 그 상황을 받아들여야 할 거예요. 맞죠?

내담자 (고개를 끄덕인다.) 네.

치료자 의견 차이 때문에…… 그 모든 감정을 처리하는 건 당신을 변화시키지도, 남편을 변화시키지도 않아요. 정말 지긋지긋한 의견 차이네요. 그렇죠…….

내담자 (고개를 끄덕인다.) 네.

치료자 그것이 당신의 삶을 너무 망쳤어요.

내담자 네.

치료자 그렇죠?

내담자 네. (고개를 끄덕인다.)

치료자 그리고 그 감정들을 처리함으로써 결국 당신도 그걸 어느 정도 수용하게 되겠지만, 전혀 마음에 들지 않을 것 같아요.

내담자 네.

치료자 또는 그것에 동의하거나요.

내담자 네, 하지만 그저…… 알아차리려는 건데요.

치료자 네, 지금 당신의 마음에 와닿는 건…….

내담자 (미소) 하지만 탈출구는 있어요. (웃음) **[치료에서 변화의 순간]**

치료자 네. 네. 분명히요. (미소)

내담자 (웃다가 울음이 터지기 시작한다.)

내담자 기분이 좋지만, 정말 정말 슬프기도 해요. **[치료에서 변화의 순간]**

치료자 네.

치료 장면 9 이후의 수퍼비전

다이애나 좋아요. 어떤 면에서는 여기서 멈추는 것이 더 나을 수도 있어요.

마이클 네.

다이애나 "탈출구는 있어요"라는 그녀의 말에서 우리는 그녀가 정말로 두려워했던 것이 무엇인지 알게 됩니다. 분명히 [전에는] 그녀가 '영원히 [탈출구가 없다]는 기분이 들겠구나'라고 느꼈어요. 그렇죠? [마이클: 네, 네.] 이것이 바로 사람들이 느끼는 병리적 감정 중 하나입니다. '마치 지옥에 있는 것 같고, 나는 이 지옥에서 절대 벗어날 수 없을 것이다'라고요. [마이클: 네, 네. 맞아요.] 그러고 나서 그녀가 "오, 탈출구는 있어요"라고 말하는데, 이것도 정말 타당하다고 생각해요. 이제 진짜 감정을 인정받는 것 같아서 그녀는 슬픔 속으로 빠져들게 됩니다.

마이클 슬픔 속으로…… 네.

다이애나 상태와 삼각형의 측면에서 이것을 어떻게 추적할까요?

경험에 기반한 이해가 어느 정도 마무리되고 견고해졌다면, 이제 좌뇌를 통해 통합을 심화할 수 있다. 깊이 있는 이해가 이루어지면, 경험(즉, 수퍼비전 회기에서의 경험과 내담자 및 치료자 자신의 행동을 더 잘 이해하는 것)과 성찰(즉, 이론) 사이를 오가며 해석할 수 있으며, 이는 새로운 경험을 통해 더 깊어질 수 있다.

마이클 저는 삼각형의 꼭대기 작업, 상태 1 작업 그리고 불안이나 방어 다루기를 많이 했던 것 같아요. 그리고 타당화와 심리교육도 했죠. 그녀가 희망을 갖게 된 것이 일종의 변형적 감정이라고 생각해요. '아, 그래요, 탈출구는 있어요'라는 한 줄기 빛이 있었어요. 그렇죠?

다이애나 그런데 한 줄기 빛 이상이었어요.

마이클 네. 네. 그리고 그 덕분에 그녀는 상태 2로, 슬픔의 핵심 감정 속으로 들어갈 수 있었어요. 아시다시피, 그게 얼마나 오래 지속될지는 봐야 해요. (모니터를 가리킨다.) 하지만…….

다이애나 하지만, 보세요. 당신이 이야기할 때 제게 떠오른 것은 그녀가 [이전에는] 절망감을 [명시적으로] 표현하지 않았다는 것입니다. 그러니까, 지옥에서 절대 벗어날 수 없을 거라는 절망감 말이에요……. [마이클: 그렇죠.] 그래서 저는 '탈출구는 있어요'가 병리적 감정의 적응적 행동 경향성이라고 생각해요. 무력한 것도 아니고, 절망적인 것도 아니라, 괜찮아질 거라고 말이에요. [마이클: 맞아요.] 또는, 괜찮지 않지만, '난 거기에서 벗어날 거야.' [마이클: 네.] '난 거기에서 벗어날 거야'라고요. 그러고 나서 그녀를 핵심 감정 속으로 빠져들게 하죠.

마이클 네, 네, 네.

다이애나 서둘러서 죄송하지만, 시간이 얼마 남지 않았군요. 우리가 다루어야 할 또 다른 것이…… 있을까요? **[애착 대상으로서, 작업을 위해 수용하고 담아 주는 좋은 대상이 되는 데 도움이 되는 시간 및 기타 경계 문제를 추적하는 것은 수퍼바이저의 역할이다.]**

마이클 끝에 메타프로세싱하는 부분이 조금 있어요. 그 부분으로 건너뛸 수 있어요.

다이애나 좋아요. 알겠습니다. 그럼 이번 회기의 마지막 몇 분을 함께 볼게요.

치료 장면 10

치료자 그래서, 지금은 좀 어떤가요? 어때요?

내담자 (미소) 좋아요. (싱긋 웃음) 좋았어요. **[변형적 감정, 선언적 모습]** 제가 한 시간 내내 떠드는 것 대신에 선생님이 더 말을 많이 하신 게 좋았어요. (웃음)

치료자 (미소) 네. 이전에는, 감정이 더 컸던 것 같아요. 그렇죠?

내담자 너무 컸지요, 네. (웃음)

치료자 지금은요?

내담자 네, 더 감당할 수 있을 것 같아요. (싱긋 웃음) **[변형에 대한 명시적 주장]**

치료자 네, 대화도 더 많아지고요.

내담자 네. (고개를 끄덕인다.) 네. 그리고…… 네. (한숨을 쉬고 잠시 멈춘다.) 여기에서 벗어날 방법이 있을 거예요. (싱긋 웃음) **[치료에서 변화의 순간]** 지금이 예전보다 더 잘 보이는 것 같아요. **[변형에 대한 명시적 주장]**

치료자 그게 어떻게 느껴지세요?

내담자 사실은, 좋아요. 다른 사람들과 대화하면서 그들에게 "앞으로 괜찮아질 거야. 다른 사람을 찾을 거야"라고 말할 준비가 되지 않았었다고 생각해요. "난 아직 그럴 준비가

되지 않았어!"라고요. 그리고 여전히 그렇지만, 훨씬 더 가까워졌어요. **[변형에 대한 주장]**

치료자 바로 거기에 있어도 괜찮아요. 언젠가는 괜찮아질 거라고 생각했지만, 지금 그렇지 않더라도 괜찮습니다. 네, 지금 여기에 있어도 괜찮아요.

내담자 (고개를 끄덕인다.) 음. 네. **[치료에서 변화의 순간]** (숨을 깊게 들이마심) **[긍정적인 신체-감정적 변형 표식]**

치료자 (미소) 큰 한숨을 쉬시네요. **[신체적 표식을 매 순간 추적하기]**

내담자 (싱긋 웃음) 네. 괜찮아요. **[변형에 대한 주장]**

치료자 음, 이 모든 것을 저와 공유해 주시고, 취약한 모습도 보여 주시고, 감정을 나눠 주셔서 감사합니다. 이 말이 어떻게 들리세요?

내담자 감사합니다. (미소) 좋네요. **[변형에 대한 명시적 주장]**

치료 장면 10 이후의 수퍼비전

다이애나 좋아요. 대단해요. 우리가 여기를 추적한다면, 무슨 일이 일어나고 있는지 어떻게 설명할 수 있을까요? 현상학적인 측면에서요……. **[수퍼바이지에게 회기에서 변형에 대한 신체본능적 경험을 고려해 볼 때 더 심화될 자신의 경험을 AEDP 이론의 관점에서 어떻게 이해할 수 있는지 성찰하도록 요청한다.]**

마이클 내담자와 함께 치료 회기를 메타프로세싱하고 있어요.

[다이애나: 그래요.] 그걸 되돌아보면, 제 생각에 그녀가 일시적으로 음, 핵심 상태의 요소들이 있는 안정된 상태에 도달한 것 같아요. [다이애나: 네.] 평온함과 개방성 그리고 이전에는 없었던 자기 자신에 대한 일종의 친절함이 있어요.

다이애나 맞아요.

마이클 그러고 나서, 제 생각에, 그것을 타당화하자 상태 2로 되돌아가기 시작하면서, 그 슬픔이 잠시 올라와요. 하지만, 음…….

다이애나 그 슬픔이네요.

마이클 네. 좀 잊어버리긴 했는데, 제가 그녀 스스로 어디에 있는지 성찰하는 데 도움이 되는 타당화를 어느 정도 하고 난 후에 마지막 부분에서 그녀가 슬픔을 약간 느껴요. [다이애나: 네. 그래요.] 네, 상태 4에 있다가 상태 2로 조금 되돌아가요.

다이애나 조금 그렇죠. 또한 매우 중요한 것은 그녀가 그 과정을 조절할 수 있다고 우리에게 말해 준다는 것입니다. 즉, 너무 크고 압도적이었던 감정이 이제는…… 그녀가 감당할 수 있다는 단어를 사용한 것 같아요. [마이클: 맞아요.] 그리고 제가 그녀를 아주, 아주 가까이에서 보고 있었는데, 그녀가 그 이야기를 할 때 당신을 정말 직접적으로 응시하고 직접적으로 접촉하기 시작했어요. 시작할 때 제가 여기에 "햇살"이라고 적었는데요. 그녀가 정말 멋진 미소를 지으면서 다시 "탈출구가 있을 거예요"

라고 말하는데, 이는 그녀에게 엄청나고 대단한 일입니다. **[수퍼바이저는 내담자의 변형 감정, 즉 변형이 일어나고 있다는 긍정적인 신체-감정적 증거의 중요성을 강조하고 있다.]** [마이클: 네.] 그리고 다시 말하지만, 그녀와 당신의 연결은 아름다워요. **[깊이 느껴지는 인정]** [마이클: 음.] 당신이 "그래서 어떤가요?"라고 물으면 그녀가 "좋아요"라고 대답하는데, 다시 말하자면, 그녀가 솔직하기 때문에 그건 진심입니다. [마이클: 네.] 그래서 당신이 조금이라도 의심하면 한숨을 쉬는 거예요.

마이클 (싱긋 웃음) 그렇죠. **[긍정적인 신체-감정적 변형 표식]**

다이애나 신경계가 확인하고, [한숨]을 쉬는 거죠. 처음의 불안과 수치심이 어느 정도였는지 그리고 지금 우리가 어디에 있는지 추적하면, 그녀에게서 답이 나올 것 같은 느낌이 듭니다. 궁금한 점이 있는데, 당신의 질문에 관하여 당신은 어디에 있나요? 제 말은, 당신의 질문이 명시적이어서, 우리는 그녀가 질문을 갖고 있었는지 몰랐지만, 그녀에게 질문이 있었다는 걸 발견했잖아요. **[우뇌의 경험과 좌뇌의 이해를 마지막으로 통합하기 위해, 이제 많은 경험과 이해가 쌓인 수퍼바이저와 수퍼바이지가 수퍼비전 회기를 만든 수퍼바이지의 초기 질문들로 돌아간다.]**

수퍼바이저와 수퍼바이지는 치료 회기에 대한 일관되고 응집력 있는 내러티브를 함께 만들어 간다. 이 공동 창작에는 내담자에 대한 이해와 지지적이고 인정해 주는 수퍼비전 관계의 맥락에서 수퍼바이지 자신과 자신의 치료적 개입에 대한 깊이 있는 이해가 포함된다. 이를 통해 수퍼비전의 양자 관계라는 맥락 안에서 직접 느껴본 경험의 관점을 바탕으로 AEDP 이론과 현상학을 보다 깊이 있게 이해하게 된다.

마이클 (싱긋 웃음) 제가 그녀를 대신해서, 그리고 그녀와 함께 그녀를 옹호한 것에 기분이 좋습니다. 왜냐하면 결국 그녀가 하게 된 방식으로 이루어졌고, 그녀와 제가 함께 그걸 확인했기 때문이죠. 그게 좋았다고 생각해요. 그게 잘 진행됐어요. 효과적이었습니다. (싱긋 웃음) **[수퍼비전에서 변화의 순간, 변형의 증거]**

다이애나 그게 어떤 느낌일까요? **[변형 경험에 대한 메타프로세싱]**

마이클 좋은 기분이 들어요. 네. 네.

다이애나 그것에 대해 조금 더 설명해 줄 수 있을까요?

마이클 네. 제가 그 일을 할 때는 '너무 과한 건 아닐까?' [생각했기] 때문입니다. 정말 강렬하고 몰입되는 방식으로 그녀를 진짜 만나고 있다고 느꼈거든요.

다이애나 음, 네.

수퍼바이지가 자기 자신을 정확하면서도 긍정적으로 평가하는 모습을 보는 것은 멋진 일이다. 이는 치료자로서 자신의 긍정적인 정체성을 깊이 지원하고, 치료자, 특히 AEDP 치료자로서 더욱 성장하고 발전하는 데 원동력과 동기를 제공할 것이다.

마이클 제가 더 많이 이야기하는 게 좋았다고 그녀가 말한 것이 그런 의미인 것 같아요. 제가 그녀에게 정말 적극적으로 대했고, 그런 작업을 할 수 있어서 정말 기분이 좋았으며, 그게 효과적이었다는 걸 알 수 있어요. '나도 그렇게 할 수 있구나'라는 느낌으로 평가하고 있습니다. 내담자들과의 회기에서 그런 방식으로 할 수 있으며, 그들과 함께 확인해 보고 효과가 있다면, 내담자가 진전을 보인다면, (다이애나와 마이클이 웃는다.) 저는 그렇게 할 수 있다는 것이고, 기분도 좋죠. **[수퍼비전에서 변화의 순간]** 치료자로서 더 많이 알게 되고 확장된 것 같고, 혹은 치료자로서 성장한 것 같습니다. **[자기 경험과 치료자로서 수퍼바이지의 정체성 측면에서 메타치료적 프로세싱의 양상을 확장하고 구축한다.]**

이것은 수퍼비전 과정의 정점에 해당하는 엄청난 변형의 순간이다. 따라서 그 기회를 최대한 활용하기 위해 이 순간을 더 메타프로세싱하는 것이 중요하다. 더 많은 메타프로세싱을 통해 이를 심화하고, 통합하고, 확장해 보자.

다이애나 아! 잠시 치료자로서 확장되는 느낌에 머물러 주세요. **[알아차리고, 포착하고, 머무르기!]**

마이클 더 커진 느낌이에요. **[수퍼비전에서 변화의 순간]** (싱긋 웃음) **[변형에 대한 주장]** [다이애나: 아하.] 숨이 더 잘 쉬어지고, 더 충만해지는 것을 느낍니다. 네. **[변형 감정]**

다이애나 당신의 그 말을 들으면서 제 자신도 매우 행복해지는 것을 느껴요. **[수퍼바이저의 변형 감정, 수퍼바이저에게 미친 수퍼바이지의 영향에 관한 자기개방]** 목격자로서만 말하려고 했지만, 정말…… 질문으로 시작하는 일은 매우 멋진 일이에요. 그 질문은 병리적인 것이 아니라 자기의심이에요……. 우리 모두에게는 '내가 옳은 일을 하고 있는 걸까? 너무 지나친가? 너무 부족한 건 아닐까?'라고 묻는 자기가 있어요. [마이클: 맞아요.] 결국에는 감정이 타당화되고, 확장된 느낌으로 끝나요. [마이클: 네.] 꽤 좋은 것 같네요! **[수퍼비전에서 변화의 순간]**

마이클 네, 기분이 좋아요.

다이애나 (하이파이브를 하기 위해 손을 올림) 그럼, 좋아요!

마이클 좋습니다! (서로 하이파이브를 하면서 웃음)

활기가 넘치는 것은 변형적 수퍼비전의 핵심적인 특징이다(Watkins, 2012). 수퍼비전의 마지막 몇 분 동안 우리는 긍정적인 상승 변형 나선이 작동하는 것을 볼 수 있다. 수퍼비전은 깊은 공명과 두 참여자 모두 변형되었다는 느낌으로 끝난다. 수퍼바이지가 내담자를 도왔기 때문에 기분이 좋아지고, 자기에 대한 느낌과 자신의 역량에 대해 만족하고, 자부심을 느끼는 경험이 확장되고 성장한 것처럼, 수퍼바이저도 마찬가지이다. 수퍼바이저도 수퍼바이지를 도운 결과로서 만족감, 자부심, 행복을 경험한다. 임무는 완료되었고, 이 수퍼비전 회기가 임무를 완수했고 잘했다는 것에 대한 감정적 인정, 경험하기, 공명과 더불어 그에 따라오는 고양된 기분, 즉 하이파이브의 순간으로 끝나는 것이 적절하다.

결론

3장은 하이파이브의 활기찬 모습으로 마무리한다. 4장에서는 방금 경험한 몇 가지 실천적인 문제를 명확하게 안내할 것이다. 수퍼바이지의 특정 질문을 이해하고 정리하도록 돕기 위해 수퍼비전 초반에 시간 할애하기, 수퍼비전을 위해 비디오 녹화본을 어떻게 활용하는지, 평가적 개입 대신 서술적 개입을 어떻게 하는지 학습하기, AEDP 충실성 척도(Faerstein & Levenson, 2016)가 우리 모두를 어떻게 추적하는지 알아보기 등이 포함된다.

제4장
실천적 주제

수퍼비전 관계를 시작할 때부터 수퍼비전을 구조화하고 서로의 기대를 명확히 한다면, 그 시간을 매우 잘 사용한 것이다. 수퍼비전이 어떻게 진행될 것인지에 대해 분명하게 의사소통하는 것은 수퍼바이저와 수퍼바이지 모두에게 상당한 도움이 된다. 수퍼비전의 구조가 명확하고 기대가 분명할수록 수퍼비전 회기가 더 생산적이게 된다. 처음에 이루어지는 대화가 가장 중요하며, 수퍼비전 매 회기의 처음 몇 분도 중요한데, 수퍼바이저는 수퍼비전을 위한 장을 마련해야 한다. AEDP 수퍼바이저는 수퍼비전의 구조를 세울 때 더 천천히 진행한다. '천천히 하죠. 정말 천천히 생각해 봐요. 괜찮으시겠어요?'라고 천천히 진행하는 것에 대한 필수 기술은 수퍼비전이 가장 잘 이루어지는 방식에 대해 명확하게 설명할 수 있는 공간을 만들어 준다.

AEDP에서 사용하는 '구체적으로 제가 어떻게 당신을 도울 수 있을까요?'와 같은 질문은 수퍼비전 회기에서 '어떻게 하면 제가 도움이 될 수 있을까요?'라고 질문할 때 반영된다. 즉, '비디오에서 무엇을 분명하게 보여 주고 싶으신가요?' '지금 무엇을 하고 있나요?' '내담자와 정한 목표는 무엇인가요?' 등의 질문이 포함된다. 수퍼비전 회기에서는 이러한 교차적 질문을 해야 한다. 주제나 질문은 수퍼바이지가 치료에서 막히거나 다음에 무엇을 해야 할지 모르겠다고 인식한 특정 부분에 관한 것일 수도 있다. 이러한 질문을 통해 수퍼바이지와 내담자가 회기에서 다루고 싶은 것과 수퍼바이저가 반응하는 방식에 따라 수퍼비전의 질감과 구조가 구성된다.

AEDP 수퍼비전 과정에서 비디오 녹화의 중요성

AEDP 수퍼비전 과정에서는 거의 전적으로 임상 작업의 비디오 녹화가 필수적이다. 수퍼바이저는 치료자와 내담자의 신체적·감정적·인지적 경험에 대해 매 순간을 미세하게 분석하는 것을 중요시하고 가치 있게 여긴다. 내담자와 치료자 간 지금-여기에서의 상호작용에 초점을 두고, 그 상호작용을 수퍼바이저와 함께 공유하는 것이 심리치료사들에게 자신의 수행을 개선하는 방법을 가르치는 데 효과적인 방법으로 입증되었다. 선행연구에서 책임(Watkins, 2012)과 즉각적인 피드백(Goodyear & Nelson, 1997)에 대한 강조점을 고려할 때, 실제 치료 회기에 대한 비디오를 통해 수퍼비전하는 것의 중요성은 아무리 강조해도 지나치지 않다.

비디오 녹화는 다음의 세 가지 이유로 수퍼비전 과정에 필수적인 부분이다(Sarnat, 2012; Watkins, 2012).

- 비디오 녹화는 기억과 상상에 의존하는 것 대신 회기의 정확하

고 신뢰할 수 있는 기록을 제공한다.

- 녹화된 영상을 보는 과정은 경험적이며, 수퍼바이지는 수퍼바이저의 경험적이고 신체적인 내장 깊은 곳에서의 반응을 경험하고 공유할 수 있게 한다.
- 비디오를 보고 AEDP 충실성 척도(AEDP Fidelity Scale; Faerstein & Levenson, 2016, 이 책의 7장 참조)에 점수를 매김으로써 수퍼바이지는 많은 것을 배울 수 있다. 자신의 비디오를 보는 것은 치료자가 셀프-모니터링을 할 수 있는 방법이다. 즉, 회기 후 비디오 검토는 치료자가 자신의 작업을 스스로 점검하는 방법인 것이다.

녹화 기술

AEDP 수퍼바이지가 숙달해야 하는 첫 번째 과제 중 하나는 기술적인 부분이다. 어떤 종류의 카메라나 컴퓨터가 사무실에서 가장 잘 작동하는가? 수퍼바이지는 어떻게 수퍼바이저의 컴퓨터나 모니터에 녹화된 영상이 나올 수 있게 카메라에서 이동식 드라이브나 메모리 카드로 파일을 전송할 것인가? 대부분의 치료자들에게(즉, 수퍼바이저와 수퍼바이지) 두 번째 전문 분야는 도전이므로 적극적인 도움이 필요하다. 장비가 준비되면, 수퍼바이지는 내담자를 비디오 녹화하는 것에 관한 동의서를 작성해야 하고, 그런 다음 내담자에게 동의를 구해야 한다. 이것은 대부분의 치료자가 불안을 느끼는 부분이기도 하므로 내담자와의 관계 안에서 비디오 녹화의 필요성에 대해 설명해야 한다. 누구에게 먼저 물어야 하는지, 어떻게 물어야 하는지, 치료자 자신의 불안과 욕구를 어떻게 다루어야 하는지에 대한 것은 초기 수퍼비전 회기에서 초점이 되는 점이다.

비디오 영상을 보는 기술

비디오 영상을 보기 전에 수퍼바이저는 수퍼바이지에게 다음과 같이 질문한다. '어떻게 도와줄까요?' '무엇에 주목하기를 원하시나요?' '우리가 무엇을 볼 예정인가요?' '우리가 어디에 주의를 기울이기를 원하나요?' '상담 장면 중 이 부분에 대해 어떻게 느끼나요? 만약 자랑스럽다면, 구체적으로 당신이 무엇에 만족하는지 알려 주세요. 만약 당황스럽거나 걱정된다면, 구체적으로 당신이 무엇을 했거나 말했는지, 걱정되는 점에 대해 무엇을 하지 않았거나 말하지 않았는지 말해 주세요.' '몇 분 동안 비디오를 함께 보기를 희망하나요?'

다음으로 수퍼바이저는 수퍼바이지(그리고 워크숍 참가자들)에게 비디오를 보는 방식에 주의를 기울이라고 요청한다. '녹화된 비디오를 어떻게 보나요?' '내담자와 동일시하나요?' '치료자와 동일시하나요?' '내용과 감정에 융합되어 약해지나요? 그렇다면 그건 어떤 경험인가요?' '당신은 활력이 생기거나 멍해지나요?' '중요한 부분이 떠오르나요?'

문서화: 우리의 마음과 머릿속에 존재하기

수퍼바이저가 수퍼바이지를 진정성 있게 대하는 것만큼 그들의 치료 회기를 기억하는 것은 중요하다. 수퍼바이저는 본인이 다른 사람에게 영향을 미치며, 그렇게 하고 있다는 것을 알아차리고, 인정하고, 기억할 필요가 있다(Fosha, 2009a). 비디오는 이런 면에서 매우 큰 도움이 된다. 수퍼바이저는 수퍼바이지의 내담자를 보고, 듣고, 느낄 수 있으므로 그들을 기억할 다양한 방법을 갖게 된다. 수퍼바이저가 기억해 내고 "그래요, Jim을 본 적이 있어요. 그를 기억합니다"라고 말한다면 수퍼바이지는 수퍼바이저가 본인들을 마음과 머릿속에 간직하고 있다는 것을 알게 된다(Fosha, 2000b). 이것은 기억을 명확하게 하고, "내가 Jim을 기억한다는 게 어떤 느낌인가요?"라는 질문을 통해 메타프로세싱할 수 있는 좋은 기회이다.

수퍼바이저는 수퍼비전 회기를 녹화하는 것뿐만 아니라 수퍼바이지가 내담자를 어떻게 치료하는지, 각각의 수퍼바이지가 어떻게 작업하는지 기록한다. 또한 AEDP에 대한 수퍼바이지의 지식, 정신내적 역량 및 대인관계 역량 그리고 매주 연습하도록 권장하는 특정 기술에 대해 점검한다. 기록된 것에는 각 수퍼바이지의 학습 범위에 대해 공동으로 구상한 아이디어가 포함된다. 이러한 문서화는 지속적인 협업 과정의 일환이다. 모든 것이 명확하게 이야기되고 메타프로세싱이 진행되므로 수퍼바이지와 수퍼바이저는 학습 경험을 함께 만들어 갈 수 있다.

AEDP 문서화의 차이점은 수퍼바이저의 초점이 내용이나 과거 이력보다 경험과 역동에 더 맞춰져 있다는 것이다. 물론 시간이 지남에 따라 수퍼바이저가 보려고 했던 회기의 맥락에 대해 질문하기 때문에 내담자를 면밀히 따라가다 보면 그가 겪은 사건에 대해 알게 된다. '경험적 역동(experiential dynamic)'이란 회기 안에서 매 순간의 경험을 통해 필요에 따라 역동이 빛을 발하고 과거 이야기가 스스로 드러날 것이라는 점을 의미한다. 또한 AEDP 도식이 우리에게 도움이 되는 부분이기도 한데, 수퍼바이저는 매 회기마다 경험 삼각형을 그려서 노트에 기록한다. "이 순간, 이 회기에서 내담자의 핵심 감정은 무엇인가?" "내담자가 즐겨 쓰는 방어전략(방어기제)은 무엇인가?" "내담자는 불안을 어떻게 경험하는가?"

평가/서술

'평가(evaluation)'라는 단어는 비판과 판단에 대한 예상을 내포하고 있다. 그 대신에 '서술(description)'이라는 단어를 사용하는 것이 AEDP 수퍼비전에서의 작업 방식과 더 잘 맞는다. 이것은 별개의 단순한 연말 총괄 평가가 아니라 메타프로세싱과 매 순간 추적하기를 통해 진전하는 지속적 형성 학습 과정을 의미한다. AEDP 수퍼비전은 과정 지향적 과정을 추적하며 진행된다. 성과 평가는 하지 않지만, 수퍼바이저는 학습 과정과 그것이 양측 모두에게 어떻게 작용하는지에 대해 계속해서 확인해야 한다.

수퍼바이저는 우리가 보고, 느끼고, 듣고, 알아차리는 모든 것을 다루며, 매 순간의 추적 기술에 대한 시범을 보여 주고, 점진적으로 수퍼비전 공간에 또 다른 아이디어와 도구들을 추가한다. 수퍼바이저는 수퍼바이지에게 "우리가 이것을 함께 보면서 제 마음속에 떠오른 몇 가지를 지금 바로 말해도 될까요?"라고 묻는다.

수퍼바이저는 수퍼바이지가 내담자와의 회기에서 수행하였던 것에 대한 자신의 경험을 서술한다. "이것이 내가 보고 있는 것입니다." "이것이 내가 상상하는 것입니다." "이 순간 비디오를 중지한다면, ~이 궁금합니다." 이렇게 함으로써 계속 진행 중인 두 사람 사이의 주관성에 제3의 주관성을 추가한다. 수퍼바이저는 자신의 마음과 전문성, 사고방식을 수퍼바이지에게 "점진적이면서 정신적 외상을 초래하지 않는 방식"(Bollas, 1987, p. 208)으로 빌려준다. 사례 내용에 대해 수퍼바이저 내면의 반응을 이야기하고, 플랫포밍하고, 소리 내어 생각하고, 서술하는 것은 임상 작업은 유쾌한 경험을 하는 데 도움이 된다. 이러한 수퍼바이저의 상상을 통해 수퍼바이저가 수퍼비전 회기(혹은 현재의 수퍼비전)에서 생각하고, 느끼고, 보고, 들은 것에 대해 수퍼바이지가 궁금해하도록 초대하는 통로를 열어 주기 때문이다. 궁금증과 공동 발견에 대한 호기심의 정신은 학습에 대한 개방적인 상태를 만들어 준다. 최근 한 수퍼바이지가 수퍼바이저에게 "선생님의 수퍼비전에서는 방어할 필요가 없어요"라고 말했다. AEDP 수퍼바이저는 평가하는 전문가가 아니며, 평가하는 방식으로 자기 자신을 전문가의 위치에 두지 않는다.

Christopher Bollas(1987)는 Winnicott이 내담자와 비침범적이고 정신적 외상을 초래하지 않는 의사소통을 한 것이 바로 그 자신의 사고 과정에 대한 태도 덕분이라고 하였다. 치료자의 생각(해석)이란 "진실에 대한 공식적인 견해라기보다는 가지고 노는 것, 즉 이리저리 굴려 보고, 곱씹고, 조각조각 내 보는 것"으로 여겨진다(Bollas, 1987, p. 206). 시험 삼아 해 보는 것을 촉진하는 수퍼비전 환경에서 놀이의 정신으로 아이디어를 제시하는 것은 AEDP 수퍼비전의 본질 중 하나이다. AEDP에서 수퍼바이저가 '나(I)' 언어를 사용함으로써 수퍼바이저와 수퍼바이지의 주관성을 알리는데, 이 아이디어가

최종의 권위적인 개념화가 아니라는 것을 분명히 한다. 내담자와 치료자의 양자 관계는 자체적인 리듬과 속도를 갖고 있으므로 수퍼비전 회기에서 양자 관계의 상호작용 목록을 늘리고, 그 관계를 너무 많이 침범하거나 방해하지 않는 것이 중요하다.

Bollas의 작업을 확장하여 '나는 ~라고 생각하고 있어요.' '아이디어가 있는데요.' '나에게 떠오르는 것이…….' '당신이 멀어진다고 느껴요.' 등과 같은 더 많은 수퍼비전 개입을 제안한다. 다음과 같이 말함으로써 수퍼바이저로서 어떤 말을 시작하고 말의 방향을 수정하는 방식으로 수퍼비전 개입(수퍼바이저인 Prenn이 '중단'이라고 부르는 개입)을 할 수 있는 능력을 보여 준다. "당신의 내담자를 보면서 제가 보고 느낀 것입니다. …… 잠깐만요! 그럴 듯하지만, 적절한 것 같지는 않아서요. 제가 확인해 볼게요. 멈췄다가 다시 시도해 보죠"(Bollas, 1987, pp. 206-207). 수퍼바이지의 치료적 개입 목록을 확장하거나 늘리는 또 다른 비침범적인 방법은 다음과 같다. "당신이 한 것을 주의 깊게 보세요. 당신이 여기에서 이렇게 개입했고, 내담자가 이에 반응하여 이완되면서 깊은 눈 맞춤을 했어요. 잘했어요! 당신이 해낸 것이 마음에 들어요. 이와 다르게 한다면 뭐라고 하거나 행동할 수 있을까요?" 수퍼바이지가 "여기서는 천천히 하면 좋겠다고 요청할 것 같아요"라고 말한다. 이때 수퍼바이저는 "네, 좋은 생각이에요. 그게 좋겠군요. 속도를 늦출 수 있는 어떤 개입 방법이 가능할까요? 우리 함께 속도를 늦추는 개입 목록을 만들어 봐도 괜찮겠어요?"라고 말할 수 있다.

만약 수퍼바이지가 수퍼바이저가 실수로 여기는 것을 한다면, 수퍼바이저가 자신의 생각을 신중하고 재치 있게 말하고, 내담자의 반응을 통해 수퍼바이지가 실수했음을 확인할 때 안전감이 생긴다. 수퍼바이저의 피드백을 칭찬으로만 제한한다면 궁극적으로 안전감을 만들 수 없다. AEDP에서는 실수가 없다고 종종 말하는데, 그 대신 메타프로세싱을 통해 수퍼바이지가 다음에 무엇을 할 것인지에 대해 나눈다. 최근의 핵심 훈련에서 한 수퍼바이지가 내담자와의 감동적인 변화의 순간이 담긴 비디오를 보여 주었다. 상담 회기 말미에 그 변화에 대한 메타프로세싱을 하면서 치료자이자 수퍼바이지가 다른 내담자들과의 작업에 대한 일반적인 의견을 말했다. 이렇게 다른 내담자들에 대해 터놓고 말한 것은 내담자가 팔짱을 끼고, 눈시울을 붉히며 눈 맞춤을 피하는 결과를 초래하였다. 그 당시 치료자는 이러한 반응을 알아차리지 못했지만, 지금 비디오를 보면서 내담자가 강한 반응을 보였다는 것을 분명하게 알게 되었다. 이에 대해 수퍼바이저는 보통 다른 내담자들에 대해 이야기하는 것이 실수라고 생각한다고 말하였다. 수퍼바이지는 동의하였고, 앞으로 그렇게 하지 않도록 알게 된 것에 격려받았으며, 다음 상담 때 내담자와 그 문제를 다루어 보기로 용기를 냈다. 그런데 이 대화가 열 명의 다른 치료자들과 함께 구성된 핵심 훈련 집단에서 일어난 것이었다. 그것은 일반적인 규칙을 집단에 가르치기 좋은 방식이었고, 수퍼바이저는 이것이 실수라고 생각한다고 직접적으로 말할 수 있을 만큼 모든 집단 참여자 사이에 자신의 약점을 드러내도 괜찮다는 안전감이 충분히 형성되었다고 느꼈다. 내담자의 반응이 가장 강력한 안내자였다.

수치심 없는 엄격함: 셀프 수퍼비전과 AEDP 충실성 척도

AEDP 공인 자격을 취득하려는 수퍼바이지는 구체적인 가이드라인에 따라야 한다. 이러한 기대는 수련 과정 전반에 걸쳐 명확하게 드러나므로 놀라운 일이 아니다. AEDP 충실성(fidelity) 척도(https://www.aedpinstitute.org/wp-content/uploads/2014/01/AEDP-Fidelity-Scale-Self-Report.pdf 참조) 및 셀프 수퍼비전 핸드북은 학습의 성장 범위를 명확히 알려 준다. Levenson과 AEDP Institute 교수진이 개발한 AEDP 충실성 척도(Faerstein & Levenson, 2016)는 치료자가 특정 기술을 사용하는지의 여부뿐만 아니라 그 기술을 얼마나 잘 발휘하고 있는지도 측정한다. 우리가 개발한 셀프 수퍼비전 핸드북에는 수퍼바이지가 AEDP 전문가로서 활용할 필요가 있는 기술들이 포함되어 있다. 그 기술들은 구체적이기 때문에 불안감을 줄여 준다.

이러한 평가 도구를 사용함으로써 수퍼바이저는 수퍼바이지가 수행한 것을 정량화하여 비디오로 촬영된 부분을 평가할 수 있다. 이것은 수퍼바이지 스스로의 성찰과 자기평가의 기회가 되며, 나아가 AEDP의 여러 측면을 더 깊이 있게 학습할 수 있는 기회가 된다. 임상 작업을 평가하기 위해 AEDP 충실성 척도를 사용하는 것은 수련 과정을 내면화하고, 학습하고, 실력을 향상시키고, 역량의 범위를 인식하고, 추가적인 개발과 작업 및 실습이 필요한 영역으로 역량을 확장하도록 동기를 부여하는 또 다른 방법이다. 수퍼바이저 또한 지원과 비계를 제공한다.

수퍼바이저가 특히 유용하고 수치스럽지 않게 수퍼바이지를 추적하는 좋은 방법 중 하나는 구체적인 개입 방법을 사용하는 것이다. 이를 위해 우리는 구체적인 기술 제목과 사용할 개입 방법을 목록화한 개입 핸드북을 사용한다. 이러한 개입은 인식 가능한 AEDP의 뼈대와 구조이며, 영상이 재생되는 동안 쉽게 확인할 수 있다. 수퍼바이저는 '당신의 인정, 기쁨, 방어 인식, 매 순간의 추적을 보세요.' 등과 같이 말한다. 가장 어려운 개입은 관계와 관계성, 특히 수퍼바이지나 내담자가 표현한 감사와 사의를 수용하는 것과 관련될 수 있다. 다른 치료적 접근에서 우리는 관계 안에서 일어나는 긍정적인 경험을 탐색하지 않도록 훈련받았다. 감사 인사 한마디면 충분하다고 생각하였다(Hanakawa, 2011). 하지만 AEDP에서는 그렇지 않다. 감사는 탐색의 시작점이다. 우리가 관계와 내담자의 진전에 대한 기쁨과 자랑스러움을 수용하고 표현하는 능력 자체가 치유 경험이다. 수퍼바이저가 수퍼비전을 통해 그것을 시범으로 보여 주고, AEDP 치료 회기에서도 실천한다. 다음은 AEDP에서 사용하는 상담 기술과 개입 목록이다.

- 천천히 하기: "우리 좀 천천히 해 볼까요?"
- 감정이 가득 담긴/느낌 단어에 주의를 기울이고 탐색하기: "그 슬픔은 어떤 느낌인가요?"
- 내면의 경험으로 내담자 이끌기: "당신의 내면에서 무엇을 경험하는지 궁금하네요."
- 경험과 관계성을 매 순간 추적하기: "당신은 그것을 말할 때 몸을 앞으로 기울이는군요."
- 진입 지점을 포착하여 탐색하기: "여기에 무언가가 있는데요."

- 지속적으로 메타프로세싱하기: "우리는 어떻게 하고 있나요?"
- 인정하기: "그래, 맞아요! 당신은 훌륭하게 하고 있어요!"
- 허락 구하기: "우리가 여기에 잠깐 머물러도 괜찮을까요?"(시간 제한 포함)
- 협력 요청하기: "우리가 ~을 할 수 있을까요?"
- 몸을 포함하기: "말할 때 몸 안에서 무엇을 경험하고 있나요?"
- 매 순간 추적하기: "미소 짓고! 찡그리고! 눈물을 흘리고! 한숨 쉬고!"
- 관계에 대해 메타프로세싱하기/관계를 명확하게 하기: "제가 ~을 보는 것이, 제가 ~을 알아차리는 것이, 제가 ~에 관심을 기울이는 것이 어떤가요?"
- 내담자가 당신에게 미치는 영향에 대해 스스로 드러내기: "저는 감동받았어요. 감사해요. 당신이 x, y, z를 하는 것에 감동했어요."

소규모 집단 수퍼비전

집단 수퍼비전은 AEDP 수퍼비전에서 일반적인 형식이다. 집단원들은 학습하면서 서로 배우고 지지한다. 여기서는 다음 두 가지 방식을 잘 활용한다. AEDP 훈련 수준의 측면에서 동질성이 존재할 경우, 거의 동일한 수준의 AEDP 숙련도를 가진 집단원으로 집단을 구성한다. 집단의 두 번째 유형은 몬테소리의 혼합 연령 집단을 차용하여 훈련 수준이 서로 다른 집단원으로 집단을 형성하는 것인데, 우리보다 더 숙련된 사람들에게서 배우기도 하고 이미 잘 알고 있는 것을 보면서 배우기도 한다. 수퍼비전 집단 안에서 일어나는 일 자체에 많이 집중하기는 하지만, 집단에 참여하기 위해 지하철로 이동하거나 카풀(carpool)을 하거나 엘리베이터를 타면서도 메타프로세싱과 예기불안 조절이 많이 이루어진다. 경험이 더 많은 집단원에게 동료 집단원들을 솔직하게 환영하고 도와 달라고 요청하면 안전감과 통합을 더 많이 이끌어 낼 수 있다.

수퍼비전 장면: "이렇게 불안한 상태에서 어떻게 불안한 내담자를 도울 수 있을까?"라고 생각하실 것 같아요

우리는 소규모 수퍼비전 집단으로 한 달에 두 번씩 2시간 동안 만난다. 집단원 중에 재키가 다음과 같이 시작한다.

> 저는 비디오를 보여 주기 위해 집단에 참여하는 것이 더 이상 불안하지 않은데, 어떤 이유에서인지 어젯밤에 수치심의 소용돌이를 겪었고, 오늘 아침에도 다시 그랬어요. 제가 불안하고 무능하다고 느꼈어요……. 매우 당황스러워요. 불안에 시달리는 내담자의 영상 일부를 보여 드릴 텐데, 너무 불안하네요. 선생님이 '이렇게 불안한 상태에서 어떻게 불안한 내담자를 도울 수 있을까?'라고 생각하실까 봐 걱정돼요.

"제(Prenn)가 여기에서 수퍼바이저로서 어떻게 작업할까요?"

수퍼바이저가 재키에게 묻는다. "이것을 우리(집단)와 공유하는 것이 어떻습니까?"

그녀는 "괜찮을 것 같아요. 선생님께 이야기해서 기뻐요"라고 답한다.

다른 집단원이 말한다. "오, 고마워요. 당신이 진짜로 힘들어하는 작업을 가져와 우리에게 말해 줘서 정말 기뻐요. 당신이 그렇게 할 때마다 정말 많이 배우거든요. 감사해요! 감사합니다!"

"이것이 어떻게 들리나요?" 수퍼바이저가 묻는다. **[메타프로세싱하기]**

"좋은 것 같고 조금 안심도 됩니다. 병행 과정에 대해 궁금했거든요." 재키가 말한다.

수퍼바이저가 이야기한다. "나도 그게 궁금했답니다. 어쩌면 이 불안과 수치심이 내담자의 것일 수 있어요. 그가 너무 무능하다고 느끼고, 아마 당신도 그걸 어느 정도 담아 주다가 정말로 느꼈을지도 몰라요."

재키가 말한다. "네, 맞는 것 같아요. 가능성이 있어요."

"우리가 어떻게 도울 수 있을까요?" 수퍼바이저가 묻는다.

"저를 판단하지 말아 주세요. 비디오에서 미친 듯이 흔들거리고 있는 제 발이 보일 거예요. 그 회기 동안 불안했어요. 윽, 정말 당황스럽고 너무 부끄러워요. '나는 너무 불안한 사람이야! 그 사람을 어떻게 도울 수 있겠어?'라고 계속해서 생각해요."

수퍼바이저가 미소를 지으며 말한다. "너무 많은 생각이 활성화되어 있군요." 경험 삼각형을 만들기 위해 손을 들어 올린다. "당신이 어디 있는지 궁금해요."

"오, 삼각형의 가장 꼭대기요!" 재키가 답한다.

"알겠어요. 이제 머리에서 벗어나서 당신의 몸을 느껴 볼까요?" 수퍼바이저가 말한다.

재키가 고개를 끄덕이고 깊은 숨을 내쉰다. "선생님과 함께 앉아 있으면서도 내 안에서 외로움이 느껴져요."

"외로움이요?"

"아무도 나를 모르는 것 같아요." 재키가 말한다. "나는 완전히 혼자예요. 나 혼자예요. 숨어 있어요."

"그건 아주 중요하군요. 비디오를 보는 동안 그것에 머물러 보죠. 괜찮겠어요?"

재키가 고개를 끄덕인다.

우리는 치료 회기의 시작 부분을 함께 시청한다. 내담자가 이야기하는데, 그는 자신의 감정과 분리되어 있다. 우리는 내담자가 얼마나 빨리 이야기하고 있는지 그리고 내담자의 속도를 늦추는 것에 대해 언급한다. 치료자인 재키가 말한다. "내담자가 들어올 때 어떤 모습이었는지 보여 주고 싶었어요. 저는 말할 틈조차 없었어요!"

수퍼바이저는 내담자가 치료자인 재키와 눈 맞춤을 하도록 요청함으로 내담자가 더 천천히 할 수 있도록 이끄는 것을 제안한다. 내담자는 자기가 얼마나 불안한지, 자신의 몸을 얼마나 싫어하는지, 스스로 얼마나 매력이 없다고 느끼는지 이야기하며 외로움을 느낀다. 재키는 그의 속도를 약간 늦췄을 때 무슨 일이 일어나는지 보여 주기 위해 미리 선택해 온 부분으로 영상을 빨리 돌린다. 우리 집단은 재키가 개입이 어려운 작업을 해야 한다는 것을 알아차린다. 몇 번의 시도 후에 재키는 내담자의 속도를 상당히 늦추는 데 성공한다. "이 모든 것이 아주 중요해요. 저는 모든 것을 알고 싶어요. 그리고 지금 여기서 휴, 우리 함께 숨을 쉬어 봐요. 괜찮겠어요?" 재키가 내담자에게 말한다. 그가 안도의 한숨을 내쉰다.

수퍼바이저가 말한다. "당신이 말한 게 마음에 들어요. 그리고 내담자가 '안도'라고 말했을 때 그가 천천히 함으로써 그의 몸도 안도하는 것을 볼 수 있었고, 그 순간 그의 신경계가 조절된 것 같았어요."

"네, 맞아요. 알겠어요." 재키가 대답한다. "그래서 거기가 그를 머물도록 해야 할 지점이 아니었을까 싶어요. 그가 다시 말하기 시작했고, 그에게 무슨 일이 일어났는지 잘 모르겠거든요."

다른 한 집단원도 이 순간을 반추한다. "내담자가 그렇게 말하면서, 그의 몸도 이완되고, 당신의 발도 꼼지락대는 걸 멈췄어요! 당신은 '지금은 자신의 몸이 어떻게 느껴지나요? 이제 내면에서 어떤 느낌이 드시나요?'라고 물어볼 수 있어요. 그러면 내담자는 변화를 경험하고, 자신이 변화를 겪었다는 것을 알 수 있으며, 지금-여기에서의 경험을 바로 당신에게 알려 줄 수 있어요."

"그래요, 맞아요. 알겠어요." 재키가 열정적으로 말하며 표정이 밝아진다.

"오늘 이 작업을 우리와 공유해 본 것이 어땠나요?" 수퍼바이저가 질문한다. **[메타프로세싱하기]**

"좋았어요. 기분이 나아졌어요." 재키가 말한다.

"나도 기뻐요." 수퍼바이저가 이야기한다. "그리고 제가 확인해 봐도 될까요? **[메타프로세싱하기]** (재키가 고개를 끄덕인다.) 기분이 나아지는 걸 신체적으로 어떻게 경험하나요?" **[신체적 탐색]**

재키가 한숨을 쉰다.

"큰 한숨이네요." 수퍼바이저가 부드럽게 반영한다. "그래요. 더 안정되고, 키도 더 커지고, 더 차분해졌어요." 재키의 눈이 맑아지고, 시선도 정면을 향한다.

“감사해요. 기분이 더 좋아지네요.” 재키가 말한다. “너무 창피하고 혼자 있는 기분이었는데요. 휴, 이제 더 좋아졌어요. 후유.” 그녀는 다른 집단원들을 바라본다. “와우, 모두 고마워요.”

수퍼비전 집단은 특히 역동에 관한 자료가 제시되고 병행 과정이 진행될 때 감정적으로 어려워질 수 있다. 수퍼바이지는 종종 자신이 어려움을 겪고 있는 바로 그 행동을 하고 있는 내담자를 데려온다. 예를 들어, 회기 안에서 멈춰 버리는 내담자와 특이하게도 수퍼비전 시간에만 멈춰 버리는 수퍼바이지처럼 말이다. 다른 예로는, 한 사례에서 다른 사례로 급하게 넘어가서 수퍼비전 시간이 부족한 수퍼바이지도 있다. 이러한 수퍼바이지는 하나의 이야기에서 다른 이야기를 급하게 연달아 하면서 치료 시간이 부족한 내담자의 비디오를 보여 준다. 치료자가 얼마나 도움이 되고 있는지 과도하게 칭찬하는 내담자를 떠올려 볼 수도 있다. 이제 수퍼바이지가 자신의 수퍼바이저를 과도하게 칭찬한다. 비디오와 감정 전염은 이러한 현상을 더욱 두드러지게 만든다.

시간이 지나면서 집단의 안전성이 높아지면 수련생들과 교수진은 점점 더 복잡한 비디오 클립을 가져와 자신이 작업하는 방식을 보여 준다. 우리는 다양한 이론적 구조를 가르치고, 작업이 원활하지 않거나 막히는 경우와 같이 각기 다른 종류의 시나리오들을 알려 주기 위해 혼합된 발췌본을 보여 준다. 그렇게 함으로써 수련생들은 이 모델을 배우는 것이 가능하다고 느낀다.

결론

이 장에서는 비디오 녹화의 중요성과 AEDP 평가가 어떻게 평가적인 것이 아니라 서술적인 것인지와 같은 AEDP 수퍼비전의 실천적인 측면을 다루었다. AEDP 충실성 척도에 대해 이야기하였고, AEDP 자격을 취득하기 위해 수퍼바이지가 시연할 수 있어야 하는 구체적인 기술의 개요도 설명하였다. AEDP가 인정과 긍정적 접근을 포함하고 있지만, 과정을 엄격하고 여러 면에서 균일하게 만드는 특정 도식과 기술 세트도 포함되어 있다는 점을 알았을 것이다. 이러한 엄격함을 통해 수퍼바이지는 구체적인 기술과 개입을 학습하고, 수치심이나 놀람을 느끼지 않는 훈련을 할 수 있다. 다음 장에서는 다양한 애착 유형과 우리를 찾아오는 수퍼바이지들의 각기 다른 경험의 수준에 대해 다룰 것이며, 수퍼바이저로서 적응적인 것이 얼마나 중요한지에 대해 논의할 것이다.

제5장

일반적 도전

대부분의 수퍼바이지는 AEDP를 배우고자 하는 열망과 동기를 가지고, 자발적으로 훈련에 참여한다. 그들은 거의 항상 이상적인 수퍼바이지에 가깝다. 하지만 때때로 문제가 발생하기도 하므로, 이를 어떻게 다룰지 아는 것이 중요하다. 이 장에서는 AEDP 수퍼바이저가 저항하거나 어려움에 봉착한 다양한 수퍼바이지와의 수퍼비전에 어떻게 적응하고 대처하는지를 다루고자 한다.

심리치료와 심리치료 수퍼비전에서 증상, 정신병리학, 어려운 내담자들, 어려운 수퍼바이지들에 대해 이야기하는 것은 표준 관행이었다. AEDP는 건강함과 잠재력에 주목하므로, 어려운 수퍼바이지를 주로 상태 1에서 삼각형의 불안과 방어 꼭짓점에 살고 있는 사람이라고 이해한다. 또한 그 어려움을 그 사람이 그때 취할 수 있는 최선의 방어적(즉, 적응적) 전략으로 개념화한다.

수퍼바이저는 수퍼바이지에게 단계적으로 매 순간 조율하면서 창의적으로 적응하려고 노력한다. 수퍼바이저는 긍정적이고 유의성이 있는 상호작용을 유지하려고 노력한다. 서로 비협조적이고, 수퍼비전이 갑갑하고 따분하거나 도움이 안 된다고 느껴질 때, 우리는 다시 협력 관계를 구축하며 수퍼비전을 바로잡고 활력을 불어넣기 위해 노력한다. 수퍼바이저는 수퍼바이지와 그들의 내담자들을 위해 일한다. 우리의 일은 AEDP 지식, 역량, 기술을 활용하여 다재다능한 수퍼바이저가 되는 것이다. 만약 수퍼바이지가 학습하지 않거나, 참여하지 않거나, 우리에게서 배우는 데 어려움을 겪고 있다면, 그것은 수퍼바이저가 해야 할 일이 있다는 뜻이다. 즉, 수퍼바이지가 학습에 어려움을 겪는다면, 그것을 잘 가르치는 방법을 찾아내는 것이 우리의 임무이다. Hanna Levenson(1995)이 『단기역동적 심리치료(Time-Limited Dynamic Psychotherapy)』에서 언급한 것처럼, "'어려운' 내담자는 '저항'하는 것이 아니라 세상을 이해하려고 할 수 있는 한 최선을 다하고 있으며, 치료적 작업은 그들이 있는 바로 그 지점에서 그들을 만나는 것이다"(p. 177). 이 원칙은 수퍼비전에도 적용된다. 수퍼바이지가 의견 차이를 보이거나 어려움을 겪고 있다면, 그것이 바로 우리가 다루어야 할 작업이다.

AEDP 수퍼비전에서의 차이점

수퍼바이지들은 AEDP와 치료에 대한 다양한 수준의 재능과 소질을 갖고 있는 상태로 수퍼바이저를 찾아온다. 대부분의 수퍼바이지는 재능이 아주 뛰어난 것도 아니고, 그렇다고 재능이 전혀 없는 것도 아니다. 수퍼바이저로서 우리의 임무는 그들이 잘하는 것을 찾아내고, 그것을 더 잘할 수 있도록 돕는 것이다. 또한 그들이 AEDP를 실천하는 데 어떤 어려움을 겪고 있는지 파악해야 한다.

수퍼바이지가 개발해야 할 역량과 기술은 무엇인가?

수퍼비전에서 수퍼바이지는 내담자에 관한 가장 곤란하고 어려운 문제를 논의해야 하는데, 문제가 어려울수록 수퍼바이지가 그 이야기를 꺼내는 데 더 안전감을 느낄 필요가 있다. 수퍼비전이 잘 진행되지 않으면, 수퍼바이지는 점점 더 스스로를 검열하고 걸러내기 때문에 취약성을 공유하기에 가장 도움이 되는 환경을 만드는 것이 매우 중요하다. 수퍼바이지의 강점과 잘되고 있는 부분, 이미 하고 있는 것을 찾아서 축하한다면 안전하고 신뢰로운 환경을 만들 수 있다. 때때로 수퍼바이저도 무엇을 해야 할지 모를 때가 있다는 것을 자기개방하고, 수퍼바이지와 함께 작업하는 데 어려움을 겪고 있는 내담자('어려운' 내담자에게 초점을 맞추는 것이 아니라)를 궁금해하며, 고립감에서 벗어나 수퍼바이지와 함께할 방법을 찾을 때 우리는 함께 수퍼비전 작업에 에너지를 불어넣고, 생생하고 활기찬 느낌을 유지할 수 있다. 수퍼비전에서의 일반적인 도전은 무엇이며, 우리는 수퍼바이저로서 어떻게 적응할 수 있을까?

서로 다른 애착 유형과 작업하기

AEDP 수퍼비전에는 서로 다른 애착 유형과 내적 작동 모델을 갖고 있는 수퍼바이지가 참여한다. 어떤 사람은 자신의 감정을 더 많은 말로 표현할 필요가 있고, 다른 사람은 말에 더 많은 감정을 담아야 할 필요가 있다(Wallin, 2007). 우리 중 일부는 느끼지만 다루지 않고, 또 어떤 사람들은 다루기는 하나 느끼지 않으며, 다른 사람들

은 때때로 다루고, 때때로 혼란스러워하고, 때때로 느끼기도 한다(Fosha, 2000b). 어떤 사람들은 감정을 과도하게 조절하고 인지적인 학습을 좋아해서 새로운 것을 시도하기 전에 개념이 인지적으로 이해되어야 한다. 또 다른 이들은 지금 자신의 몸에 경험과 감정을 담고 있어서 자신이 느끼는 것을 더 많이 성찰하고, 직관적인 임상 실습에 이론을 적용하는 방법을 학습할 필요가 있다.

수퍼바이저는 종종 회기 중이나 다음 수퍼비전 사이에 수퍼바이지와의 상호작용에서 불안 애착 전략이나 회피 애착 전략에 대한 위험 신호를 받을 수 있다. 예를 들어, 불안하고 집착하는 수퍼바이지는 비상 상황을 감지하고 수퍼바이저에게 전화를 걸어 이렇게 말한다. "상담 때 실수를 해서 내담자가 다시 오지 않을 것 같아요. 어떻게 해야 할까요?" 한편, 회피적이고 거부적이고 자립적인 수퍼바이지는 수퍼바이저에게 연락조차 하지 않고 내담자를 입원시키기도 한다. 애착 유형은 방어 전략을 통해 드러나는데, 도식적으로 경험 삼각형의 상태 1에 위치한다. 수퍼바이저가 과거의 절차적 반응 패턴에 대한 아이디어가 없다면 새로운 상호작용이나 새로운 경험을 제공할 수 없으므로, 예를 들어 관계적인 행동이나 말을 하고 수퍼바이지의 반응을 알아차리는 등 정보를 수집하는 것부터 시작하는 것이 가장 좋다. 간단하게 '우리가 어떻게 지내고 있는 것 같나요? 이 관계가 어떻게 되어 가는 것 같나요?'라고 하거나, '제가 내담자와의 작업에 대해 칭찬할 때 어떤 느낌이 드나요?'와 같이 인정이나 칭찬에 대한 메타프로세싱을 하는 것 등이다.

불안 집착형 애착: 느끼고 휘둘리기

불안 집착형 수퍼바이지의 전략과 방어기제(삼각형의 꼭대기: [그림 1-2] 참조)는 과잉 활성화로 나타나는 경향이 있다. 그들은 종종 풀어낼 강렬한 이야기가 많고, 한 내담자에서 다른 내담자로, 한 주제에서 다른 주제로 건너뛰며, 타인에 대해 불평한다. 그들은 '타인'에게 집중하는데, 타인을 해결책이자 위안의 원천으로 지각한다.

그 결과, 그들은 안심시켜 주고 위로하는 말과 조언이 필요하다고 느낄 수 있다. 그들은 자주 "나는 형편없는 치료자야." "난 치료자가 되면 안 될 것 같아." "절망적이야…… 난 절대 이해하지 못할 거야"라며 스스로를 공격한다. 그들의 말과 생각은 종종 활성화 수준을 끌어올리고 그들의 각성 및 감정 상태를 상향 조절한다. 이것이 그들의 불안과 방어의 메커니즘이다. 이러한 수퍼바이지들은 내적 능력이 더 많이 필요하다. 즉, 내면에서 느끼는 것을 성찰할 수 있는 능력이 더 많이 필요한 것이다. 메타프로세싱과 성찰을 함께 하면 느낌을 성찰하고 말로 표현하는 능력이 향상되고, 궁극적으로 불안과 느낌을 구별할 수 있게 된다. 불안 집착형 수퍼바이지에게 "천천히 하면서 숨을 쉬어 보세요." 또는 "수퍼비전을 시작할 때 천천히 해 봐요"라고 말하면서 수퍼바이저가 중요한 모든 것에 도달할 것이라고 확신을 주는 것도 도움이 될 수 있다.

거부/회피 애착: 다루지만 느끼지 않기

거부/회피형 수퍼바이지의 전략과 방어기제(삼각형의 꼭대기)는 저활성화로 나타나는 경향이 있다. 이러한 수퍼바이지들은 주지화하고, 최소화하고, 욕구를 부인하고, 지나치게 독립적이다. 과도하게 조절하는 수퍼바이지를 확장하는 작업은 자기-타인 전략 중의 하나이다. 이러한 수퍼바이지는 도움을 요청하고, 자기 내면의 감정과 접촉하고 타인과 대인관계적으로 연결되도록 격려가 필요하다.

혼란 애착: 느끼지만 때로는 휘둘리고, 때로는 다루기

혼란 애착 유형과 함께하는 것은 치료자로서도 수퍼바이저로서도 가장 도전적인 작업이다. 혼란 애착 전략은 편안함의 대상이자 두려움의 원천인 양육자에게서 비롯된다. 유아는 팔을 뻗고 얼굴을 돌린 채 무서운 양육자에게 다가간다. 즉, 그 양육자가 필요하면서도 두려운 것이다. 이러한 접근/회피 전략은 수퍼바이저의 창의성과 민감성을 요구한다. 때로는 다급하게 도움을 필요로 하고, 또 어떨 때는 당신의 도움에 놀라는 수퍼바이지 때문에 혼란스럽다면, 수퍼바이지가 수퍼비전에 자신의 다른 '부분'을 가지고 올 수 있다는 점에 주의하라. 부분을 활용한 언어(parts language)는 갈등과 때때로 상반된 욕구들을 접하게 하는 좋은 방법이다. "당신의 한 부분은 이를 다루면서 자신감을 느낍니다. 아마도 또 어떤 부분은 다른 생각을 가지고 있을 수도 있어요. 내담자와 함께 상담실로 돌아갔을 때 어떤 기분이 들 것 같나요?"

기술 부족/수련생의 장애물

기술 부족과 수련생의 장애물에서는 서로 다른 두 가지 전문 영역을 다룬다. 첫 번째에서는 치료의 구성 요소를 포함하며, 두 번째에서는 수련생의 능력에 대해 이야기할 것이다. 대부분의 AEDP 수퍼바이지는 AEDP 기술을 배우고 싶어서 수퍼비전을 받는다. 그들은 자신의 기술이 부족하며, 수퍼바이저가 거기서부터 AEDP 치료의 기본 요소를 쌓아 가기 시작할 것임을 안다. 수련생의 장애물을 확인하는 것이 쉽지 않을 때가 있다. 종종 무언가 방해가 되는 느낌이 들기도 한다. 우리는 그것이 수퍼바이지 자신 또는 타인과의 관계와 관련되어 있다고 직관적으로 느낄 수 있다. AEDP에 이끌리는 수퍼바이지는 보통 자신의 치료적 관계에서도, 자신의 개인적 삶에서도 더 관계적이기를 원한다. 내면에 초점을 두거나, 치료적 관계를 덜 명시적이거나 덜 분명한 방식으로 사용하는 치료 양식을 훈련받은 수퍼바이지에게 관계적 개입은 가장 어려울 수 있다(2장 참조).

내담자에게 특정 기술을 안정적으로 사용할 수 없다는 것은 어떤 식으로든 수련생의 장애물과 관련되어 있을 수 있다. 흔히 치료자들은 특정 방식으로 개입하는 것을 방해하는 경험적 역동 요소를 갖고 있으며, 수퍼바이저가 조심스럽게 질문하면 그 이유를 빠르게 알아낼 수 있다. 전전두엽 피질에서 이유를 안다고 해서 반드시 실제로 무언가를 바꿀 수 있는 것은 아니지만, 종종 어려움을 풀어내기 시작하면 무언가가 느슨해지고 변화가 시작될 수 있다. 깊고 지속적인 변화는 체화된 경험에서 일어나기 때문에 수퍼바이저는 수퍼바이지가 치료자로서 배우려고 하는 것을 반복적으로 경험하게 하려고 노력한다.

정말 AEDP를 배울 수 없는 치료자가 있을까? 여기에서는 비디오 녹화가 필수적이다. 치료자가 언어적으로, 비언어적으로 행동하거나 행동하지 않는 모든 것에 대해 내담자가 어떻게 반응하는지 수퍼바이저와 수퍼바이지가 함께 확인할 수 있다. 우리는 어디에서 치료자가 말을 너무 많이 하거나 너무 적게 하는지 알 수 있다. 거기에서 시작하여 수퍼바이지가 내담자의 속도를 늦추거나 감정이 담긴 단어에 관심을 기울이도록 요청할 수 있다. 지금까지 우리가 경험한 바로는, AEDP를 배울 수 없는 수퍼바이지는 없었다.

수퍼바이지의 AEDP 경험 수준에 맞추기

수퍼바이저는 수퍼바이지가 AEDP에 얼마나 익숙한지 현재 수준을 확인하고, 그 수준에 적절한 수퍼비전을 제공한다. 동시에 수퍼바이지가 다음 단계로 나아가도록 촉진한다. 초심 치료자와 경력이 더 많은 치료자는 필요한 개입 방식, 구조, 지원의 종류가 다르다. AEDP는 엄밀히 말하면 수준이나 단계가 포함된 수퍼비전 모델은 아니지만, 우리가 함께 작업을 시작할 때 AEDP 치료자이자 수퍼바이지가 얼마나 많은 시간을 작업에 할애하는지 주의 깊게 살펴본다.

McNeill과 Stoltenberg(2016)는 수련생이 치료자로서 자신감을 얻으며 거치는 단계와 수퍼바이저가 그러한 발달을 돕는 방법을 설명하기 위하여 수퍼비전의 통합적 발달 모델을 개발하였다. 이 모델에서 수련생은 세 가지의 발달 단계를 거치는데, 경험이 쌓일수록 구조화된 수퍼비전이 줄어든다. 이러한 단계가 AEDP를 배우고 가르치는 데 어떻게 적용될 수 있는지 생각하는 것은 도움이 된다. 예비 연구를 통해 다수의 AEDP 기술과 원칙이 AEDP 치료자를 다른 단계로 빠르게 진전시킨다는 것을 알 수 있다(Iwakabe et al., 2016; 이 책의 7장 참조, p. 153).

단계적 접근이 선형적인 것 같지만, 실제로는 그렇지 않다. 그것은 양자적이면서 역동적이다. 특정 수퍼바이지가 특정 내담자나 내담자의 상황에 직면했을 때 기술이 매우 부족하다고 느끼거나 높은 수준의 불안을 경험할 수 있다. 단계나 수준과 상관없이, AEDP의 근간과 구조를 이루는 기술과 개입은 동일하다. 따라서 치료 목표와 수퍼바이지의 치료 회기에서 우리가 보고자 하는 것도 동일하다.

발달 수준 또는 단계에 대한 이러한 견해는 수퍼바이저에게도 적용된다. 특히 '프레임(frame)' 문제와 관련해서는 초심 수퍼바이저가 경력이 많은 수퍼바이저보다 더 구체적인 구조적 도움을 필요로 한다. 수퍼바이저를 위한 지속적인 교육에 대해 논의하게 될 6장에서 프레임 문제에 대해 더 많이 언급할 것이다.

다른 치료적 접근에 숙련된 수련생

AEDP는 이미 실력으로 인정받고 있는 많은 치료자의 관심을 끌기 때문에 더 숙련된 치료자이자 수련생을 훈련하고 수퍼비전하는 것은 AEDP 수퍼바이저들에게 비교적 흔한 일이다. 이러한 경우에

수퍼바이저가 '내가 수퍼바이지에게 무엇을 가르칠 수 있을까?'라는 의문을 품기 쉽다. 하지만 치료자마다 경험적이고 관계적으로 작업하는 것이 얼마나 다른지 알게 되면 수련생이 심리치료사로서 20년 또는 30년의 경력을 갖고 있다 하더라도 그 사람에게 AEDP를 가르칠 수 있다는 것을 알게 되고 긴장을 풀 수 있다.

숙련된 수련생이 이미 알고 있는 것에 AEDP를 통합하는 것은 특히 어려운 일이다. 수년간 성공적으로 심리치료를 해 온 사람이 다시 초심자로 돌아가 배우는 것은 어려울 수 있다. 학교를 갓 졸업했거나 신규로 실무를 시작한 치료자들과는 다르다. AEDP를 배우는 것은 수퍼바이지의 개인적인 이력 또는 AEDP 이전에 사용했던 접근법을 포기하거나 수정하는 데 관련된 방어를 유발할 수 있다. 모든 학습에는 수용력이 필요하며, 우리는 수퍼바이저로서 수퍼바이지가 수치심과 비판을 피하기 위한 방어를 경계하도록 도와야 한다. 비판단적이고 서술적인 피드백은 반응성이 나타날 수 있는 영역에 대처하고, 수련생들이 개방적인 학습 태도를 유지할 수 있도록 돕는다.

수퍼비전 장면

줄리는 수퍼바이저에게 비디오 영상을 보여 준다. 내담자는 한 주 동안의 이야기를 하나씩 들려주고 있다. "그리고 실제로 일요일은 즐거웠어요. 우리는 영화를 보러 갔고, 그런 다음 집에서 저녁 식사를 했어요. 달걀, 팬케이크, 메이플 시럽, 베이컨…… 우리 모두가 좋아하는 것 말이에요."

내담자가 계속해서 이야기하고, 치료자는 아무 말도 하지 않는다. 가끔 고개를 끄덕이거나 "즐거웠던 것 같군요"와 같은 반영으로 맞장구를 칠 뿐이다. 내담자가 남편과의 다툼에 대해 말할 때도 같은 방식으로 대꾸한다. "나는 하루 종일 일하고 나서 저녁 식사를 준비하며 아이들과 집에 있었는데, 남편은 집에 와서 가방을 내려놓고 체육관에 가야 한다고 했어요. 가야 한다고요." 치료자는 "오, 남편분이 가야만 했던 거네요"라고 말한다.

우리는 영상을 멈춘다. 수퍼바이지는 내담자가 계속해서 이야기하도록 놔두고 자신이 그걸 알리기만 하지, 관계를 맺지 않는다는 것을 알고 있다고 말한다. 수퍼바이저는 내담자를 추적하고 개입할 지점을 함께 찾기 위해 비디오를 다시 보자고 제안한다. "내담자는 말로 이야기하고 있지만, 그녀의 몸 또한 이야기를 하고 있어요"라고 수퍼바이저가 말한다. "우리는 삼각형에서 그녀를 어디에 표시할 수 있을까요? 그녀의 핵심 감정을 직감해 본다면, 어떤 감정이 존재하고 있을까요?"

수퍼바이지들은 보통 본인이 내담자에게 말하도록 '놔둘' 때 수치심을 느낀다. 그들은 AEDP로 작업하는 올바른 방식이 있다는 걸 알고 있고, 지금 느끼는 것이 AEDP의 방식이 아니라는 것도 안다. 우리는 수퍼바이지들이 무엇을 하고 있는지 주의를 기울이도록 그들에게 WAIT와 WAIL이라는 두 가지 머리글자를 가르친다.

- WAIT(Why am I talking) = 왜 나는 말하고 있나?
- WAIL(Why am I listening) = 왜 나는 듣고 있나?

우리는 내담자가 자신의 신체적 경험, 즉 삼각형의 바닥으로 내려가도록 돕기로 되어 있다는 것을 안다. 그럼에도 수퍼바이지는 때때로 이야기하게 하는 것이 생산적이거나 내담자가 모든 것을 말해야 할 필요가 있다고 생각하는 이유를 제시한다. 가끔은 특정 이야기를 말로 표현하는 것이 중요하다. 그렇다면 이야기 전반에 걸쳐 감정에 집중하고 신체적 자각을 유지할 수 있는 방법이 있다. 예를 들어, 수퍼바이저는 "나는 모든 것을 듣고 싶어요. 그리고 포착할 수 있는 주파수를 넓게 해서 당신이 어떻게 느끼고 있는지, 말하고 있는 동안 당신의 몸이 어떻게 말하고 있는지 우리가 함께 추적할 수 있을지 궁금해요"라고 말할 수 있다. 다시 말하지만, 여기서 자기개방과 정상화는 유용하다. AEDP 치료자로서 우리도 자주 수치심을 느낀다는 점을 아는 것은 고립감에서 벗어나 수퍼바이저와 수퍼바이지가 위계 없이 연결되는 데 도움이 된다. 우리는 종종 AEDP 치료자의 경험을 다룬 Elizabeth Schoettle의 연구(2009)를 공유한다.

> 한 연구 참여자는 …… 내담자를 방어(상태 1, 삼각형의 꼭대기)에서 핵심 정서(핵심 감정, 상태 2, 삼각형의 바닥)로 이동시키는 게 어려울 때 느끼는 수치심을 용감하게 설명하였다. 그는 수치심이 AEDP 임상가들 사이에서 일반적이라고 가정하였고, 임상가들이 자신에 대한 기대가 같지 않기 때문에 내담자들의 방어를 유지하게 하는 이론을 바탕으로 작업하는 임상가들에게는 덜 일반적일 수 있다고 추측하였다. 동료들도 수치심(또는 다른 부정적 감정)을 느낀다는 것을 알게 되면 AEDP 임상가들은 안도

하게 되고, 동료와 수퍼바이저에게 더 솔직하게 말할 수 있게 된다(p. 116).

결론

수퍼바이저가 서로 다른 수퍼바이지의 애착 유형과 경험의 수준에 맞출 때, 수퍼바이지는 비판과 수치심을 피할 수 있을지 걱정하는 것을 멈출 수 있으며, 그 대신 어떻게 하면 수퍼비전을 최대한 활용할 수 있는지에 집중할 수 있다. 다음 장에서는 AEDP 수퍼바이저를 성장시키는 두 가지 방법에 대해 설명하고, 자기돌봄을 위한 AEDP 전략을 논의할 것이다.

제6장

수퍼바이저의 성장과 자기돌봄

우리는 임상가에서 수퍼바이저로 그 역할이 확대되는 동안에 공식화된 훈련을 거의 받지 못했다. 각자의 수퍼바이저와 수퍼비전 경험 그리고 AEDP와 실천을 통해 배운 것이다. 이러한 공식화된 훈련의 부족은 치료자를 훈련하고, 수퍼비전을 하며, 수퍼바이저를 위한 훈련을 개발함에 있어서 명확한 AEDP식 학습 경로를 개발하는 데 동기를 부여한 요인 중 하나였다.

AEDP Institute는 국내적으로나 국제적으로 확장되면서 수퍼바이저 훈련 프로그램을 개발하고 있다. 공인 AEDP 수퍼바이저가 되기 위해서는 우선 공인 AEDP 치료자가 되어야 하며, 그런 다음 수퍼바이저 훈련 과정을 거쳐야 한다. 치료자는 두 가지 경로를 통해 공인 AEDP 수퍼바이저가 된다. 첫째, 치료자가 경험적 훈련 중에 수퍼비전의 '어시스턴트'가 되도록 훈련받는 것이며, 둘째, 수퍼바이저 수련생을 위한 정규 집단 및 개인 훈련 과정에 참여하는 것이다.

수퍼비전 어시스턴트

AEDP Institute의 2단계 훈련에 해당되는 필수 기술(Essential Skills) 과정에서는 경험적 집단 실습에서 치료자가 수퍼비전 어시스턴트 역할을 하도록 훈련한다. 우리는 주말마다 3일간 4시간 30분씩 세 명의 수련생에게 기술 훈련을 하고 있는 수퍼비전 어시스턴트들과의 협력을 통해 교육 및 훈련을 개선한다. 수퍼비전 어시스턴트들은 매주 주말마다 학습 목표를 효과적으로 가르치는지에 대해 즉각적인 피드백을 받는다.

경험적 실습에서는 치료자, 내담자, 관찰자 역할을 하면서 함께 작업하며, 각 3인조에 한 명의 수퍼비전 어시스턴트가 배정된다. 집단은 매일 다른 지시문을 받게 된다. 예를 들면, "최근에 성취한 것이나 기분 좋은 일에 대해 이야기해 주세요"와 같다. 25분 동안 각 수련생은 특정 기술을 연습하는 치료자, 기술의 적용을 받는 내담자, 실습이 진행되는 동안 매 순간의 내부 경험을 추적하는 관찰자로서의 역할 중 하나를 수행하게 된다. 매 주말마다 3일간 수퍼비전 어시스턴트는 수련생들이 서로 다른 5~10가지 기술을 실습하도록 하는데, 이러한 기술에는 속도 늦추기, 인정하기, 매 순간 추적하기, 진입 지점, 불안 조절하기, 방어 인식, 자기개방, 메타프로세싱, 긍정적인 것 우선시하기, 변화 동력 탐지 및 몸에 집중하기 등이 포함된다. 우리는 수련생의 상세한 평가를 통해 수퍼비전 어시스턴트가 훈련 과정에서 기술을 향상시킬 필요가 있는 부분에 대해 명확하고 거의 즉각적인 피드백을 얻는다. 그런 다음 훈련 과정의 지도자는 각각의 수퍼비전 어시스턴트와 함께 수련생의 평가를 검토하고, 피드백을 처리하는 시간을 갖는다. 이런 방식으로 수퍼비전 어시스턴트가 그들의 실시간 수퍼비전 역량을 향상시키기 위한 계획을 함께 구상하고 세운다. 작업이 필요한 영역에는 주로 속도 늦추기, 실습을 준비하는 데 시간 들이기, 수퍼비전 어시스턴트가 수련생에게 피드백을 제공하는 방법에 대한 명확한 기대 설정하기 등이 포함된다. 또한 시간 지키기, 지나치게 격렬한 개인 작업 중단하기, 세 명의 수련생 모두에게 공평하게 대하기, 수련생이 학습 중이라고 느낄 수 있도록 충분한 피드백 제공하기, 수련생이 실패하거나 수치스럽다고 느끼거나 과부하가 걸리지 않도록 너무 많은 피드백 제공하지 않기 등의 전형적 이슈가 다루어지기도 한다.

치료자가 수퍼비전 어시스턴트로서의 역할을 통해 빠르게 발전하는 것을 확인할 수 있다. 일반적으로 5주간의 주말 필수 기술 과정을 통해 대부분의 신규 어시스턴트는 인식 가능한 수퍼바이저 발달 단계를 거친다(McNeill & Stoltenberg, 2016). 첫 주에는 초기 역할에 대한 진입 충격, 위기감 또는 가식적인 느낌에 이어 불안과 열정, 흥분을 동반한 성공 또는 실패에 대한 개인화 및 자기 자신에 대한 집중이 일어난다. 넷째 또는 다섯째 주에는 자신감과 자연스럽게 확보된 수퍼비전 어시스턴트로서의 정체성, 역할에 대한 안도감, 그리고 3인조에서 규범적이고 예측 가능한 것이 무엇인지에 대한 이해와 경험이 생긴다. 이 시점이 되면 수퍼비전 어시스턴트는 그들이 보내는 주말이 특정한 방식으로 진행된다는 것을 알아차린다. 금요일에 집단이 형성되고, 토요일에 집단 분위기가 더 안정되며, 일요일에는 서로 친밀해진 3인조가 작별을 고하며 시원섭섭함을 느낀다.

실습이 잘 안 풀릴 때는 그 상황을 인정하는 것이 중요하다. 최근 필수 기술 과정 수련생 중 한 명은 Prenn이 "오늘 오후 실습에서 성공했다고 느끼지 못한 분은 누구인가요?"라고 물었을 때 얼마나 안도했는지 모른다고 공유하였다. 몇몇의 수련생이 어디에서 당황스러웠는지 공유하였다. Prenn은 "맞아요. 그건 연습하기 어려운 기술이며, 그 기술의 단계를 더 명확하게 만들 필요가 있다는 것을 알게 되었어요. 그것이 어려웠다는 게 마음 아프군요. 이 점을 알게 해 주셔서 감사합니다"라고 대답했다. 이것은 양쪽 모두에게 이득이 되는 시나리오이다. 수퍼바이지이자 수련생은 공감받았다고 느끼고, 훈련 과정의 지도자는 본인의 교육을 개선하기 위한 정보를 얻는다. 항상 그렇듯, 메타프로세싱은 수퍼바이저와 수퍼바이지 모두 성장하도록 돕는다.

취약한 위치에 있고, 이전에 시도하지 않았던 기술을 연습하고 있는 세 명의 서로 다른 집단원의 요구에 맞춰 실시간 수퍼비전을 조정하려면 3인 1조 작업을 안전하게 유지하기 위한 강력한 집단 리더십과 명확한 기대치 설정이 필요하다. 지금-여기에서 3인조의 집단을 가르치는 것과 사무실과 같은 사적인 공간에서 녹화된 상담 회기를 통해 개인이나 훈련 과정 중인 수퍼바이지 그룹을 수퍼비전하는 것에는 상당한 차이가 있다.

수퍼비전 훈련 프로그램

공인 AEDP 수퍼바이저가 되는 둘째 경로는 수퍼바이저 지망생이 AEDP Institute의 시니어 교수급 이상의 교수진의 지도 아래 서로를 수퍼비전하는 1년간의 수퍼바이저 훈련 프로그램을 활용하는 것이다. 각각의 수퍼바이지가 본인의 상담 회기 녹화본을 보여 주고, 집단원들에게 실시간 수퍼비전을 받는다. 이때 집단원은 교수진으로부터 차례차례 자신의 수퍼비전에 대해 수퍼비전을 받는다. 우리는 집단 경험 전체를 녹화한다. 동료들에게 목격되는 것과 이러한 학습을 복습할 수 있도록 녹화하는 것은 강력한 경험이다. 우리는 이러한 수퍼비전 회기의 시작과 끝이 얼마나 중요한지 그리고 그 작업이 얼마나 다층적인지 배웠다. Prenn이 수퍼비전에 대해 수퍼비전할 때, 그녀는 각각의 수퍼바이저가 무엇을 배우고 연습하고 싶은지, 수퍼바이지가 배우고 싶은 것과 내담자의 목표가 어떻게 연결되는지 알아야 한다.

우리는 병행 과정, 수퍼비전에서 감정 처리의 정도, 가르치기/치료하기의 경계, 내담자 자신과 치료자와 함께할 때의 내담자 상태에 따라 수퍼비전 경험이 얼마나 다르게 느껴질 수 있는지 등의 질문을 고려한다. 매 순간을 추적하고 가르칠 순간을 위해 멈추는 것과 녹화된 상담 회기의 흐름 간 균형을 맞추는 것이 중요하다. 이 과정은 집단원 각자가 수퍼바이저로서의 성장과 학습을 성찰하고, AEDP 이론적 측면을 구체적으로 확장하여 AEDP 수퍼비전에 적용하는 것에 대한 논문을 작성하는 것으로 마무리된다.

 멘토링

수퍼바이지를 멘토링하는 것은 AEDP에서 중요한 영역이다. 멘토링은 AEDP의 애착 태도에서 자연스럽게 비롯되며, 다음과 같은 다양한 형태로 이루어진다. 수퍼바이지의 특정 자질과 아이디어, 또는 통찰력을 인정하고 AEDP Listserv(온라인 포럼)에서 공유하도록 장려하는 것(자세한 내용은 이 책의 추천도서 참조), 수퍼바이지가 AEDP 학술지나 다른 곳에 변화 동력(Transformance)에 대한 사례를 작성하도록 독려하는 것, AEDP 워크숍에서 사례 발표를 하도록 요청하는 것 등이다. 멘토링을 받은 전문직 종사자들이 그 멘토링을 잘못을 지적하거나, 착취하거나, 통제하는 것이 아니라고 인식할 때, 직업 만족도가 높아진다(DeCastro et al., 2014). AEDP 훈련의 모든 단계에서 지지적 멘토링은 일반적이다.

Prenn은 Diana Fosha, Ben Lipton, Ron Frederick의 멘토링을 통해 혜택을 받았다. 그녀가 개인 및 집단 수퍼비전을 하고, 이후 학회에서 발표하고 AEDP 필수 기술 과정을 가르치기 시작했을 때 구체적인 도움과 격려를 받을 수 있었다. 이제 Prenn은 다른 사람들을 멘토링하면서 직업적으로 큰 만족감을 느끼고 있다.

수퍼바이저의 소진

Harrison과 Westwood(2009)는 '숙련된 치료자'의 임상 작업의 특징과 그들이 소진을 예방하기 위해 무엇을 하는지 연구하기 시작했다.[1] 그들의 연구에서 새롭고 뜻밖이었던 발견은 "많은 치료자가 내담자와 친밀하고 공감적으로 관계함으로써 고갈되기보다 활력을 느꼈으며, 현존(presence)과 진심 어린 관심, 사랑을 바탕으로 한 깊고 친밀한 치료적 동맹을 구축하는 능력이 치료자들에게 있어 웰빙과 직업 만족도의 중요한 측면"이라는 것이었다(p. 211). AEDP 치료와 수퍼비전은 긍정적인 것을 우선시하고 있는데, 그 작업이 종종 기분을 좋게 하기 때문에 간접 외상과 수퍼바이저(및 치료자)의 소진을 방지하는 데 훌륭한 보호 요인이 된다. 1장의 사례에서 수퍼바이지였던 Michael Glavin의 말처럼 AEDP 수퍼비전이 다른 수퍼비전과 다르다고 말할 수밖에 없는 이유는 기분이 좋기 때문이다!

Harrison과 Westwood(2009)는 소진을 예방하기 위한 아홉 가지 보호적 실천 방법을 제시하였다. 그중에서 가장 눈에 띄는 네 가지, 즉 고립에 대응하는 공동체, 마음챙김 자각, 섬세한 공감, 적극적 낙관주의에 대해 논의할 것이다.

공동체

AEDP는 오프라인과 온라인 모임을 장려하는 활발한 공동체이다. AEDP 치료자는 Listserv 운영하기, 지역 AEDP 치료자를 위한 '살롱' 주최하기, 워크숍과 몰입 및 필수 기술 과정 보조하기 등 전 세계에서 진행 중인 교육에 기꺼이 참석하고 다양한 전문적 기회에 자원봉사를 한다. Listserv는 전 세계 AEDP 치료자가 온라인에서 동료들과 성공을 공유하면서 외로움을 달래거나 절망감을 극복할

1) Norcross와 Guy(2007)가 잘 정리해 놓은 자기돌봄(self-care) 체크리스트도 참고하기 바란다.

수 있는 매우 활발한 포럼이다.

수퍼바이저와 동료의 도움 또한 중요하다. 우리는 종종 "어떻게 진행되었는지 이야기하고 싶다면 문자로 알려 주세요"라고 말한다. 집단원들도 "제 휴대폰 번호가 저장되어 있으니, 도움이 필요하면 전화 주세요"라고 수퍼비전 그룹 외부에서 지원한다. 혼자서는 견디기 힘든 일도 함께 맞설 수 있다.

마음챙김 자각

"마음과 몸, 주변 세계의 미세하고 지속적인 변화에 주의를 기울이면서 현재에 집중하는 것"(Harrison & Westwood, 2009, p. 4)은 AEDP의 매 순간 추적하기에 해당하며, 우리는 이것을 대인관계 마음챙김이라고 설명한다. 여러 면에서 치료와 수퍼비전에서의 매 순간 추적하기는 마음챙김 연습이다. 마음챙김은 "인내심, 현존, 연민"(p. 4)을 높인다.

섬세한 공감

공감은 우리의 관계가 순조롭지 않거나 분노와 자기주장에 있어 조율이 필요할 때에도 AEDP의 초석이다. 지금 이 순간에 일어나고 있는 일에 집중하면 모두에게 활기차고, 열정적이며, 생동감 있고, 활력을 불어넣는 작업이 된다. 이것은 공감 피로와 소진을 예방하는 확실한 방법이다.

적극적 낙관주의

일부 낙관주의자들은 소극적으로 최선의 결과를 바라지만, 적극적 낙관주의는 우리가 최선의 결과를 위해 노력할 수 있다는 것을 시사한다. 우리는 내담자가 치유될 수 있고, 실제로 치유된다는 것을 매일 보면서 알고 있다. 고통과 아픔을 함께 헤쳐 나갈 때 그 과정에서 동반되는 연결과 기쁨을 느낄 수 있다는 희망과 믿음이 있다.

수퍼바이저는 다른 사람 못지않게 역동적 경험에 취약하며, 일생 동안 많은 삶의 도전과 스트레스에 직면한다. 우리는 즉각적으로 반응하는 공동체와 이러한 노력에 대한 흥분을 공유하는 것을 포함하여 AEDP에 내재된 보호 요인으로 무장되어 있다는 사실에 감사한다.

결론

이 장에서는 구체적인 수퍼바이저 훈련이 얼마나 중요한지 강조하고, AEDP 치료자가 AEDP 수퍼바이저가 되기 위해 필요한 지식, 역량 및 새로운 기술을 배우고 훈련할 수 있도록 우리가 개발한 두 가지 방법에 대해 설명하였다. 또한 AEDP 수퍼바이저 훈련에서 협업과 피드백, 메타프로세싱의 중요성을 강조하였다. 마지막으로, AEDP 공동체, 마음챙김 자각의 실천, 적극적 낙관주의가 어떻게 AEDP 수퍼비전을 활성화하고 모든 참여자에게 활기를 불어넣는지에 대해 이야기하였다.

제7장

AEDP 수퍼비전 접근에 대한 연구

> 본질적으로, 우리는 수퍼비전의 힘과 잠재력이 엄청난 변형을 가져올 수 있다고 믿는다(Watkins, 2012, p. 193).

Edward Watkins는 중요한 업적들(Watkins, 1997, 2012; Watkins et al., 2015; Watkins & Riggs, 2012)을 통해 수퍼비전에서 무엇이 효과적인지에 관한 연구를 발표하면서 임상 수퍼비전에 대해 엄밀하게 생각할 것을 촉구했다. Falender와 Shafranske(2017)와 같은 사람들과 함께, Watkins는 새로운 밀레니엄 시대에 높은 수준의 심리치료 수퍼비전을 구성하는 필수 기준을 명확히 제시하였다. 이 장에서는 이러한 기준과 또 다른 공통 요소들을 검토하고, 그것들이 AEDP 수퍼비전에 어떻게 적용되는지 설명할 것이다. 또한 AEDP(Iwakabe & Conceição, 2015; Lee, 2015; Piliero, 2004; Schoettle, 2009), AEDP 훈련(Faerstein & Levenson, 2016; Iwakabe & Conceição, 2016)과 AEDP 수퍼비전에 관한 연구들을 검토하여, 이 연구들이 AEDP를 변형적 수퍼비전으로 만드는 메커니즘을 어떻게 밝히는지 살펴볼 것이다.

효과적인 수퍼비전을 하기 위한 필수 자질

수퍼비전이 효과적이려면 역량 기반이 되어야 하고(Falender & Shafranske, 2017), "자세히 다루고" "활기를 북돋아야" 하며(Watkins, 2012, p. 193, p. 197), 근거 기반이어야 한다(Milne, 2009; Milne et al., 2008). AEDP의 임상 수퍼비전은 이 네 가지 기준을 모두 충족한다.

AEDP 역량은 AEDP 충실성 척도(AEDP-FS; 4장 및 https://www.aedpinstitute.org/, Faerstein & Levenson, 2016 참조)에 설명된 기술들이다. AEDP는 능숙하고 효과적으로 "치료자의 선언적 지식을 절차적 지식으로" 변환하고(Watkins, 2012, p. 196), 역설적으로 AEDP 수퍼비전은 절차적 지식에서 시작해서 점차 선언적 지식으로 엮어 간다. 절차적 역량을 획득하면, 수퍼바이지 자신의 역량에 대한 메타프로세싱 경험을 통해 이미 입증된 절차적 지식의 토대 위에 선언적 지식을 구축한다. 그런 다음 감각 느낌(felf sense)의 요소, 즉 AEDP의 치유 지향적 이론과 공식에 대한 선언적 지식과 함께 절차적 지식을 넓히고, 늘리고, 풍부하게 만든다.

AEDP 수퍼비전은 AEDP 치료와 마찬가지로 근본적으로 수퍼바이지의 학습 유형과 발달 수준의 차이에 주의를 기울이지만, 그 이상의 방식으로 개별화 또는 특화된다. AEDP 수퍼비전은 더 나은 방향으로의 변화를 매 순간 추적하고, 발현시키고, 방향성을 분명히 하도록 주의를 기울이는 데 초점을 둔다. 따라서 AEDP의 각 수퍼바이지와 수퍼비전의 양자 관계는 독특하고, 발생적이며, 스스로 정의하고, 스스로 조직하는 존재로 간주되고 경험된다(Conceição et al., 2016).

활기를 북돋는 것 또한 유사하다. 이 책의 3장과 DVD(Fosha, 2016)에서 설명한 대로, 수퍼비전 회기는 종종 공유된 흥분과 좋은 기분, 영감, 에너지, 숙달감으로 끝난다. AEDP에서 더 나은 변화를 위한 미시적·거시적 과정, 긍정적 감정, 변형적 과정에 수반되어 나타나는 긍정적인 신체적-정서적 표식, 그리고 변형적 감정에 대해 현상학적으로 정확하게 초점을 두는 것은 유기적으로 수퍼바이저와 수퍼바이지에 대한 "믿음, 희망, 경외심, 경이로움"(Watkins, 2012, p. 193)으로 인해 AEDP 임상 수퍼비전이 활기차고, 에너지 넘치며, 새롭게 생겨나고, 정기적이고 체계적으로 강조되는 결과를 가져온다. AEDP 임상가 경험에 대한 최근 질적 연구(Iwakabe & Conceição, 2016)에서 잘 조직된 자료를 통해 세 가지 범주를 생성하였는데, 그중 하나는 활력과 에너지, 몰입이었다. 이 범주는 AEDP 수퍼비전에서 이러한 경험들의 중심성을 보여 준다.

효과적인 수퍼비전을 위해서는 근거 기반의 접근이 필요하다. 근거가 무엇으로 구성되는지, 이 용어를 어떻게 해석할 것인지는 복잡한 문제이다. 수퍼비전에 대한 연구 분야의 전문가들(Ellis & Ladany, 1997; Watkins, 1997, 2012)이 인정한 바와 같이, 수퍼비전을 효과적으로 만드는 요인에 대한 연구는 아직 초기 단계에 있다. 미국심리학회의 임상 수퍼비전 필수 시리즈(이 책도 시리즈의 일부임)는 비교적 지식을 기반으로 하는 데 상당히 기여하고 있다. 더욱 구체적으로, 근거가 되는 임상가의 지식과 AEDP에 대한 역량 의식을 높이는 데 있어 AEDP 훈련의 효과성을 뒷받침하는 실증적 연구(Faerstein & Levenson, 2016)가 있어 자랑스럽다. 그러나 AEDP

의 근거 기반은 그 이상이다. 하코미(Hakomi) 테라피에 대한 Greg Johanson(2014)의 논지를 각색하고 다른 말로 바꾸어 표현하면, AEDP에서 연구 결과들은 AEDP의 임상 경험 및 현상학과 비판적으로 대화한다. 이것이 바로 AEDP가 발전하고 계속 성장하는 방식이다. AEDP는 메타프로세싱 사용하기, 비디오 녹화에 입각하기, 치유에 집중하기, 변형적 현상학 명료화하기, 긍정적 감정 우선시하기, 양자적 감정 조율하기 등과 같은 수퍼비전의 측면을 개척하고 있다. 또한 병리나 결핍 이론이 아닌 변화 이론을 수퍼비전 실무에 적용하는 선구적 역할을 하고 있으며, 이러한 아이디어가 시대정신으로 자리 잡고 경험적 연구에 의해 지지되기 이전인 초창기부터 그렇게 해 오고 있다.

AEDP의 실천을 지원하고 향상시키고 발전시키기 위해 AEDP는 심리치료와 심리치료 수퍼비전을 넘어선 연구 결과를 활용한다. 예를 들어, 우리의 작업은 신경가소성(Doidge, 2007; Murty & Adcock, 2013; Shohamy & Adcock, 2010), 신경정서과학(Damasio, 2010; Panksepp, 1998; Panksepp & Biven, 2012), 애착 및 정서 이론(Bowlby, 1982, 1991; Darwin, 1872/1965; Ekman et al., 1983; Fonagy & Target, 1998; Fredrickson, 2001; Fredrickson, 2009; Keltner, 2009; Main, 1999), 대인관계 신경생물학(Siegel, 2010), 발달연구(Beebe & Lachmann, 1994; Stern, 1985; Tronick, 1998), 변형 관련 연구(Miller & Baca, 2001; Stern et al., 1998)와 같은 일관된 분야의 새로운 발전으로부터 영향을 받는다.

Barbara Fredrickson(2001, 2009)은 긍정적 정서의 적응적 가치와 긍정 정서의 확장-구축(broaden-build) 이론에 대한 패러다임 전환적 연구를 수행하였다. 그녀와 동료들은 회복탄력성, 상승 나선, 번영에 관한 중요한 경험적 연구를 수행하였는데, 이와 같은 현상은 AEDP와 AEDP 수퍼비전에서 흔히 볼 수 있으나 다른 수퍼비전 모델에서는 잘 나타나지 않는다. Fredrickson은 긍정적 정서가 사고 및 행동 목록의 확장인 인지적 확장을 가져온다고 강조하였다. 확장-구축 모델은 긍정적 정서와 경험을 우선시하는 환경에서 학습이 어떻게 이루어지는지에 대한 강력한 설명을 제공한다. AEDP 메타프로세싱을 실천하는 것과 같이 긍정적 정서에 집중하고 격려하면, 사고 및 행동 목록이 확장되어 긍정적 치유와 성장, 새로운 의미와 이해의 창조로 이어지는 상승 나선이 시작된다(Fosha, 2009a; Fosha, 2013c; Fredrickson, 2001; Tronick, 2009). Fredrickson의 연구는 AEDP와 AEDP 수퍼비전의 핵심 패러다임적 측면 그리고 AEDP 수퍼비전을 변형적으로 만드는 메커니즘에 대한 강력한 이론적·경험적 토대를 제공한다.

AEDP 수퍼비전에서의 책무와 비디오 활용: 진단, 자가 진단 및 즉각적 피드백

Watkins(2012; Watkins & Milne, 2014)는 수퍼비전에서의 책무와 효과적 학습을 위한 진단(assessment), 자가 진단 및 즉각적 피드백의 중요성을 강조하였다. AEDP에서 자기 보고식이 아닌 수퍼바이지의 실제 치료 회기를 비디오로 녹화하여 수퍼비전을 수행하면 정확한 진단과 자가 진단을 할 수 있다. 비디오 검토를 통해 즉각적 피드백, 실제 수퍼바이지와 내담자의 언어적 및 비언어적 행동에 대한 접근, 목표에 맞는 정확한 수퍼비전 개입이 가능하다(Goodyear & Nelson, 1997). 효능감 연구 결과에 따르면 내담자에게 피드백을 요청하고 적절하게 반응하는 것이 내담자의 치료 결과 개선과 치료자의 발전에 크게 기여하는 것으로 나타났다(Anker et al., 2009; Duncan, 2010; Duncan et al., 1992). 비디오 녹화는 사실상 치료자에게 피드백을 제공하게 되는데, 이때 피드백은 수퍼비전 회기에서 이해되고, 해석되며 정교화된다. 그러므로 이러한 피드백은 AEDP 수퍼비전 과정에서 함께 만든 안전감 안에서 유지되고 지원된다.

동기가 촉진된 수퍼바이지가 치료 회기 녹화본을 검토하여 수퍼비전을 준비하는 행동과 치료 회기 내에서 특정 부분을 찾는 행동을 반복적으로 할 가능성을 '의도적 실천(deliberate practice)'으로 간주하며, 이는 S. D. Miller와 Hubble, Duncan(2007)이 수퍼바이지의 현재 숙련도를 조금 넘어서는 특정 목표를 달성하기 위해 노력하는 것으로 정의한 것이다. 수퍼비전 회기 전후를 사후 검토하기 위해 비디오 녹화를 하는 것은 동기가 촉진된 수퍼바이지들이 의도적 실천을 할 수 있게 만든다.

수퍼비전의 공통 요소

임상 수퍼비전을 다룬 대부분의 경험적 연구에 대한 방법론적 비판에도 불구하고, 수퍼비전 관계는 수퍼비전에서 가장 중요한 변수

임이 분명하다(Angus & Kagan, 2007; Budge & Wampold, 2015; Ellis & Ladany, 1997; Watkins, 2012; Watkins & Milne, 2014; Watkins et al., 2015). 경험적으로 뒷받침되는 치료 방법에서 채택된 기준에 따르면, 공감, 목표 합의, 협업 및 작업 동맹은 그 효과가 입증되었다(Norcross & Wampold, 2011). 이러한 변수와 심리치료 결과 간에 긍정적 관계가 성립되었으므로 이를 심리치료 수퍼비전으로 확장하여 공감, 목표 합의, 협업과 같은 측면들이 수퍼바이지의 자기 보고에서 AEDP 수퍼비전을 매우 강력하게 만든다는 가설을 세웠다. 수퍼비전 도구로서 AEDP 충실성 척도를 사용하면 수퍼바이저와 수퍼바이지가 목표 합의에 이를 수 있는 능력을 더욱 향상시킨다.

AEDP는 관계가 어떻게 변화의 동인이 되는지에 대한 일관된 이론 기반의 이해를 갖추고 있다(Milne et al., 2008). 이러한 상관관계에 대한 이해는 양질의 수퍼비전으로 간주되는 것과 일치하는 구체적인 수퍼비전 개입에 영향을 미친다(Falender & Shafranske, 2004, 2017). 갈등 해결하기, 피드백 제공하기, 방해물 바로잡기, 또는 자기개방하기 등 무엇에 참여하든 AEDP 수퍼바이저는 수퍼바이지의 임상 역량을 향상시키기 위해 애쓰면서 수퍼바이지의 외로움을 해소하고 양자적 감정 조절에 기여하고자 노력한다.

치료적 관계에 기반한 변화 이론과 함께 AEDP는 수퍼비전에서의 즉시성, 수퍼비전 관계에서의 자기개방, 수퍼바이저와 수퍼바이지 간의 갈등 해결 등 성공적인 수퍼비전에서 발견되는 또 다른 공통 요소들을 실천한다. 연구에 따르면, 치료적 즉시성, 즉 치료적 관계의 회기 내 처리로 특징지어지는 현상은 긍정적 치료 결과에 강력하게 기여하는 것으로 나타났다(Hill, 2004; Mayotte-Blum et al.,

2012). Hill(2009) 그리고 Hill과 Knox(2009)는 이러한 치료적 상호작용의 이점이 분명하다고 결론 내렸는데, 내담자에게는 대인관계와 관련된 피드백이 제공되며, 치료적 관계의 불화를 해결하거나 바로잡을 수 있어 내담자가 상담실 밖에서의 관계 패턴을 변화시키는 데 도움이 된다. 최근에는 이러한 Hill(2004)의 정의가 치료 관계의 양자적 측면을 포착할 수 있도록 확장되었다(Iwakabe & Conceição, 2016; Kuutmann & Hilsenroth, 2012; Mayotte-Blum et al., 2012). 이렇게 확장된 치료적 즉시성은 다음과 같이 다양한 현상을 포함한다. 내담자나 치료자가 회기 내에 서로에게 정서적 반응을 표현하는 것, 치료자가 내담자의 치료나 치료자에 대한 반응을 탐색하는 것, 치료자가 내담자와 치료에 대한 자신의 느낌을 개방하는 것, 치료자가 내담자의 감정을 인정하고 타당화하는 것, 치료자가 내담자에게 치료적 관계와 내담자의 실제 중요 타인과의 관계 간 유사점을 탐색하도록 격려하는 것(Mayotte-Blum et al., 2012) 등이 이에 해당한다. AEDP의 메타프로세싱은 "방금 이루어진 성공적인 치료적 작업의 일부를 치료자와 내담자가 함께 검토하고 처리하는" 치료적 즉시성 사건의 특정한 종류로 설명된다(Iwakabe & Conceição, 2016, p. 5). 이것은 모두 AEDP의 공식적이고 명시적인 측면이다.

수퍼비전 즉시성

이러한 심리치료 연구로부터 추론하여, '수퍼비전 즉시성(supervisory immediacy)'에 대한 아이디어를 소개함으로써 치료적 즉시성의 개념과 구성요소를 임상 수퍼비전 영역으로 확장한다. 이러한 아이디어에는 앞서 논의하였던 것처럼 AEDP의 공식적이고 명시적인 측면인 다양한 현상이 포함되어 있다. 수퍼바이지와 수퍼바이저가 회기 내에 서로에게 또는 수퍼바이지의 내담자에게 정서적 반응을 표현하는 것, 수퍼바이저가 수퍼바이지의 수퍼비전이나 수퍼바이저에 대한 반응을 탐색하는 것, 수퍼바이지가 자신의 내담자와 치료에 대한 느낌을 개방하는 것, 수퍼바이저가 수퍼바이지의 임상적 세계를 인정하고 타당화하는 것, 수퍼바이저가 수퍼바이지에게 수퍼비전 경험과 수퍼바이저의 개입이 어떻게 자신의 마음을 움직이는지 탐색하도록 격려하는 것 등이 이에 해당한다.

수퍼비전 즉시성의 중요한 측면인 자기개방

수퍼바이저가 자기개방을 함으로써 모델링을 통해 수퍼바이지의 개방이 장려되며, 신뢰와 정서적 연결을 구축한다. Ladany와 Walker(2003)는 수퍼바이저의 개방이 신뢰를 전함으로써 수퍼비전 동맹의 정서적 유대 요소에 직접적으로 영향을 미친다고 시사하였다. 수퍼바이저의 개방은 수퍼바이지의 자기개방을 모델링하고 권장할 수 있다.

Ladany, Hill, Corbett과 Nutt(1996) 및 Yourman과 Farber(1996)는 수퍼바이저에게 불편한 경험을 공개하지 않는 수퍼바이지의 비율이 높다고 보고했다. 완벽한 안전장치는 없지만, 이러한 맥락에서 AEDP 수퍼비전의 몇 가지 특정 측면에 주목할 만하다. 수퍼바이저가 신중하게 자기개방하는 것을 모델링하면, 수퍼바이지도 비슷하게 할 수 있게 안전감을 확보하는 데 도움이 된다. 또한 경험을 매 순간 추적하는 데 초점을 맞추면 수퍼바이지와 수퍼바이저가 수퍼바이지의 불편함, 경계심, 진실하지 않은 태도를 더 잘 알아차릴 수 있다. 수퍼바이저는 수퍼바이지가 거리를 두거나 물러서거나 비위를 맞추려고 하는 것을 발견하면, 내부적으로 문제가 있는지 살펴보고, 수퍼바이지가 원할 경우 자신의 어려움이나 불편함을 수퍼바이저와 공개적으로 나누도록 권유한다. 수퍼바이지가 자기개방을 할 때, 수퍼바이저는 언제나 그들의 용기와 진실성을 인정한다.

수퍼바이저와 수퍼바이지의 갈등을 명시적으로 해결한 후 경험적으로 탐색하고 메타프로세싱하기

Moskowitz와 Rupert(1983)는 연구 참여자의 38%가 수퍼바이저와 주요한 갈등을 겪었다는 것을 고려하여 효과적인 수퍼바이저가 갈등을 다루기 위해 무엇을 했는지에 대한 통찰력을 제공하였다. 158명의 연구 참여자 중 86%는 수퍼바이저가 갈등 상황을 파악하고 토론을 시작하는 것을 강력하게 선호한다고 밝혔다. 애착 이론에 대한 깊은 이해를 바탕으로 AEDP에서 수퍼바이저가 관계를 맺는 방식은 다음과 같다. 잠재적인 갈등을 다루기 위해 솔선수범하는 것은 더 나이가 많고 현명한 사람, 이 경우에는 AEDP 수퍼바이저의 책임이다. AEDP에서 수퍼바이저는 애착 대상으로서 수퍼비전 과정이 잘 진행될 때는 따라가고, 문제가 있을 때는 주도한다. 따라서 우리는 86%의 의향에 동의하며, 어려운 대화는 수퍼바이저가 시작해야 한다는 데 찬성한다(Kaufman, 1996 참조). 애착 대상이 주도권을 잡으면, 더 취약한 파트너의 수치심이 줄어든다.

흥미롭게도, 같은 연구(Moskowitz & Rupert, 1983)에서 많은 수련생이 불만을 제기하거나, 갈등에 대해 논의하거나, 부정적 피드백을 하려고 할 때 수퍼바이저가 공격적이거나, 방어적이거나, 비난하거나, 노골적으로 화를 냈다고 보고했다. AEDP 수퍼비전에서는 수퍼바이저가 방어적으로 대응하지 않을 뿐만 아니라, 수퍼바이지의 그러한 행동을 인정하고, 타당화하고, 감사한다. "저에게 안전하지 않다고 말해 주다니 정말 용기 있는 행동입니다! 이렇게 직접 말해 주셔서 정말 감사합니다." 이러한 소재를 평정심과 이해심으로 대응함으로써 수퍼비전 관계의 갈등을 공개적으로 드러낼 수 있을 뿐만 아니라 안전한 상황에서 그렇게 하는 것이 우리의 목표이다.

탁월함에 이르는 길, AEDP 수퍼비전

S. D. Miller 등(2007)은 내담자의 치료 결과가 상위 25%에 해당하는 치료자들인 '탁월한 치료자(supershrinks)'가 다른 치료자들과 정규 분포에서 어떤 차이가 있는지 조사하는 데 흥미를 느꼈다. 놀랍게도, 이들의 연구는 비범한 개인을 구명한 것이 아니라 비범한 실천을 구명한 것이었다. 이들은 탁월한 치료자의 행동에 '내담자 참여로 벌어지는 우여곡절을 민감하게 조율하는 것'이 포함된다는 사실을 발견한 후, 의도적 실천의 세 가지 핵심 요소를 추가로 확인하였다.

- **효과성에 대한 자신만의 기준선 정하기**: 탁월한 치료자들은 자신

이 무엇을 하고 있는지 정확하게 평가하며, 무엇을 할 수 있는지를 의식하고 정확하게 바라본다.

- **피드백 받기**: 탁월한 치료자들은 다른 탁월한 치료자들에게 의지하고, 정보를 얻으며, 서로 협력하여 탁월함의 순환을 만들어 낸다.
- 탁월한 치료자들은 '자신의 숙련도를 넘어서는 목표를 달성하기 위해 특별히 많은 시간을 할애하는'(S. D. Miller et al., 2007, p. 41) 의도적 실천을 한다.

이 연구 결과가 AEDP 임상 수퍼비전과 AEDP 모델 전반에 대한 표준적 실천을 강력하게 지지하므로 우리는 이 연구를 알게 되어 매우 고무되었다. 이는 우리에게 표준적 실천이 수련생을 탁월한 치료자로 만들 수 있는 잠재력을 가지고 있음을 시사한다. 내담자 참여로 벌어지는 우여곡절을 민감하게 조율하는 것, 즉 매 순간 추적하기라고 부르는 것은 AEDP 치료와 수퍼비전의 특징이자 근간이며, 우리가 명시적으로 가르치는 부분이다. 또한 AEDP 수퍼비전과 훈련이 비디오 사용을 통해 이루어지면서 정확한 조율을 소망하지만 도달할 수 없는 역량이 아니라 달성 가능한 현실로 만들 수 있다. 한편, 수퍼비전에서 AEDP 충실성 척도를 사용하는 것은 치료자의 기준선을 결정하는 공식적인 방법이다.

피드백을 받는 것은 매 순간 추적하기와 메타프로세싱의 핵심 목표이다. 의도적 실천은 표준 AEDP 수퍼비전 방법론의 핵심적인 부분이다. 수퍼비전 회기를 준비하는 과정 자체에 비디오 녹화본을 준비하고, 그것을 여러 번 검토하여 수퍼비전에서 발표할 부분을 선택하는 것이 포함된다. 그런 다음 수퍼비전을 하면서 수퍼바이저와 수퍼바이지가 함께 해당 녹화본을 다시 시청하고, 수퍼비전 과정을 떠올리며 나중에 그것을 다시 검토하는 선택지를 가진다.

변형적 수퍼비전

치료 방식으로서 AEDP에 관한 연구는 이제 막 시작되었으므로 AEDP 치료 및 수퍼비전의 과정과 결과를 연구하는 데 해야 할 일이 많다.

효과성

현재까지 우울과 불안 증상을 줄이기 위한 Frederick(2009)의 연구를 기반으로 수정된 자조모임(self-help)에 적용된 AEDP의 효과성을 입증한 경험적 연구들(Johansson et al., 2013; Johansson et al., 2013; Johansson et al., 2012; Lilliengren et al., 2016)이 있다. 또한 AEDP는 치료가 끝난 후에도 오랫동안 지속되는 성격 변화에 영향을 미치는 것으로 나타났다(Piliero, 2004). 내담자는 다른 치료보다 경험 중심 치료를 선호하는데, 치료 효과를 비교하라는 질문에 약 66%의 내담자들이 감정에 초점을 맞춘 경험 중심 치료가 이전에 받았던 치료보다 훨씬 더 효과적이라고 답했다(Piliero, 2004). 이 책을 집필하고 있는 시점(2016년)에 AEDP 치료의 효과를 평가하기 위해 주요 결과에 대한 연구(Iwakabe et al., 2016)가 진행 중이다. 이 연구에는 결과 및 과정 측정이 포함되어 있으며, 연구팀에서 각 치료 회기를 비디오로 녹화하여 분석하고 있다.

변화 메커니즘

내담자들이 자신의 어려운 정서적 경험을 처리하도록 돕는 AEDP 치료자의 경험을 탐구하는 과정에서 Schoettle(2009)은 치료자의 주관적 경험이 상태에 따라 내담자의 경험과 연결되고 거울 반응한다는 사실을 발견하였다. 그녀의 연구는 AEDP에서 우뇌와 우뇌 간 의사소통과 공명 과정의 힘을 뒷받침하였다. Iwakabe와 Conceição(2015)는 방법론적으로 엄격한 과업 분석 연구를 수행하여 내담자와 치료자의 메타프로세싱 경험에서 구성 과정을 확인했다. Lee(2015)는 다른 메타치료적 과정 사례를 분석하면서 Iwakabe와 Conceição의 연구를 재현했는데, 두 연구 모두 메타프로세싱 중 내담자의 감정적 경험에서 활기가 중요한 측면인 것을 밝혀냈다.

현재 AEDP 훈련 및 수퍼비전에 대한 이 세 가지 경험적 연구가 완료되었으며, 더 많은 연구가 진행 중이다.

AEDP 훈련의 효과

Faerstein과 Levenson(2016)은 AEDP에 대한 치료자의 자기보고식 충실성 척도의 심리측정적 특징을 조사하고, 이 척도를 사용하여 AEDP 1단계 훈련 과정인 몰입 과정의 효과를 평가하기 위한 연구를 수행하였다. Levenson, Fosha와 AEDP 훈련을 받은 치료자가

3단계 과정을 통해 AEDP 충실성 척도를 개발하였다. 첫째, 이들은 AEDP를 실천할 때 중요하다고 생각되는 치료자의 행동을 나열했다. 둘째, 일부 수정을 거쳐 Fosha는 Listserv를 통해 예전에 AEDP 몰입 과정을 수강하였던 치료자들에게 '무엇이 AEDP를 AEDP답게 만드는가?'에 대해 설명해 달라고 요청했다. 셋째, 연구진은 이렇게 생성된 항목에서 가장 핵심적인 항목을 선택하였다. 이 22개의 항목은 구체적인 AEDP 개입과 보다 일반적인 치료자의 행동을 기술한다. 각각의 항목은 지식과 역량에 대해 별도로 자기평정하는 방식이다. 미국 동부와 서부 지역에서 5일간 진행된 네 개의 AEDP 몰입(immersion) 과정 중 하나에 참여한 약 250명의 치료자는 AEDP 충실성 척도를 사전과 사후에 작성했으며, 13명의 AEDP 교수진도 이 척도 작성을 완료했다. 결과는 강력하였다. AEDP 몰입 과정을 수강한 후 AEDP의 원칙과 실천에 대한 지식, 이를 실천할 수 있다는 유능감이 크게 증가한 것으로 나타났다. AEDP 교수진은 수련생보다 AEDP 충실성 척도 점수가 유의미하게 높았으며, AEDP 경험이 많은 수련생이 AEDP 경험이 적은 수련생보다 사전 검사 점수가 유의미하게 높은 것으로 확인되었다. 또한 AEDP 충실성 척도의 문항을 분석한 결과, AEDP 이론 및 필수 이해와 관련된 세 가지 강력한 요인이 드러났다. 중요도순으로 살펴보면, 변형적 요인, 경험적 및/또는 신체적 요인 그리고 인정, 기쁨, 안전한 애착 형성을 강조하는 AEDP 치료적 자세이다. 이 연구 결과는 필수적인 AEDP 개입을 설명하고, AEDP 치료자를 훈련하기 위한 도구로서 AEDP 충실성 척도의 활용을 뒷받침하고 있다.

 AEDP 훈련에서의 치료자 경험에 대한 질적 연구

Iwakabe와 Conceição(2016)는 치료자가 AEDP 훈련에 참여하려는 동기와 그들의 훈련, 발전, 변화 과정을 조사하였다. 그들은 다양한 수준의 임상 경험이 있고 AEDP 훈련에 노출된 정도가 다른 18명의 치료자들을 대상으로 심층적인 반구조화 면담을 실시하였다. 이 연구에서 일반적인 질문이었던 'AEDP의 태도로 작업할 때 치료자가 어떤 영향을 받는가?'에 관하여, 근거이론 분석에서 도출된 한 가지 주요 범주 군집은 '자기의 변형'으로, 이는 치료자의 '경험하는 자기(experiencing self)'와 직접적으로 관련된 '경험적 본성'의 변화를 의미한다. 이 군집은, ① 현존, ② 공유된 연결에 대한 의지, ③ 활력, 에너지, 몰입이라는 범주로 구성되었다.

이 연구의 흥미로운 결과 중 하나는 Rønnestad와 Skovholt(2003)의 6단계 전문성 발달 모델에서 설명하는 것처럼 보통 10년에서 15년의 경험이 요구되는 초보자에서 숙련된 전문가로의 전환이 경력 초기에 훨씬 더 빨리 이루어질 수 있다는 점을 강조한 것이다. 일반적으로 수퍼비전 발달 모델의 후기 단계에 속하는 특성들(예: 개인적 임상 스타일을 자신의 성격, 세계관, 대인관계 유형에 맞게 적절하게 개발하는 것, 내담자를 신뢰하는 것, 치료적 관계를 변화 주체로서 가치 있게 여기는 것, 정서적 관여 및 개방의 수준을 향상시키는 것, 직업 만족도를 향상시키는 것)이 18명의 면담에 대한 근거이론 분석에서 나타났다. Iwakabe와 Conceição에 따르면, AEDP는 수련생의 연령이나 경력과 상관없이 처음부터 수련생과 수퍼바이지에게 이러한 역량을 명시적으로 훈련하는 것으로 보인다. 특히 연구에 참여한 치료자는 수많은 역할 예행연습과 비디오 추적을 통한 반복적인 경험에의 노출, 취약성과 자기 상처의 치유를 허용하는 안전한 집단 역동, 실패의 고통스러운 순간을 숙달의 즐거운 순간으로 처리하는 것, 수련생 자신을 수용하고 인정하는 것을 중요시하였다. 수퍼비전과 관련하여 연구 참여자들은 AEDP의 경험적이고 인정하는 자세와 구체적이고 특정한 자료를 전달하기 위해 비디오를 활용하는 것 등을 언급하였다.

AEDP 수퍼비전에서 변화 과정에 대한 질적 실증적 연구

질적 연구 과정을 수퍼비전에 도입하기 위해, Conceição 등(2016)은 수퍼비전 과정 자체에서 촉진되는 변화 과정을 포착하는 AEDP 수퍼비전 종단 사례 연구를 발표하였다. 동일한 수퍼바이지와 수퍼바이저 쌍이 수행한 24건의 수퍼비전(여덟 명의 내담자에 대해 각각 3회기의 수퍼비전 실시)에 대한 오디오 녹음 자료를 근거이론 방법에 따라 전사하고 분석하였다. 그 결과, 하나의 두드러진 범주는 '치료자의 말로 표현하기(voicing the therapist)'였는데, 이는 경험적 목적과 관계적 목적 모두에 기여하는 것으로 나타났다. 이 두 가지 목적은 모두 AEDP 모델의 핵심적인 특성이다. AEDP의 특성을 보여 주는 또 다른 범주들도 확인되었는데, 인정, 열정, 기쁨, 타당화, 압박감 해소, 합의, 경험 촉진, 메타프로세싱, 즐거운 감정과 취약성 공유 등이었다.

결론

수퍼비전 과정에 대한 연구는 초기 단계에 있으며, AEDP 수퍼비전 과정에 대한 연구도 초기 단계에 있다. 하지만 수퍼비전이 효과적일 뿐만 아니라 변형적이 되기 위해 필요한 것으로 여겨지는 관계적·경험적·변형적 수퍼비전 개입을 고려할 때, AEDP 수퍼비전이 올바른 방향으로 나아가고 있다는 강력한 근거가 있다.

이 책을 마무리하면서 잠시 속도를 늦추고 일곱 개의 장에서 함께 경험한 모든 것을 되돌아보기를 요청한다. 이 책은 소설이 아니라 입문서를 염두에 두고 집필하였으므로, 가장 도움이 되었다고 생각하는 부분을 읽고 또 읽기를 권한다. 그렇게 함으로써 변형적 수퍼비전의 기술, 지식, 역량을 흡수하고 AEDP의 마법 같은 구조를 뼛속 깊이, 더 절차적 기억 속에 새길 수 있기를 바란다!

더 읽을거리

이 책이 속성경험적 역동심리치료(AEDP)에 대한 관심을 불러일으켰다면 AEDP Institute 웹사이트(https://www.aedpinstitute.org/)에서 도서, 무료 다운로드 가능한 논문과 책의 일부, DVD와 향후 훈련에 대한 정보를 확인할 수 있다. https://aedpinstitute.org/membership/로 이동하여 AEDP Institute의 회원이 되면, 활발한 임상적·이론적 토론과 의뢰를 위한 포럼인 AEDP Listserv에 접속 가능하며, [Transformance](온라인 기반의 AEDP 저널)를 구독할 수 있다. 또한 다음의 도서와 논문도 추천한다.

Fosha, D. (2000). *The transforming power of affect: A model of accelerated change*. New York, NY: Basic Books.

⇒ AEDP 심리치료에 대해 처음 접하기 좋은 책이다. 이 책은 국내에서 『속성경험적 역동심리치료 AEDP』(전명희, 박정아, 김현화, 김정수 공역, 2022, 학지사)라는 제목으로 출간되었다.

Fosha, D., Siegel, D. J., & Solomon, M. F. (Eds.). (2009). *The healing power of emotion: Affective neuroscience, development, & clinical practice.* New York, NY: Norton.

⇒ 이 책은 감정의 치유력을 확장하고 정서 신경과학에 관한 읽을거리를 포함한다. 이 책은 국내에서 『감정의 치유력』(노경선, 김건종 공역, 2013, NUN)이라는 제목으로 출간되었다.

Frederick, R. (2009). *Living like you mean it: Use the wisdom and power of your emotions to get the life you really want*. San Francisco, CA: Jossey-Bass.

⇒ 이 책은 쉽게 이해할 수 있으며, 자신에게 적용하고 내담자에게 전달할 수 있다. 이 책은 국내에서 『진짜 나로 사는 삶』(오주원, 노남숙, 임나영, 이승민, 이행숙, 임은 공역, 2025, 삶과 지식)이라는 제목으로 출간되었다.

Prenn, N. (2011). Mind the gap: AEDP interventions translating attachment theory into clinical practice. *Journal of Psychotherapy Integration, 21*, 308-329. http://dx.doi.org/10.1037/a0025491

⇒ 짧게 읽을 수 있는 좋은 논문으로, 개인 심리치료 회기에 AEDP를 실천할 방법을 찾고 있다면 도움이 될 것이다.

Prenn, N. (2009). I second that emotion! On self-disclosure and its metaprocessing. In A. Bloomgarden & R. B. Menutti (Eds.), *Psychotherapist revealed: Therapists speak about self-disclosure in psychotherapy* (pp. 85-99). New York, NY: Routledge.

⇒ 자기개방과 Natasha Prenn이 자기개방의 중요성에 대해 어떻게 이해하게 되었는지에 대해 설득력 있고 빠르게 읽을 수 있는 책이다.

Russell, E. M. (2015). *Restoring resilience: Discovering your clients' capacity for healing.* New York, NY: Norton.

⇒ 이 책에서 Eileen Russell은 AEDP 이론과 긍정 감정의 실천, 치유와 회복탄력성에서 긍정 감정의 역할을 크게 확장한다.

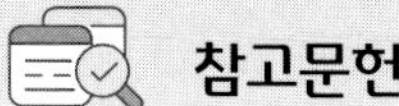

참고문헌

Alpert, M. C. (1992). Accelerated empathic therapy: A new short-term dynamic psychotherapy. *International Journal of Short-Term Psychotherapy, 7,* 133-156.

American Psychological Association. (2010). *Ethical principles of psychologists and code of conduct (2002, Amended June 1, 2010).* Retrieved from http://www.apa.org/ethics/code/index.aspx

Angus, L., & Kagan, F. (2007). Empathic relational bonds and personal agency in psychotherapy: Implications for psychotherapy supervision, practice, and research. *Psychotherapy: Theory, Research, Practice, Training, 44,* 371-377. http://dx.doi.org/10.1037/0033-3204.44.4.371

Anker, M. G., Duncan, B. L., & Sparks, J. A. (2009). Using client feedback to improve couple therapy outcomes: A randomized clinical trial in a naturalistic setting. *Journal of Consulting and Clinical Psychology, 77,* 693-704. http://dx.doi.org/10.1037/a0016062

Badenoch, B. (2008). *Being a brain-wise therapist: A practical guide to interpersonal neurobiology.* New York, NY: Norton.

Beebe, B., & Lachmann, F. M. (1988). The contribution of mother-infant mutual influence to the origins of self and object representations. *Psychoanalytic Psychology, 5,* 305-337.

Beebe, B., & Lachmann, F. M. (1994). Representation and internalization in infancy: Three principles of salience. *Psychoanalytic Psychology, 11,* 127-165. http://dx.doi.org/10.1037/h0079530

Binder, J. L. (1993). Is it time to improve psychotherapy training? *Clinical*

Psychology Review, 13, 301-318. http://dx.doi.org/10.1016/0272-7358(93)90015-E

Bollas, C. (1987). *The shadow of the object: Psychoanalysis of the unthought known*. New York, NY: Columbia University Press.

Bowlby, J. (1982). *Attachment and loss: Vol. 1. Attachment* (2nd ed.). New York, NY: Basic Books.

Bowlby, J. (1988). *A secure base: Parent-child attachment and healthy human development*. New York, NY: Basic Books.

Bowlby, J. (1991). Postscript. In C. M. Parkes, J. Stevenson-Hinde, & P. Marris (Eds.), *Attachment across the life cycle* (pp. 293-297). London, England: Routledge.

Bromberg, P. M. (1998). *Standing in the spaces: Essays on clinical process, trauma, and dissociation*. Mahwah, NJ: Analytic Press.

Bromberg, P. M. (2006). *Awakening the dreamer: Clinical journeys*. Mahwah, NJ: Analytic Press.

Bromberg, P. M. (2011). *The shadow of the tsunami and the growth of the relational mind*. New York, NY: Routledge.

Budge, S. L., & Wampold, B. E. (2015). The relationship: How it works. In O. C. G. Gelo, A. Pritz, & B. Rieken (Eds.), *Psychotherapy research: Foundations, process, and outcomes* (pp. 213-228). Dordrecht, The Netherlands: Springer.

Carifio, M. S., & Hess, A. K. (1987). Who is the ideal supervisor? *Professional Psychology: Research and Practice, 18*, 244-250. http://dx.doi.org/10.1037/0735-7028.18.3.244

Carter, C. S. (1998). Neuroendocrine perspectives on social attachment and love. *Psychoneuroendocrinology, 23*, 779-818. http://dx.doi.org/10.1016/S0306-4530(98)00055-9

Carter, C. S., & Porges, S. W. (2012). The biochemistry of love: An oxytocin hypothesis. *European Molecular Biology Organization Reports, 14*, 12-16. http://dx.doi.org/10.1038/embor.2012.191

Clausen, W. V. (Ed.). (1992). *Quis cutodiet ipsos custodies?* [Who will guard the guards?] (rev. ed.). London, England: Oxford University Press.

Conceição, N., Iwakabe, S., Edlin, J., Vaz-Velho, C., Rodrigues, C., & Gleiser, K. (2016, June 7). Supervising an integrative therapist into yet another approach: A case study on change processes of supervision facilitating assimilative integration [Webinar]. Presented at AEDP Faculty Hour Online.

Conceição, N., Rodrigues, C., Silva, A. I., Luz, C., Iwakabe, S., & Gleiser, K. (2016, June). *Supervising an integrative therapist into a specific approach: A case study on supervision of AEDP principles*. Paper presented at the 32nd International Conference of the Society for the Exploration of Psychotherapy Integration, Dublin, Ireland.

Damasio, A. R. (2010). *Self comes to mind: Constructing the conscious brain*. New York, NY: Pantheon Books.

Darwin, C. (1965). *The expression of emotion in man and animals*. Chicago, IL: University of Chicago Press. (Original work published 1872)

Davanloo, H. (1990). *Unlocking the unconscious: Selected papers of Habib Davanloo*. New York, NY: Wiley.

Davanloo, H. (1995). Intensive short-term dynamic psychotherapy: Spectrum of psychoneurotic disorders. *International Journal of Short-Term Psychotherapy, 10*, 121-155.

Davanloo, H. (2000). *Intensive short-term dynamic psychotherapy: Selected papers of Habib Davanloo, MD*. Chichester, England: Wiley.

DeCastro, R., Griffith, K. A., Ubel, P. A., Stewart, A., & Reshma, J. (2014).

Mentoring and the career satisfaction of male and female academic medical faculty. *Academic Medicine, 89*, 301-311.

Della Selva, P. C. (1996). *Intensive short-term dynamic psychotherapy*. New York, NY: Wiley.

Doidge, N. (2007). *The brain that changes itself: Stories of personal triumph from the frontiers of brain science*. New York, NY: Penguin Books.

Duncan, B. L. (2010). *On becoming a better therapist*. Washington, DC: American Psychological Association. http://dx.doi.org/10.1037/12080-000

Duncan, B. L., Solovey, A. D., & Rusk, G. S. (1992). *Changing the rules: A client-directed approach to therapy*. New York, NY: Guilford Press.

Ecker, B., Ticic, R., & Hulley, L. (2012). *Unlocking the emotional brain: Eliminating symptoms at their roots using memory reconsolidation*. New York, NY: Routledge.

Ekman, P. (1984). Expression and the nature of emotion. In K. R. Scherer & P. Ekman (Eds.), *Approaches to emotion* (pp. 319-343). Hillsdale, NJ: Erlbaum.

Ekman, P., Levenson, R. W., & Friesen, W. V. (1983). Autonomic nervous system activity distinguishes among emotions. *Science, 221*, 1208-1210. http://dx.doi.org/10.1126/science.6612338

Ellis, M. V., & Ladany, N. (1997). Inferences concerning supervisees and clients in clinical supervision: An integrative review. In C. E. Watkins, Jr. (Ed.), *Handbook of psychotherapy supervision* (pp. 447-507). Hoboken, NJ: Wiley.

Emde, R. N. (1981). Changing models of infancy and the nature of early development: Remodeling the foundation. *Journal of the American Psychoanalytic Association, 29*, 179-218. http://dx.doi.

org/10.1177/000306518102900110

Emde, R. N. (1983). The prerepresentational self and its affective core. *Psychoanalytic Study of the Child, 38*, 165-192.

Emde, R. N. (1988). Development terminable and interminable. I. Innate and motivational factors from infancy. *International Journal of Psychoanalysis, 69*, 23-42.

Ezriel, H. (1952). Notes on psychoanalytic group therapy. II. Interpretation and research. *Psychiatry: Journal for the Study of Interpersonal Processes, 15*, 119-126.

Faerstein, I., & Levenson, H. (2016). Validation of a fidelity scale for accelerated-experiential dynamic psychotherapy. *Journal of Psychotherapy Integration, 26*, 172-185. http://dx.doi.org/10.1037/int0000020

Falender, C. A., & Shafranske, E. P. (2004). *Clinical supervision: A competency-based approach*. Washington, DC: American Psychological Association. http://dx.doi.org/10.1037/10806-000

Falender, C. A., & Shafranske, E. P. (2017). *Supervision essentials for the practice of competency-based supervision*. Washington, DC: American Psychological Association.

Farber, B. A. (2006). *Self-disclosure in psychotherapy*. New York, NY: Guilford Press.

Ferenczi, S. L. (1933). Confusion of tongues between adults and the child (E. Mosbacher, Trans.). In M. Balint (Ed.), *Further contributions to the problems and methods of psychoanalysis* (pp. 156-167). New York, NY: Brunner/Mazel.

Fonagy, P., Steele, M., Steele, H., Moran, G., & Higgitt, A. (1991). The capacity for understanding mental states: The reflective self in parent and child and its significance for secure attachment. *Infant Mental Health Journal, 12*, 201-218. http://dx.doi.org/10.1002/1097-0355(199123)12:3<201::AIDIMHJ2280120307>3.0.CO;2-7

Fonagy, P., & Target, M. (1998). Mentalization and the changing aims of child psychoanalysis. *Psychoanalytic Dialogues, 8*, 87-114. http://dx.doi.org/10.1080/10481889809539235

Fosha, D. (2000a). Meta-therapeutic processes and the affects of transformation: Affirmation and the healing affects. *Journal of Psychotherapy Integration, 10*, 71-97. http://dx.doi.org/10.1023/A:1009422511959

Fosha, D. (2000b). *The transforming power of affect: A model of accelerated change*. New York, NY: Basic Books.

Fosha, D. (2001). The dyadic regulation of affect. *Journal of Clinical Psychology/In Session, 57*, 227-242.

Fosha, D. (2002). The activation of affective change processes in accelerated experiential-dynamic psychotherapy (AEDP). In F. W. Kaslow & J. J. Magnavita (Eds.), *Comprehensive handbook of psychotherapy: Vol. 1.* Psychodynamic/object relations (pp. 309-343). Hoboken, NJ: Wiley.

Fosha, D. (2004). 'Nothing that feels bad is ever the last step': The role of positive emotions in experiential work with difficult emotional experiences. *Clinical Psychology and Psychotherapy, 11*, 30-43.

Fosha, D. (2005). Emotion, true self, true other, core state: Toward a clinical theory of affective change process. *Psychoanalytic Review, 92*, 513-551. http://dx.doi.org/10.1521/prev.2005.92.4.513

Fosha, D. (2006). Quantum transformation in trauma and treatment: Traversing the crisis of healing change. *Journal of Clinical Psychology, 62*, 569-583.

Fosha, D. (2007). Transformance, recognition of self by self, and effective action. In K. J. Schneider (Ed.), *Existential-integrative psychotherapy: Guideposts to the core of practice* (pp. 290-320). New York, NY: Routledge.

Fosha, D. (2008). Recognition, vitality, passion. And love. *Constructivism in the Human Sciences, 12*, 57-77.

Fosha, D. (2009a). Emotion and recognition at work: Energy, vitality, pleasure, truth, desire & the emergent phenomenology of transformational experience. In D. Fosha, D. J. Siegel, & M. F. Solomon (Eds.), *The healing power of emotion: Affective neuroscience, development, clinical practice* (pp. 172-203). New York, NY: Norton.

Fosha, D. (2009b). Healing attachment trauma with attachment (. . . and then some!). In M. Kerman (Ed.), *Clinical pearls of wisdom: 21 leading therapists offer their key insights* (pp. 43-56). New York, NY: Norton.

Fosha, D. (2009c). Positive affects and the transformation of suffering into flourishing. In W. C. Bushell, E. L. Olivo, & N. D. Theise (Eds.), *Longevity, regeneration, and optimal health: Integrating Eastern and Western perspectives* (pp. 252-262). New York, NY: Wiley-Blackwell.

Fosha, D. (2013a). A heaven in a wild flower: Self, dissociation, and treatment in the context of the neurobiological core self. *Psychoanalytic Inquiry, 33*, 496-523. http://dx.doi.org/10.1080/07351690.2013.815067

Fosha, D. (2013b). Speculations on emergence: Working the edge of transformational experience and neuroplasticity. *International Neuropsychotherapy Magazine, 1*, 120-121.

Fosha, D. (2013c). Turbocharging the affects of healing and redressing the evolutionary tilt. In D. J. Siegel & Marion F. Solomon (Eds.), *Healing moments in psychotherapy* (pp. 129-168). New York, NY: Norton.

Fosha, D. (2016). Accelerated experiential dynamic psychotherapy (AEDP) supervision [DVD]. Washington, DC: American Psychological Association. Available from https://www.apa.org/pubs/videos/4310958.aspx

Fosha, D., & Slowiaczek, M. L. (1997). Techniques to accelerate dynamic psychotherapy. *American Journal of Psychotherapy, 51*, 229-251.

Fosha, D., & Yeung, D. (2006). AEDP exemplifies the seamless integration of emotional transformation and dyadic relatedness at work. In G. Stricker & J. Gold (Eds.), *A casebook of integrative psychotherapy* (pp. 165-184). Washington, DC: American Psychological Association. http://dx.doi.org/10.1037/11436-013

Frederick, R. (2005, November 5). *AEDP core training course*. Presented at the AEDP Institute, San Francisco, CA.

Frederick, R. (2009). *Living like you mean it: Use the wisdom and power of your emotions to get the life you really want*. San Francisco, CA: Jossey-Bass.

Fredrickson, B. L. (2001). The role of positive emotions in positive psychology: The broaden-and-build theory of positive emotions. *American Psychologist, 56*, 218-226. http://dx.doi.org/10.1037/0003-066X.56.3.218

Fredrickson, B. L. (2009). *Positivity: Groundbreaking research reveals how to embrace the hidden strength of positive emotions, overcome negativity, and thrive.* New York, NY: Random House.

Fredrickson, B. L., & Losada, M. F. (2005). Positive affect and the complex dynamics of human flourishing. *American Psychologist, 60*, 678-686. dx.doi.org/10.1037/0003-066X.60.7.678

Gendlin, E. T. (1981). *Focusing* (2nd ed.). New York, NY: Bantam Books.

Gendlin, E. T. (1996). *Focusing-oriented psychotherapy: A manual of the experiential method*. New York, NY: Guilford Press.

Goodyear, R. K., & Nelson, M. L. (1997). The major formats of psychotherapy supervision. In C. E. Watkins, Jr. (Ed.), *Handbook of psychotherapy supervision* (pp. 328-344). New York, NY: Wiley.

Greenberg, L. S., & Watson, J. C. (2005). *Emotion-focused therapy for depression*. Washington, DC: American Psychological Association.

Hanakawa, Y. (2011). Receiving loving gratitude: How a therapist's mindful embrace of a patient's gratitude facilitates transformance. *Transformance: The AEDP Journal, 2*, 1-19.

Harrison, R. L., & Westwood, M. J. (2009). Preventing vicarious traumatization of mental health therapists: Identifying protective practices. *Psychotherapy: Theory, Research, Practice, Training, 46*, 203-219. http://dx.doi.org/10.1037/a0016081

Hatfield, E., Cacioppo, J., & Rapson, R. L. (1992). Primitive emotional contagion. In M. S. Clark (Ed.), *Emotion and social behavior: Review of personality and social psychology* (Vol. 14, pp. 151-177). Newbury Park, CA: Sage.

Hendel, H. J. (in press). *The change triangle*. New York, NY: Random House.

Hill, C. E. (2004). *Helping skills: Facilitating exploration, insight, and action* (2nd ed.). Washington, DC: American Psychological Association.

Hill, C. E. (2009). *Helping skills: Facilitating exploration, insight, and action* (3rd ed.). Washington, DC: American Psychological Association.

Hill, C. E., & Knox, S. (2009). Processing the therapeutic relationship. *Psychotherapy Research, 19*, 13-29. http://dx.doi.org/10.1080/10503300802621206

Hughes, D. (2007). *Attachment-focused family therapy*. New York, NY: Norton.

Iwakabe, S., & Conceição, N. (2015). Metatherapeutic processing as a change-based therapeutic immediacy task: Building an initial process model using a task-analytic research strategy. *Journal of Psychotherapy Integration*. Advance online publication. Retrieved from http://psycnet.apa.org/doi/10.1037/int0000016

Iwakabe, S., & Conceição, N. (2016, June 7). A qualitative study on therapists working at the edge of experience: Therapists' change processes in AEDP training and practice [Webinar]. Presented at AEDP Faculty Hour Online.

Iwakabe, S., Fosha, D., & Edlin, J. (2016, May 23). Proposal for a 16-session AEDP outcome study [Webinar]. Presented at AEDP Faculty Hour Online.

James, W. (1985). *The varieties of religious experience: A study in human nature*. Cambridge, MA: Harvard University Press. (Original work published 1902)

Johanson, G. J. (2014). Somatic psychotherapy and the ambiguous face of research. *International Body Psychotherapy Journal, 13*, 61-85.

Johansson, R., Björklund, M., Hornborg, C., Karlsson, S., Hesser, H., Ljótsson, B., . . . Andersson, G. (2013). Affect-focused psychodynamic treatment for depression and anxiety through the Internet: A randomized controlled trial. *Peer Journal, 1:e102*. http://dx.doi.org/10.7717/peerj.102

Johansson, R., Frederick, R. J., & Andersson, G. (2013). Using the internet to provide psychodynamic psychotherapy. *Psychodynamic Psychiatry, 41*, 513-540. http://dx.doi.org/10.1521/pdps.2013.41.4.513

Johansson, R., Hesser, H., Ljótsson, B., Frederick, R. J., & Andersson, G. (2012). Transdiagnostic, affect-focused, psychodynamic, guided self-help for depression and anxiety through the Internet: Study protocol for a randomised controlled trial. *BMJ Open, 2,* e002167. http://dx.doi.org/10.1136/bmjopen-2012-002167.

Jourard, S. M. (1971). *Self-disclosure: An experimental analysis of the transparent self.* New York, NY: Wiley-Interscience.

Kaufman, G. (1996). *The psychology of shame: Theory and treatment of shame-based syndromes.* New York, NY: Springer.

Keltner, D. (2009). *Born to be good: The science of a meaningful life.* New York, NY: Norton.

Kuutmann, K., & Hilsenroth, M. J. (2012). Exploring in-session focus on the patient-therapist relationship: Patient characteristics, process, and outcome. *Clinical Psychology & Psychotherapy, 19,* 187-202. http://dx.doi.org/10.1002/cpp.743

Ladany, N., Hill, C. E., Corbett, M. M., & Nutt, E. A. (1996). Nature, extent, and importance of what psychotherapy trainees do not disclose to their supervisors. *Journal of Counseling Psychology, 43,* 10-24. http://dx.doi.org/10.1037/0022-0167.43.1.10

Ladany, N., Inman, A. G., Hill, C. E., Knox, S., Crook-Lyon, R. E., Thompson, B. J., . . . Walker, J. A. (2012). Corrective relational experiences in supervision. In L. G. Castonguay & C. E. Hill (Eds.), *Transformation in psychotherapy: Corrective experiences across cognitive behavioral, humanistic, and psychodynamic approaches* (pp. 335-352). Washington, DC: American Psychological Association.

Ladany, N., & Walker, J. A. (2003). Supervisor self-disclosure: Balancing the uncontrollable narcissist with the indomitable altruist. *Journal of Clinical Psychology, 59,* 611-621. http://dx.doi.org/10.1002/jclp.10164

Lamagna, J. (2016). Making good use of suffering: Intra-relational work with pathogenic affects. *Transformance: The AEDP Journal, 6,* 1-15.

Lee, A. (2015). *Building a model for metaprocessing: Exploration of a key change event in accelerated experiential dynamic psychotherapy (AEDP)* (Unpublished doctoral dissertation). Wright Institute, Berkeley, CA.

Levenson, H. (1995). *Time-limited dynamic psychotherapy*. New York, NY: Basic Books.

Lilliengren, P., Johansson, R., Lindqvist, K., Mechler, J., & Andersson, G. (2016). Efficacy of experiential dynamic therapy for psychiatric conditions: A meta-analysis of randomized controlled trials. *Psychotherapy, 51*, 90-104.

Lipton, B. (2013, May 8). *Walking the talk of attachment in AEDP.* Presentation at the AEDP Institute, New York, NY.

Lipton, B., & Fosha, D. (2011). Attachment as a transformative process in AEDP: Operationalizing the intersection of attachment theory and affective neuroscience. *Journal of Psychotherapy Integration, 21*, 253-279. http://dx.doi.org/10.1037/a0025421

Lyons-Ruth, K. (2006). The interface between attachment and intersubjectivity: Perspective from the longitudinal study of disorganized attachment. *Psychoanalytic Inquiry, 26*, 595-616. http://dx.doi.org/10.1080/07351690701310656

Main, M. (1995). Recent studies in attachment: Overview with selected implications for clinical work. In S. Goldberg, R. Muir, & J. Kerr (Eds.), *Attachment theory: Social, developmental and clinical perspectives* (pp. 407-472). Hillsdale, NJ: Analytic Press.

Main, M. (1999). Attachment theory: Eighteen points with suggestions for further studies [Epilogue]. In J. Cassidy & P. R. (Eds.), *Handbook of attachment: Theory, research and clinical applications* (pp. 845-888). New York, NY: Guilford Press.

Malan, D. (1999). *Individual psychotherapy and the science of psychodynamics* (2nd ed.). Oxford, England: Butterworth-Heinemann.

Maroda, K. J. (1998). *Seduction, surrender, and transformation. Emotional engagement in the analytic process*. Hillsdale, NJ: Analytic Press.

Maroda, K. J. (2004). *The power of countertransference: Innovations in analytic technique* (2nd ed., rev. & enl.). Hillsdale, NJ: Analytic Press.

Maroda, K. J. (2009). Less is more: An argument for the judicious use of self-disclosure. In A. Bloomgarden & R. B. Mennuti (Eds.), *Psychotherapist revealed: Psychotherapists speak about self-disclosure in psychotherapy* (pp. 17-29). New York, NY: Routledge.

Mayotte-Blum, J., Slavin-Mulford, J., Lehmann, M., Pesale, F., Becker-Matero, N., & Hilsenroth, M. (2012). Therapeutic immediacy across long-term psychodynamic psychotherapy: An evidence-based case study. *Journal of Counseling Psychology, 59*, 27-40. http://dx.doi.org/10.1037/a0026087

McCullough, L. (1997). *Changing character: Short-term anxiety-regulating psychotherapy for restructuring defenses, affects, and attachment*. New York, NY: Basic Books.

McCullough, L., Kuhn, N., Andrews, S., Kaplan, A., Wolf, J., & Hurley, C. L. (2003). *Treating affect phobia: A manual for short-term dynamic psychotherapy*. New York, NY: Guilford Press.

McNeill, B. W., & Stoltenberg, C. D. (2016). *Supervision essentials for the integrative developmental model*. Washington, DC: American Psychological Association.

Miller, S. D., Hubble, M. A., & Duncan, B. L. (2007). Supershrinks: Learning from the field's most effective practitioners. *Psychotherapy Networker, 31*, 36-45, 57.

Miller, W. R., & C'de Baca, J. C. (2001). *Quantum change: When epiphanies and sudden insights transform ordinary lives*. New York, NY: Guilford Press.

Milne, D. (2009). *Evidence-based clinical supervision: Principles and practice*. New York, NY: Wiley.

Milne, D., Aylott, H., Fitzpatrick, H., & Ellis, M. V. (2008). How does clinical supervision work? Using a "best evidence synthesis" approach to construct a basic model of supervision. *Clinical Supervisor, 27*, 170-190. http://dx.doi.org/10.1080/07325220802487915

Moskowitz, S. A., & Rupert, P. A. (1983). Conflict resolution within the supervisory relationship. *Professional Psychology: Research and Practice, 14*, 632-641. http://dx.doi.org/10.1037/0735-7028.14.5.632

Murty, V. P., & Adcock, R. A. (2013). Enriched encoding: Reward motivation organizes cortical networks to enhance hippocampal encoding of unexpected events. *Cerebral Cortex, 24*, 2160-2168.

Norcross, J. C., & Guy, J. D., Jr. (2007). *Leaving it at the office: A guide to psychotherapist care*. New York, NY: Guilford Press.

Norcross, J. C., & Wampold, B. E. (2011). Evidence-based therapy relationships: Research conclusions and clinical practices. *Psychotherapy, 48*, 98-102. http://dx.doi.org/10.1037/a0022161

Pally, R. (2000). *The mind-brain relationship*. London, England: Karnac Books.

Panksepp, J. (1998). *Affective neuroscience: The foundations of human and animal emotions*. New York, NY: Oxford University Press.

Panksepp, J., & Biven, L. (2012). *The archaeology of mind: Origins of human emotions*. New York, NY: Norton.

Panksepp, J., & Northoff, G. (2009). The trans-species core SELF: The emergence of active cultural and neuro-ecological agents through self-related processing within subcortical-cortical midline networks. *Consciousness and Cognition, 18*, 193-215.

Pearson, J. L., Cohn, D. A., Cowan, P. A., & Cowan, C. P. (1994). Earned- and continuous-security in adult attachment: Relation to depressive symptomatology and parenting style. *Development and Psychopathology, 6*, 359-373. http://dx.doi.org/10.1017/S0954579400004636

Piliero, S. (2004). *Clients reflect upon their affect-focused, experiential psychotherapy: A retrospective study* (Unpublished doctoral dissertation). Adelphi University, Garden City, NY.

Pizer, S. (2012, March). *The analyst's generous involvement: Recognition and the "tension of tenderness."* Paper presented at the Harvard Medical School conference, Boston, MA.

Porges, S. (2009). Reciprocal influences between body and brain in the perception and expression of affect: A polyvagal perspective. In D. Fosha, D. J. Siegel, & M. F. Solomon (Eds.), *The healing power of emotion: Affective neuroscience, development & clinical practice* (pp. 27-54). New York, NY: Norton.

Prenn, N. (2009). I second that emotion! On self-disclosure and its metaprocessing. In A. Bloomgarden & R. B. Menutti (Eds.), *Psychotherapist revealed: Therapists speak about self-disclosure in psychotherapy* (pp. 85-99). New York, NY: Routledge.

Prenn, N. (2010). How to set transformance into action: The AEDP protocol. *Transformance: The AEDP Journal, 1*, 1-29.

Prenn, N. (2011). Mind the gap: AEDP interventions translating attachment theory into clinical practice. *Journal of Psychotherapy Integration, 21*, 308-329. http://dx.doi.org/10.1037/a0025491

Prenn, N., & Slatus, J. (2014, January). *True self, true other, true other: Undoing aloneness and co-creating transformational experience in the therapeutic and supervisory relationships.* Workshop presented at St. Luke's Hospital, New York, NY.

Rizzolatti, G., & Craighero, L. (2004). The mirror-neuron system. *Annual Review of Neuroscience, 27*, 169-192. http://dx.doi.org/10.1146/annurev.neuro.27.070203.144230

Rodrigues, C., Conceição, N., Iwakabe, S., & Gleiser, K. (2015, June). *Voicing an AEDP supervision process: a case study on supervision session change processes.* Paper presented at the 31st International Conference of the Society for the Exploration of Psychotherapy Integration, Baltimore, MD.

Roisman, G. I., Padrón, E., Sroufe, L. A., & Egeland, B. (2002). Earned-secure attachment status in retrospect and prospect. *Child Development, 73,* 1204-1219. Retrieved from https://www.researchgate.net/publication/11235443_Earned-Secure_Attachment_Status_in_Retrospect_and_Prospect

Rønnestad, M. H., & Skovholt, T. M. (2003). The journey of the counselor and therapist: Research findings and perspectives on professional development. *Journal of Career Development, 30,* 5-44. http://dx.doi.org/10.1177/089484530303000102

Russell, E. M. (2007, January 13). *Core training presentation.* Presented at the AEDP Institute, New York, NY.

Russell, E. M. (2015). *Restoring resilience: Discovering your clients' capacity for healing.* New York, NY: Norton.

Russell, E. M., & Fosha, D. (2008). Transformational affects and core state in AEDP: The emergence and consolidation of joy, hope, gratitude and confidence in the (solid goodness of the) self. *Journal of Psychotherapy Integration, 18,* 167-190. http://dx.doi.org/10.1037/1053-0479.18.2.167

Safran, J. D., & Muran, J. C. (2000). *Negotiating the therapeutic alliance: A relational treatment guide*. New York, NY: Guilford Press.

Sarnat, J. E. (2012). Supervising psychoanalytic psychotherapy: Present knowledge, pressing needs, future possibilities. *Journal of Contemporary Psychotherapy, 42*, 151-160. http://dx.doi.org/10.1007/s10879-011-9201-5

Sarnat, J. E. (2016). Supervision essentials for psychodynamic psychotherapies. Washington, DC: American Psychological Association. http://dx.doi.org/10.1037/14802-000

Schoettle, E. (2009). *A qualitative study of the therapist's experience practicing accelerated experiential dynamic psychotherapy (AEDP): An exploration of the dyadic process from the clinician's perspective* (Unpublished doctoral dissertation). Wright Institute, Berkeley, CA.

Schore, A. (2001). Effects of a secure attachment relationship on right brain development, affect regulation and infant mental health. *Infant Mental Health Journal, 22*, 7-66. http://dx.doi.org/10.1002/1097-0355(200101/04)22:1<7::AID-IMHJ2>3.0.CO;2-N

Schore, A. (2009). Right-brain affect regulation: An essential mechanism of development, trauma, dissociation, and psychotherapy. In D. Fosha, D. J. Siegel, & M. F. Solomon (Eds.), *The healing power of emotion: Affective neuroscience, development & clinical practice* (pp. 112-144). New York, NY: Norton.

Shohamy, D., & Adcock, R. A. (2010). Dopamine and adaptive memory. *Trends in Cognitive Sciences, 14*, 464-472. http://dx.doi.org/10.1016/j.tics.2010.08.002

Siegel, D. J. (2010). *Mindsight: The new science of personal transformation*. New York, NY: Bantam Books.

Stern, D. N. (1985). *The interpersonal world of the infant: A view from psychoanalysis and developmental psychology*. New York, NY: Basic Books. http://dx.doi.org/10.1176/ps.37.5.517

Stern, D. N., Sander, L. W., Nahum, J. P., Harrison, A. M., Lyons-Ruth, K., Morgan, A. C., . . . Tronick, E. Z. (1998). Non-interpretive mechanisms in psychoanalytic therapy. The "something more" than interpretation. *International Journal of Psycho-Analysis, 79,* 903-921.

Tomkins, S. S. (1962). *Affect, imagery, and consciousness: Vol. 1: The positive affects.* New York, NY: Springer.

Tronick, E. Z. (1989). Emotions and emotional communication in infants. *American Psychologist, 44, 112-119*. http://dx.doi.org/10.1037/0003-066X.44.2.112

Tronick, E. Z. (1998). Dyadically expanded states of consciousness and the process of therapeutic change. *Infant Mental Health Journal, 19,* 290-299.

Tronick, E. Z. (2003). "Of course all relationships are unique": How co-creative processes generate unique mother-infant and patient-therapist relationships and change other relationships. *Psychoanalytic Inquiry, 23,* 473-491.

Tronick, E. Z. (2009). Multilevel meaning making and dyadic expansion of consciousness theory: The emotional and the polymorphic polysemic flow of meaning. In D. Fosha, D. J. Siegel, & M. F. Solomon (Eds.), *The healing power of emotion: Affective neuroscience, development & clinical practice* (pp. 86-111). New York, NY: Norton.

Tronick, E. Z., Bruschweiler-Stern, N., Harrison, A. M., Lyons-Ruth, K.,

Morgan, A. C., Nahum, J. P., . . . Stern, D. N. (1998). Dyadically expanded states of consciousness and the process of therapeutic change. *Infant Mental Health Journal, 19*, 290-299. http://dx.doi.org/10.1002/(SICI)1097- 0355(199823)19:3<290::AID-IMHJ4>3.0.CO;2-Q

Tugade, M. M., & Fredrickson, B. L. (2004). Resilient individuals use positive emotions to bounce back from negative emotional experiences. *Journal of Personality and Social Psychology, 86*, 320-333. http://dx.doi.org/10.1037/0022-3514.86.2.320

Wachtel, P. (1997). *Psychoanalysis, behavior therapy, and the relational world.* Washington, DC: American Psychological Association. http://dx.doi.org/10.1037/10383-000

Wallin, D. (2007). *Attachment in psychotherapy.* New York, NY: Guilford Press.

Watkins, C. E., Jr. (1997). Defining psychotherapy supervision and understanding supervision functioning. In C. E. Watkins, Jr. (Ed.), *Handbook of psychotherapy supervision* (pp. 3-10). New York, NY: Wiley.

Watkins, C. E., Jr. (2012). Psychotherapy supervision in the new millennium: Competency-based, evidence-based, particularized, and energized. *Journal of Contemporary Psychotherapy, 42*, 193-203. http://dx.doi.org/10.1007/s10879-011-9202-4

Watkins, C. E., Jr., Budge, S. L., & Callahan, J. L. (2015). Common and specific factors converging in psychotherapy supervision: A supervisory extrapolation of the Wampold/Budge psychotherapy relationship model. *Journal of Psychotherapy Integration, 25*, 214-235. http://dx.doi.org/10.1037/a0039561

Watkins, C. E., Jr., & Milne, D. L. (2014). *The Wiley international handbook of clinical supervision*. New York, NY: Wiley.

Watkins, C. E., Jr., & Riggs, S. A. (2012). Psychotherapy supervision and attachment theory: Review, reflections, and recommendations. *Clinical Supervisor, 31*, 256-289. http://dx.doi.org/10.1080/07325223.2012.743319

Winnicott, D. W. (1960). The theory of the parent-infant relationship. *International Journal of Psychoanalysis, 41*, 585-595.

Winnicott, D. W. (1965). *Ego distortion in terms of true and false self. The maturational process and the facilitating environment: Studies in the theory of emotional development*. New York, NY: International Universities Press.

Yeung, D. (2010). Transformance and the phenomenology of transformation: Self-transcendence as an aspect of core state. *Transformance: The AEDP Journal, 1*.

Yourman, D. B., & Farber, B. A. (1996). Nondisclosure and distortion in psychotherapy supervision. *Psychotherapy: Theory, Research, Practice, Training, 33*, 567-575. http://dx.doi.org/10.1037/0033-3204.33.4.567

저자 소개

Natasha C. N. Prenn, LCSW

AEDP Institute의 선임 교수진으로 활동하고 있다. AEDP 자격증 코스인 필수 기술(Essential Skills) 및 심화 기술(Advanced Skills) 과정을 개발했으며, 미국과 해외에서 치료자를 양성하는 훈련자로 명성이 높다. 현재 뉴욕시에서 임상 활동을 하고 있으며, 개인 및 집단에게 AEDP 수퍼비전을 제공하고 수퍼바이저 훈련과 글쓰기 모임 등을 운영하고 있다. 또한『Transformance: The AEDP Journal』을 공동 창립한 편집자로 활동 중이다.

Diana Fosha, PhD

AEDP 심리치료의 개발자이자 AEDP Institute의 설립자 및 소장이다.『The Transforming Power of Affect: A Model for Accelerated Change』(2000; 국내에서는『속성경험적 역동심리치료 AEDP』로 번역됨)의 저자이며,『The Healing Power of Emotion: Affective Neuroscience, Development & Clinical Practice』(2009; 국내에서는『감정의 치유력』으로 번역됨)를 D. Siegel, M. Solomon과 함께 공동 편집하였다. 또한 신경가소성, 인식 과학, 발달적 양자 관계 연구를 경험적 치료와 트라우마 치료에 통합하는 수많은 논문을 저술하였다. APA는 그녀의 AEDP 치료 작업을 담은 DVD 두 편을 제작하였다. 현재 뉴욕시에 거주하며 임상 활동을 하고 있으며, 전 세계에서 강의와 훈련을 진행하고 있다.

역자 소개

전명희(Jun, Myunghee)
現 한동대학교 상담심리사회복지학부 교수

연세대학교 사회복지학 박사 및 상담코칭학 박사이며, 현재 한동대학교 상담심리사회복지학부 교수로 재직 중이다. AEDP 공인 심리치료자로서, 2024년 시작된 한국 AEDP 상담연구회 회장 및 한국지역의 Regional Director를 맡고 있다. 현재 AEDP 심리치료에 대한 교육과 수퍼비전 등을 진행하고 있으며, 한국상담학회 전문상담가(1급)로 임상 현장에서 상담과 수퍼비전을 실천하고 있다. 주요 저서 및 역서로는 『속성경험적 역동심리치료 AEDP: 변화로 이끄는 감정 경험의 힘』(공역, 학지사, 2022), 『탈북민 이해하기』(공동체, 2024), 『서로서로 배우는 중입니다: 캠퍼스에서 나눈 탈북청년들의 솔직담백 토크북』(공저, 페스트북, 2024) 등이 있다.

박정아(Park, Jung A)
現 경남대학교 교육대학원 교육학과 교수

연세대학교에서 상담코칭학 박사를 받았으며, 현재 경남대학교 교육대학원 교육학과 진로진학상담전공 교수 및 경남대학교 상담센터장으로 재직 중이다. 한국상담심리학회 상담심리사(1급) 및 한국상담학회 전문상담가(1급)로 상담과 수퍼비전을 병행하고 있다. 주요 저서 및 역서로는 『중학교 학부모와 교사를 위한 청소년 진로상담 길잡이』(공저, 세종특별자치시교육청, 2021), 『속성경험적 역동심리치료 AEDP: 변화로 이끄는 감정 경험의 힘』(공역, 학지사, 2022) 등이 있다.

속성경험적 역동심리치료(AEDP) 수퍼비전

Supervision Essentials for Accelerated Experiential Dynamic Psychotherapy

2026년 1월 25일 1판 1쇄 인쇄
2026년 1월 30일 1판 1쇄 발행

지은이 • Natasha C. N. Prenn · Diana Fosha
옮긴이 • 전명희 · 박정아
펴낸이 • 김진환
펴낸곳 • (주) 학지사

04031 서울특별시 마포구 양화로 15길 20 마인드월드빌딩
대표전화 • 02)330-5114 팩스 • 02)324-2345

등록번호 • 제313-2006-000265호

홈페이지 • http://www.hakjisa.co.kr
인스타그램 • https://www.instagram.com/hakjisabook

ISBN 978-89-997-3617-9 93180

정가 17,000원

역자와의 협약으로 인지는 생략합니다.
파본은 구입처에서 교환해 드립니다.